KB010145

박문각 공인중개사

합격예상문제 1차

부동산학개론

박문각 부동산교육연구소 편

브랜드만족
1위
박문각
근거자료
후면표기

2024

동영상강의
www.pmg.co.kr

합격까지 박문각
합격 노하우가 다르다!

박문각

이 책의 머리말

박문각에서는 3-4월 달의 커리큘럼에 기출특강이 포함되어 있습니다. 아직 이론적으로 확실치 않은 상태에서 기출강의를 듣는다는 것이 쉽지 않은 도전이었을 것이라 생각합니다. 허나 기출해설 강의의 특징은 문제를 풀고자 하는 목적보다는 지난 시험의 지문들을 분석하면서 이론의 전체 과정에서 무엇이 핵심이고 어떤 지문들이 어떤 경향으로 출제되었는가를 파악하는 것이라고 볼 수 있습니다. 본 단원별 문제집은 여러분들께서 기출문제 분석을 통해 익히신 주요 테마들을 스스로 해결해 나갈 수 있는지에 초점을 맞췄습니다.

본 문제집의 특징은 다음과 같습니다.

01 | 본 문제집은 단원별 핵심테마로 구성되어 있습니다.

주요 내용들은 최대한 기본서의 출제테마에 맞추되, 필요에 따라 단원의 편집을 다르게 구성하였습니다. 우선 테마별로 대표문제를 제시하고 이와 관련된 문제들로 구성하였습니다. 대표문제를 통해 해당 테마의 핵심내용을 익히시고, 관련 문제들을 통해 직접 해당 내용을 세세하게 공부하시기 바랍니다.

02 | 본 문제집의 모든 내용은 100% 기출지문을 기반으로 구성되어 있습니다.

본 문제집을 구성하면서 가장 신경을 쓴 부분은 단순히 물리적으로 양을 늘리는 것이 아니라, 질적으로 유용한 문제를 구성하기 위해 노력했습니다. 시험에 출제되었으나 다시 출제될 가능성이 적은 문제들은 과감하게 배제하고, 시험에 반복적으로 출제되는 핵심테마들을 다양하게 응용해 볼 수 있도록 구성하였습니다. 스스로 양을 늘리지 마시고 핵심적으로 빈출되는 테마의 유사지문에 초점을 맞추어 공부하시기 바랍니다.

03 | 시험 출제 비중을 고려하여 테마별 문제의 수를 달리하였습니다.

본 시험의 출제 비중에 맞게 문제의 수를 조정하였습니다. 상대적으로 수록된 문제가 많은 파트의 경우 그만큼 출제 비중이나 빈도가 높다는 것을 의미하므로, 해당 파트를 학습하실 때는 수록된 문제의 수에 맞게 학습을 진행하시면 되겠습니다.

04 | 중급 난이도의 문제를 가장 많이 수록하였습니다.

본 시험의 출제 비중에 맞게 중급 난이도의 문제를 최대한 많이 수록하려 노력했습니다. 본 시험에서 여러분들의 합격을 위한 가장 중요한 요소는 얼마나 효율적으로 중급 난이도의 문제를 공략하는가에 있다고 봐도 과언이 아닙니다. 과도하게 어려운 상급 난이도의 문제나, 지나치게 쉬운 하급 난이도에 집중하기보다는 중급 난이도에 해당하는 문제를 반복적으로 풀어보시길 권유합니다.

다음은 시험 준비에 도움이 될 만한 몇 가지 조언을 드리겠습니다.

01 | 문제풀이의 스킬을 강의를 통해 익히자!

가장 정확하게 지문을 이해하고 문제를 푸는 방식을 제시하는 사람은 바로 여러분들의 선생님이라고 보시면 됩니다. 혼자서 스스로 이해하는 방식의 문제풀이는 자칫 또 다른 오류를 만들 수 있습니다. 현재 수강하시는 선생님의 수업을 병행하시면 문제풀이에 대한 이해가 배가 될 것이라고 확신합니다.

02 | 정확히 시간을 재면서 문제를 풀자!

본 시험장에서 가장 중요한 것 중의 하나는 제한된 시간 내에 문제를 푸는 것이라고 할 수 있습니다. 현실적으로 1문제는 대략 1분 정도의 시간이 주어지므로, 스톱워치 등을 통해서 본인이 1분 안에 한 문제를 풀 수 있는가를 스스로 테스트해 보시는 것이 좋습니다. 만약 한 문제를 푸는 데 3분 이상이 소요된다면 그 문제는 시험장에서 풀 수 없는 문제라고 보시면 되겠습니다. 반드시 제한된 시간 내에 문제를 해결하는 능력을 배양하시기 바랍니다.

03 | 모의고사를 통해 반드시 실전감각을 익히자!

문제풀이 과정을 본격적으로 진행하시면서 한 달에 한 번 치러지는 모의고사를 통해 자신의 실력을 끊임없이 테스트해 보시기를 바랍니다. 실전 모의고사는 다양하게 통제된 환경에서 진행되는 시험으로서 내가 과연 올바르게 공부하고 있는가를 평가받는 중요한 시험입니다. 반드시 실전 모의고사에 참석하시어 그동안의 학습방향에 대한 자체 진단과 시험 환경에 대한 적응 연습을 하시길 바랍니다.

충분히 느끼실 테지만 공부라는 게 결국 자신과의 싸움입니다. 많이 지쳐가는 이맘때 늘 초심을 생각하시고 방심하지 않도록 끊임없이 자신을 채찍질하시길 바랍니다. 무엇보다 중요한 건강(육체건강, 정신건강 모두!) 잘 챙기시면서 행복하게 공부하셨으면 좋겠습니다. 저도 현장에서 더 힘내서 열심히 강의할 것을 다짐하면서 박문각과 함께하는 모든 분들에게 합격의 신이 함께하기를 기원합니다!

마지막으로 늘 바쁜 남편에게 묵묵히 늘 예쁜 옷을 입혀주고 집에서 쓸쓸히 기다리는 바비님과 하늘나라에서 항상 저를 지켜주는 소유에게 깊은 사랑을 보내며, 많은 도움을 주신 박문각 출판사 임직원 여러분께도 감사의 말씀을 드립니다.

2024년 4월
편저자 씀

2024 공인중개사 시험정보

시험일정 및 시험시간

1. 시험일정 및 장소

구 분	인터넷 / 모바일(App) 원서 접수기간		시험시행일	합격자발표
	정기접수	빈자리접수		
일 정	2024. 8. 5. ~ 8. 9.	2024. 10. 1. ~ 10. 2.	2024. 10. 26.	2024. 11. 27.
장 소	원서 접수시 수험자가 시험지역 및 시험장소를 직접 선택			

Tip 1. 제1·2차 시험이 동시접수·시행됩니다.

　　　 2. 정기 원서접수 기간(5일간) 종료 후 환불자 범위 내에서만 선착순으로 추가 원서접수 실시(2일간)하므로, 조기마감될 수 있습니다.

2. 시험시간

구 분	교 시	시험과목 (과목당 40문제)	시험시간	
			입실시간	시험시간
제1차 시험	1교시	2과목	09:00까지	09:30~11:10(100분)
제2차 시험	1교시	2과목	12:30까지	13:00~14:40(100분)
	2교시	1과목	15:10까지	15:30~16:20(50분)

＊ 수험자는 반드시 입실시간까지 입실하여야 함(시험 시작 이후 입실 불가)

＊ 개인별 좌석배치도는 입실시간 20분 전에 해당 교실 칠판에 별도 부착함

＊ 위 시험시간은 일반응시자 기준이며, 장애인 등 장애유형에 따라 편의제공 및 시험시간 연장가능(장애 유형별 편의제공 및 시험시간 연장 등 세부내용은 큐넷 공인중개사 홈페이지 공지사항 참조)

＊ 2차만 응시하는 시간연장 수험자는 1·2차 동시응시 시간연장자의 2차 시작시간과 동일 시작

Tip 시험일시, 시험장소, 시험방법, 합격자 결정방법 및 응시수수료의 환불에 관한 사항 등은 '제35회 공인중개사 자격시험 시행공고시 고지

응시자격 및 합격자 결정방법

1. 응시자격: 제한 없음

다만, 다음의 각 호에 해당하는 경우에는 공인중개사 시험에 응시할 수 없음

① 공인중개사시험 부정행위자로 처분 받은 날로부터 시험시행일 전일까지 5년이 지나지 않은 자(공인중개사법 제4조의3)

② 공인중개사 자격이 취소된 후 3년이 지나지 않은 자(공인중개사법 제6조)

③ 이미 공인중개사 자격을 취득한 자

2. 합격자 결정방법

제1·2차 시험 공통. 매 과목 100점 만점으로 하여 매 과목 40점 이상, 전 과목 평균 60점 이상 득점하여야 합니다.

Tip 제1·2차 시험 응시자 중 제1차 시험에 불합격한 자의 제2차 시험에 대하여는 「공인중개사법 시행령」 제5조 제3항에 따라 이를 무효로 합니다.

＊ 제1차 시험 면제대상자: 2023년 제34회 제1차 시험에 합격한 자

시험과목 및 출제비율

구 분	시험과목	시험범위	출제비율
제1차 시험 (2과목)	부동산학개론 (부동산 감정평가론 포함)	부동산학개론 •부동산학 총론[부동산의 개념과 분류, 부동산의 특성(속성)] •부동산학 각론(부동산 경제론, 부동산 시장론, 부동산 정책론, 부동산 투자론, 부동산 금융론, 부동산 개발 및 관리론)	85% 내외
		부동산 감정평가론(감정평가의 기초이론, 감정평가방식, 부동산 가격공시제도)	15% 내외
	민법 및 민사특별법 중 부동산중개에 관련되는 규정	민 법 •총칙 중 법률행위 •질권을 제외한 물권법 •계약법 중 총칙·매매·교환·임대차	85% 내외
		민사특별법 •주택임대차보호법 •집합건물의 소유 및 관리에 관한 법률 •가등기담보 등에 관한 법률 •부동산 실권리자명의 등기에 관한 법률 •상가건물 임대차보호법	15% 내외
제2차 시험 1교시 (2과목)	공인중개사의 업무 및 부동산 거래신고 등에 관한 법령 및 중개실무	공인중개사법	70% 내외
		부동산 거래신고 등에 관한 법률	
		중개실무	30% 내외
	부동산공법 중 부동산중개에 관련되는 규정	국토의 계획 및 이용에 관한 법률	30% 내외
		도시개발법	30% 내외
		도시 및 주거환경정비법	
		주택법	40% 내외
		건축법	
		농지법	
제2차 시험 2교시 (1과목)	부동산공시에 관한 법령 및 부동산 관련 세법	부동산등기법	30% 내외
		공간정보의 구축 및 관리 등에 관한 법률 제2장 제4절 및 제3장	30% 내외
		부동산 관련 세법(상속세, 증여세, 법인세, 부가가치세 제외)	40% 내외

Tip 답안은 시험시행일에 시행되고 있는 법령을 기준으로 작성

공인중개사 전망

"자격증 취득하면 무슨 일 할까?"

공인중개사 자격증에 대해 사람들이 가장 많이 궁금해하는 점이 바로 '취득 후 무슨 일을 하나'이다. 하지만 공인중개사 자격증 취득 후 선택할 수 있는 직업군은 생각보다 다양하다.

공인중개사가 타인의 부동산경매 대행 자격을 부여받아 직접 경매에 참여할 수 있는 제도적 장치가 마련되면서 공인중개사의 업무범위도 확대되어 보다 전문적인 업무를 할 수 있게 되었다. 공인중개사가 경매·공매 대상 부동산에 대한 시장가격 분석과 권리분석을 전문자격인으로 이미 수행하고 있는데도 절차적인 행위에 불과한 매수신청 또는 입찰신청의 대리업무를 변호사 및 법무사만이 하도록 제한되어 있어 일반인이 경매 등에 접근하기가 쉽지 않았지만, 공인중개사에게 입찰신청의 대리 등을 할 수 있도록 함으로써 업계의 형평성을 도모하고 일반인이 개업공인중개사를 통해 편리하게 경매 등에 참여할 수 있게 됨에 따라 공인중개사가 진출할 수 있는 범위가 더 넓어졌다.

1. 취업
- 온라인 부동산 포털회사 취업
- 개인사무소, 합동사무소 취업
- 정부재투자기관 취업
- 부동산 관련기업 취업
- 은행 등 부동산 금융파트 취업 등

2. 컨설팅
- 부동산투자분석 컨설팅
- 부동산 관련법규 및 세제 자문 등
- 부동산 자산관리 및 매매대행

3. 창업
- 개인사무소 창업
- 합동사무소 창업

🪪 취 업

20~30대 수험생들의 경우 인터넷 부동산 회사에 취업을 하는 경우를 볼 수 있다. 부동산 관련 회사에서는 "공인중개사 자격증 취득 여부가 입사시 가장 중요한 요소가 될 수 있다."고 밝혔다. 인터넷 회사뿐만 아니라 법인인 개업공인중개사 등 부동산 관련 기업, 정부재투자기관, 즉 법인인 개업공인중개사와 일반기업에서는 부동산 및 관재팀에 입사할 수 있다. 그리고 일반기업 입사 후에도 승급우대 등의 혜택과 자격증 수당 등이 지급되기도 한다.

📇 창 업

중개업소 개업은 가장 많은 수험생들이 선택하는 직업이다. 공인중개사는 중개사무소 개설등록을 하여 사무소를 설치, 중개업을 할 수 있다. 소규모의 자본과 자격증만 있으면 창업이 가능해 40~50대의 퇴직 후의 주 소득원이 된다. 또한 여성들의 경우 결혼과 출산 후에도 안정적으로 일을 할 수 있다는 장점 때문에 20대에서 50대에 이르기까지 다양한 연령층이 공인중개사 시험에 도전하고 있다.

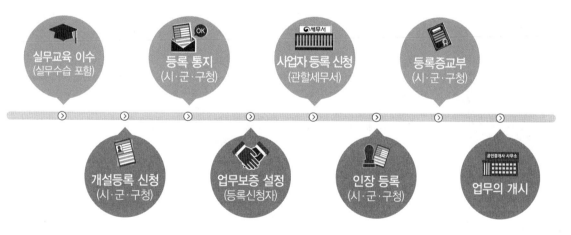

🖥 컨설팅

중개업소 창업과 부동산 기업 입사 외에 합격생들이 선택할 수 있는 직종은 바로 부동산컨설팅이다. 부동산컨설팅은 부동산의 입지 환경과 특성의 조사와 분석을 통해 부동산 이용을 최대화할 수 있는 방안을 연구하며 재개발과 부동산 관련 법규와 세제 등에 대한 자문을 하는 전문화된 직업군이다. 공인중개사 자격증 취득 후 선택할 수 있는 직업의 전문성이 더해짐에 따라 선진국형 중개업으로 자리를 잡아간다고 보는 시각이 높아지고 있다. 공인중개사는 이제 기존 장·노년층만을 위한 자격증에서 20~30대의 직업 선택의 폭을 넓혀 주는 자격증으로 범위를 넓혀가고 있다.

공인중개사 공략법

📊 **학습 정도**에 따른 공략법

01 type

입문자의 경우

공인중개사 시험 준비 경험이 전혀 없는 상태라면 먼저 시험에 대한 전체적인 파악과 과목에 대한 이해가 필요하다. 서점에서 공인중개사 관련 서적을 살펴보고 공인중개사 시험에 대한 대략적 지식을 쌓은 후 학원에서 수험상담을 받는 것이 좋다.

02 type

학습경험이 있는 경우

잠시라도 손을 놓으면 실력이 급격히 떨어질 수 있으므로 문제풀이를 통해 학습한 이론을 정리하고, 안정적 실력 향상을 위해 꾸준히 노력해야 한다. 강의 또한 평소 취약하다고 느끼는 과목에 대해 집중 심화학습을 해야 한다. 정기적인 모의고사를 실시하여 결과에 따라 약점을 보완하는 동시에 성적이 잘 나오는 과목에 대해서도 소홀하지 않도록 지속적인 복습을 해야 한다.

03 type

시간이 부족한 직장인 또는 학생의 경우

시험에 올인하는 수험생에 비해 절대적으로 학습시간이 부족하므로 시간을 최대한 아껴가며 효율적으로 공부하는 방법을 찾는 것이 무엇보다 중요하다. 평소에는 동영상 강의 등을 활용하여 과목별 이해도를 높이고 자투리 시간을 활용하여 지하철이나 버스 안에서 자기만의 암기카드, 핸드북 등을 보며 학습하는 것이 좋다. 주말은 주로 기본이론보다는 주중에 학습한 내용의 심화학습 위주로 공부해야 한다.

📝 **학습 방법**에 따른 공략법

01 type
독학할 경우

신뢰할 수 있는 기본서를 선택하여 기본이론을 충실히 학습하면서 문제집 또는 모의고사집을 통하여 실전에 필요한 문제풀이 방법을 터득하는 것이 관건이다. 주기적으로 모의고사 등에 응시하여 자신의 실력을 확인하면서 체계적인 수험계획을 세우고 이에 따라서 공부하여야 한다.

Tip 관련 법령 개정이 잦은 공인중개사 시험의 특성상 시험 전 최신 수험정보를 확인해 보는 자세가 필요하다.

※ 최신 수험정보 및 수험자료는 박문각 홈페이지(www.pmg.co.kr)에서 박문각출판 참고

02 type
학원강의를 수강할 경우

보통 학원에서는 2달을 기준으로 기본서, 문제집, 모의고사 등에 관련된 강의가 개설·진행되는데 그에 맞춰서 수험 전체의 일정을 잡는 것이 좋다. 학원수업 후에는 개인공부를 통해 실력을 쌓아 나가고, 쉬는 날에도 공부의 흐름을 놓치지 않도록 그 주에 공부한 부분을 가볍게 훑어보는 것이 좋다. 학원 내 스터디 모임과 학원의 전문상담원을 통하여 수험정보를 빠르고 쉽게 접할 수 있는 장점도 있다.

03 type
동영상강의를 수강할 경우

동영상을 통하여 이론 강의와 문제풀이 강의를 동시에 수강할 수도 있고, 단원별로 이론강의 수강 후에 문제풀이 강의로 즉시 실력을 점검할 수도 있다. 그리고 이해가 안 되거나 어려운 부분은 책갈피해 두었다가 다시 볼 수 있다. 패키지 강좌, 프리미엄 강좌 등을 이용하면 강의료가 할인된다.

※ 공인중개사 동영상강의: www.pmg.co.kr
　박문각 공인중개사 전화문의: 02-6466-7201

공인중개사 시험총평

2023년 제34회 공인중개사 시험
"전년도에 비해 난이도가 상승하였다."

제34회 공인중개사 시험에서 1차 과목인 부동산학개론은 기존 기출문제 유형이 반복·응용출제되었으며 계산문제도 다수 출제되어 전년도에 비해 어려웠고, 민법은 지엽적이고 어려운 판례가 다수 출제되어 체감 난이도가 전년도에 비하여 매우 상승하였다.

2차 과목은 전반적으로 어려웠으나 부동산세법은 기본개념, 논점위주로 출제되어 기본서를 바탕으로 꾸준히 학습을 했다면 충분히 합격할 수 있을 난이도였다. 반면 공인중개사법·중개실무, 부동산공법, 부동산공시법령은 전혀 손을 댈 수 없는 고난도 문제와 생소한 유형의 문제가 대거 출제되어 수험생들의 체감 난이도는 예년에 비해 훨씬 높아졌다고 할 수 있다.

앞으로의 시험을 대비하기 위해서는 과목의 공통된 의견으로 전체적인 내용을 이해함과 동시에 정확히 파악한 후 다양한 유형의 문제풀이를 통해 종합적인 학습이 병행되어야 할 것으로 보인다.

제34회 시험의 과목별 출제 경향은 다음과 같다.

1차

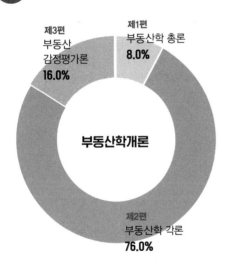

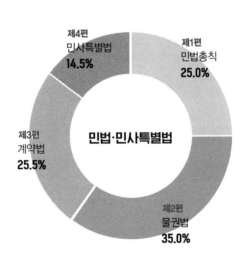

부동산학개론은 난이도 소폭 상승, 문제 간 난이도 구별이 명확하므로 '선택과 집중'을 통한 합격전략 필요!

민법·민사특별법은 앞부분에 어려운 문제가 많이 배치되고, 지엽적인 판례가 다수 출제되어 체감 난이도가 아주 높았던 시험이었다.

2차

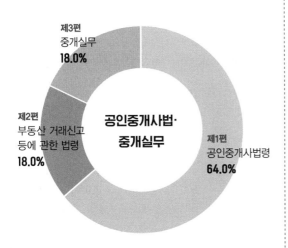

제3편
중개실무
18.0%

제2편
부동산 거래신고
등에 관한 법령
18.0%

공인중개사법·
중개실무

제1편
공인중개사법령
64.0%

공인중개사법·중개실무는 제33회보다는 다소 어렵게 출제되었고, 이해와 암기를 병행하는 학습만이 고득점을 받을 수 있다는 점을 다시 한 번 보여주었다.

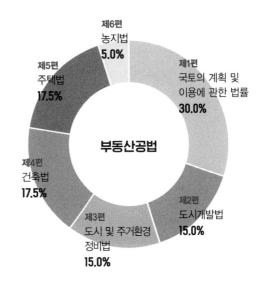

제6편
농지법
5.0%

제5편
주택법
17.5%

제1편
국토의 계획 및
이용에 관한 법률
30.0%

제4편
건축법
17.5%

부동산공법

제2편
도시개발법
15.0%

제3편
도시 및 주거환경
정비법
15.0%

부동산공법은 일부 법률에서 최근 출제된 적 없는 계산문제와 매우 지엽적인 문제가 출제되어 전체적인 난이도가 많이 상승했다.

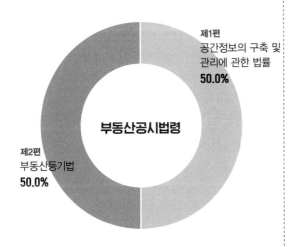

제1편
공간정보의 구축 및
관리에 관한 법률
50.0%

부동산공시법령

제2편
부동산등기법
50.0%

'공간정보법'은 몇몇 문제 외에는 평이한 난이도를 유지했고, '부동산등기법'은 지금까지 출제된 적 없던 유형의 문제들이 절반 가까이 출제되어 매우 어려웠다.

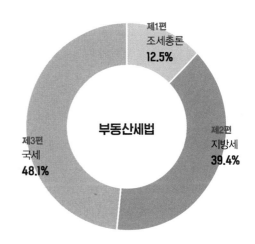

제1편
조세총론
12.5%

부동산세법

제3편
국세
48.1%

제2편
지방세
39.4%

부동산세법은 기본개념을 이해하였는지를 중점적으로 물어보았고 단순 법조문을 묻는 문제, 사례형 문제, 계산문제를 혼합하여 출제하였다.

출제경향 분석 및 수험대책

🖳 어떻게 출제되었나?

▌출제경향 분석

구 분		제30회	제31회	제32회	제33회	제34회	총 계	비율(%)
부동산학 총론	부동산의 개념과 분류	2	2	2	3	2	11	5.5
	부동산의 특성	1	1	1	1	1	5	2.5
	소 계	3	3	3	4	3	16	8.0
부동산학 각론	부동산 경제론	4	6	6	5	5	26	13.0
	부동산 시장론(입지)	4	5	4	7	6	26	13.0
	부동산 정책론	6	7	4	4	5	26	13.0
	부동산 투자론	7	3	6	5	8	29	14.5
	부동산 금융론	4	4	6	6	3	23	11.5
	부동산 개발 및 관리론	6	5	5	2	4	22	11.0
	소 계	31	30	31	29	31	152	76.0
부동산 감정평가론	감정평가의 기초이론	2	1	1	1	1	6	3.0
	감정평가의 방식	3	5	4	5	4	21	10.5
	부동산 가격공시제도	1	1	1	1	1	5	2.5
	소 계	6	7	6	7	6	32	16.0
총 계		40	40	40	40	40	200	100

제34회 부동산학개론의 난이도는 작년 제33회 시험보다 다소 높게 출제되었다. 새로운 문제는 없었으나 기존의 문제 유형에서 조금씩 응용된 형태들로 출제되었고, 계산문제가 10문제 출제되어 시간배분에 어려움이 컸을 것이다. 또한 금융론 문제가 줄고 투자론 문제 비중이 높았으며, 작년과 마찬가지로 입지론 부분의 높은 출제 비중도 특징이라 할 수 있다. 옳은 것을 묻는 문제, 박스 형태의 문제들도 많아져 수험생들의 체감 난이도는 더 높았으리라 생각한다.

구체적으로 살펴보면 난이도 상(35%), 중(30%), 하(35%)의 비중으로 평가할 수 있으며, 계산문제는 10문제(경제론1, 시장론2, 투자론4, 관리론1, 감정평가2)가 출제되어 시간배분에 걸림돌이 되는 문제를 구분하는 선택과 집중이 필요했다고 볼 수 있다. 문제 분포는 총론 3문제, 감정평가 6문제로 다른 해와 비슷한 패턴을 보여주었으나 입지 및 공간구조론에서 여러 학자들의 이론 등이 6문제나 출제되었고, 금융론 문제가 3문제 출제되는 대신 투자론 문제가 8문제 출제되었다. 또한 2차 과목에서 학습하는 공법이나 세법 문제를 출제하여 난이도 조절을 하는 패턴이 유지되고 있기에 1차와 2차 전 과목을 종합적으로 학습하는 것이 효과적이라 할 수 있을 것이다.

최근 시험 패턴을 고려해 볼 때 난이도 '상'과 난이도 '하' 문제가 뚜렷이 구분되고 있어 난이도 '하' 수준의 문제들을 틀리지 않게 학습하여야 하며, 중·하 수준의 문제들에 집중하여 합격점수를 얻는 데 어려움이 없도록 '선택과 집중'의 전략이 더욱 요구된다.

📋 이렇게 준비하자!

| 부동산학 총론 |

매회 2~3문제 꾸준히 출제되는 부분이다. 복합개념의 구분, 토지의 분류 등을 중점적으로 학습하고, 토지의 특성에 따른 파생현상의 연결 또한 학습해 두어야 한다.

| 부동산학 각론 |

각 장별로 매회 5~6문제씩 꾸준히 출제되는 부분이므로 다음과 같은 내용을 중점적으로 학습한다.
- **부동산 경제론**: 경제론은 출제비중이 높은 부분으로 그래프를 통한 시장의 이해가 필요하다.
- **부동산 시장론**: 크게 어려운 부분은 없으며, 부동산 시장, 주택 시장에 대한 이해가 필요하다.
- **부동산 정책론**: 주택정책에 신경을 많이 쓰고 시사적인 내용도 소홀히 하지 않도록 한다. 단, 지나치게 지엽적인 부분은 과감히 건너뛰도록 한다.
- **부동산 투자론**: 출제비중이 높은 부분과 쉬운 부분은 확실히 구별하되, 출제비중이 높아도 자신의 학습능력을 넘어서는 부분, 특히 응용력을 요하는 계산문제는 과감히 건너뛰는 결단력이 필요하다.
- **부동산 금융론**: 금융상식을 넓혀 실제 생활에 이용한다는 기분으로 부담 없이 접근하도록 한다.
- **부동산 개발 및 관리론**: 기본서를 통해 기본개념을 충실히 익히고, 신문매체 등을 통하여 최대한 상식을 넓히도록 한다.

| 부동산 감정평가론 |

- **감정평가의 기초이론 및 감정평가방식**: 감정평가에 관한 규칙에서의 출제비중이 늘고 있으므로 특히, 개정된 조문에 중점을 두고 학습하여야 한다. 감정평가방식에서는 난도 높은 문제의 출제비중이 큰 점에 유의하고 기본적인 내용 및 기초공식을 확실히 암기하는 것이 필요하다.
- **부동산 가격공시제도**: 관련 법령 중 출제가능성이 높은 법조문을 중심으로 학습하여야 한다.

| 제35회 시험대비 전략 |

시험의 난이도라는 것이 상대적이긴 하지만 전체적인 수준들은 매년 향상되어 가는 추세라 할 수 있다. 시험을 보면서 많이 느끼는 것이 단순 암기식으로 풀 수 있는 문제는 몇 문제 되지 않는다는 것이다. 주로 종합적인 사고와 응용능력을 묻고 있기 때문에 이론에 대한 철저한 이해 위주의 학습이 더욱 요구된다고 할 수 있다. 아직도 부동산학개론을 암기과목인 것처럼 강의하는 학습방법을 따르게 되면 결코 좋은 성적을 거두기 어렵다는 것을 여러 번의 시험으로 확인하였음에도 불구하고, 계속 두(頭)문자 학습을 취하는 경우가 많다. 따라서 기본서를 중심으로 전체적인 흐름을 이해하고 뼈대를 잡는 것이 우선이며, 살을 붙여나갈 때 역시 이론에 대한 정확한 이해가 선행되어야 할 것이다. 암기는 이해를 못하는 사람이 궁여지책으로 선택하는 방법에 불과하며 시험합격에 많은 장애를 주고 있다는 것을 유의하기 바란다.

이 책의 구성 및 특징

01 | 실전에 강한 기출·예상문제

실전예상문제

철저한 최신출제경향 분석을 통해 출제가능성이 높은 문제를 수록함으로써 실전능력을 기를 수 있도록 하였다.

대표유형

단원 내에서 키워드가 유사한 문제를 모아 테마를 만들고, 그 테마를 대표하는 문제를 통해 시험에 자주 출제되는 문제의 유형을 제시하였다.

난이도·핵심키워드

난이도를 3단계로 표시하고 핵심키워드를 통해 보다 정확한 문제 분석을 제시함으로써 수험생 스스로 셀프테스트가 가능하도록 구성하였다.

Chapter **01** 부동산의 수요와 공급

01 부동산 수요와 공급일반

대표유형

부동산의 수요와 공급에 관한 설명으로 틀린 것은?

① 수요곡선상의 수요량은 주어진 가격에서 수요자들이 구매하고자 하는 부동산의 최대수량이다.
② 부동산의 수요량과 그 수요량에 영향을 주는 요인들과의 관계를 나타낸 것이 수요함수이다.
③ 공급의 법칙에 따르면 가격(임대료)과 공급량은 반비례관계이다.
④ 부동산 시장 수요곡선은 개별 수요곡선을 수평으로 합하여 도출한다.
⑤ 건축원자재의 가격 상승은 부동산의 공급을 축소시켜 공급곡선을 좌측(좌상향)으로 이동하게 한다.

해설 ③ 공급법칙에 따르면 가격과 공급량은 정비례관계이다. 정답 ③

01 부동산의 수요에 대한 개념으로 틀린 것은?

중요도 상
부동산 수요

① 수요(demand)란 일정기간 동안에 주어진 가격으로 소비자가 재화나 서비스를 구매하고자 하는 욕구를 의미한다.
② 부동산의 수요량(Quantity of demand)이란 특정 가격수준으로 소비자가 구입하고자 의도하는 재화나 서비스의 총량을 의미한다.
③ 수요는 소비자가 실제로 구입한 사후적 개념이 아닌, 의도된 양을 나타내는 사전적 개념이다.
④ 일반적으로 수요란 유효수요를 의미하는바, 이는 구매의도와 구매력(지불능력)이 겸비된 수요라고 할 수 있다.
⑤ 부동산 수요는 일반적으로 일정시점에서 측정되는 유량(flow)의 개념을 갖는다.

PART 02 부동산 경제론

제1장 부동산의 수요와 공급

Answer

01 부동산 수요와 공급일반

01 ⑤　02 ⑤　03 ②　04 ③　05 ②　06 ④

02 부동산 수요 및 공급의 변화

01 ③　02 ②　03 ⑤　04 ③　05 ④　06 ②　07 ⑤　08 ①　09 ②

01 부동산 수요와 공급일반

01 ⑤ 부동산 수요는 일반적으로 일정기간에 걸쳐 측정되는 유량(flow)의 개념을 갖는다.

02 ⑤ 가격 이외의 요인이 변화하면 수요곡선 자체의 변화가 나타난다.

03 ② 유량변수는 ㉡, ㉣, ㉂ 3개이다.
  • 유량변수: ㉡, ㉣, ㉂
  • 저량변수: ㉠, ㉢, ㉤

04 ③ 아파트 가격 하락에 대한 기대는 가격 이외 요인이므로, 이를 수요의 변화라고 한다.

> **▦ 수요량의 변화와 수요의 변화**
>
> 1. 수요량의 변화
>   ① 의미: 해당 재화의 가격변화로 인한 수요량의 변화
>   ② 형태: 수요곡선상 점의 이동
> 2. 수요의 변화
>   ① 의미: 가격 이외 요인의 변화로 인한 수요량의 변화
>   ② 형태: 수요곡선 자체의 이동

05 ② 대출금리의 하락은 가격 이외 요인의 변화이며 이는 수요곡선 자체를 이동시키는 요인이 된다.

06 ④ "아파트"의 공급량 변화요인은 "아파트의 가격" 자체밖에는 없다. 원자재 가격의 변화는 가격 이외 요인으로 해석하여야 한다.

효율적 지면 구성

문제풀이에 방해되지 않도록 문제와 해설·정답을 분리하여 수록하였고 편리한 학습을 위하여 책속의 책 형태로 구성하였다.

상세한 해설

문제의 핵심을 찌르는 정확하고 명쾌한 해설은 물론, 문제와 관련하여 더 알아두어야 할 내용을 제시함으로써 문제풀이의 효과를 극대화하고자 하였다.

이 책의 차례

PART
01

부동산학 총론

PART
02

부동산 경제론

PART
03

부동산 시장론

PART
04

부동산 정책론

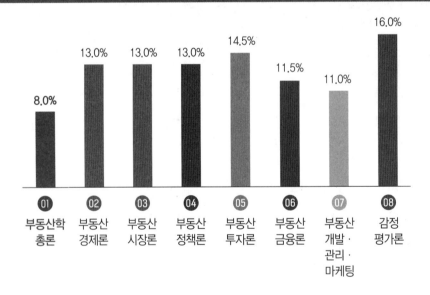

▎최근 5개년 출제경향 분석

제1편 '부동산학 총론'은 부동산학의 토대가 되는 기초분야라고 할 수 있다. 부동산의 개념과 정착물에 관한 사항은 출제가능성이 높으므로 명쾌한 정리가 요구되며, 각론 부분에서도 여러 차례 등장하는 복합개념과 부동산학에서 사용하는 기본적 사항인 토지용어는 정확한 개념 이해가 필요하다. 부동산의 특성은 전반적인 내용을 이해하는 데 기초가 되는 부분이므로 반드시 개념을 파악하고 전체적인 흐름을 숙지하여야 하며, 부동산의 속성에서 공간가치에 대한 학습 또한 필수적이라 할 수 있다.

부동산학 총론

01 부동산학의 본질

대표유형

부동산학에 관한 설명으로 틀린 것은?

① 과학을 순수과학과 응용과학으로 구분할 때, 부동산학은 순수과학에 속한다.
② 부동산학의 연구대상은 부동산 활동 및 부동산 현상을 포함한다.
③ 부동산학의 접근방법 중 종합식 접근방법은 부동산을 기술적·경제적·법률적 측면 등의 복합개념으로 이해하여, 이를 종합해서 이론을 구축하는 방법이다.
④ 부동산학은 다양한 학문과 연계되어 있다는 점에서 종합학문적 성격을 지닌다.
⑤ 부동산학의 일반원칙으로서 능률성의 원칙은 소유활동에 있어서 최유효이용을 지도원리로 삼고 있다.

해설 ① 순수과학이 아닌 응용과학이다.
⑤ 능률성의 원칙은 소유활동의 능률화와 거래활동의 능률화로 구분된다.　　　　　　　Ⓐ 정답 ①

01
상중하
부동산학의 정의

부동산학에 관한 설명 중 틀린 것은?

① 부동산학은 복잡한 현대의 부동산 문제를 해결하기 위하여 학제적 접근을 취하는 전문적인 학문 영역으로 등장하였다.
② 부동산학은 부동산과 관련된 의사결정을 연구하기 위하여, 부동산의 법적·경제적·기술적 측면의 접근을 시도하는 종합응용사회과학이다.
③ 부동산학은 부동산 활동의 능률화의 원리 및 그 응용 기술을 개척하기 위한 종합응용과학이다.
④ 부동산학의 연구대상은 크게 부동산 현상과 부동산 활동으로 분류된다.
⑤ 부동산학은 구체적인 경험과학이라기보다는 부동산 활동을 대상으로 하는 추상적인 학문이다.

02 부동산학에 관한 설명으로 틀린 것은?

상중하
부동산학 추구가치

① 단기간에 부동산학을 통일적으로 정착시키는 데 기여한 연구법은 종합식 접근법이다.
② 부동산에 대한 인간행동을 중심으로 부동산학을 연구하는 방법을 행태과학적 접근법이라고 한다.
③ 부동산학은 합법적 테두리 안에서 효율성과 형평성을 조화시키는 것을 목적으로 한다.
④ 부동산학의 접근방법 중 의사결정 접근방법은 인간은 합리적인 존재이며, 자기이윤의 극대화를 목표로 행동한다는 기본가정에서 출발한다.
⑤ 부동산학이 추구하는 가치를 민간부문으로 한정하여 볼 때는 효율성보다는 형평성이 강조된다.

---

02 부동산업 및 부동산 활동

대표유형

한국표준산업분류상 부동산 관련 서비스업에 해당하지 않는 것은?

① 부동산 투자 자문업   ② 부동산 개발 및 공급업
③ 부동산 중개 및 대리업   ④ 주거용 부동산 관리업
⑤ 비주거용 부동산 관리업

해설 ② 부동산 개발 및 공급업은 부동산 임대 및 공급업에 해당한다.

ⓘ **부동산업의 분류**(한국표준산업분류)

대분류	중분류	소분류	세분류
부동산업	부동산 임대 및 공급업	부동산 임대업	• 주거용 건물임대업 • 비주거용 건물임대업 • 기타 부동산 임대업
		부동산 개발 및 공급업	• 주거용 건물 개발 및 공급업 • 비주거용 건물 개발 및 공급업 • 기타 부동산 개발 및 공급업
	부동산 관련 서비스업	부동산 관리업	• 주거용 부동산 관리업 • 비주거용 부동산 관리업
		부동산 중개, 자문 및 감정평가업	• 부동산 중개 및 대리업 • 부동산 투자자문업 • 부동산 감정평가업

Ⓐ 정답 ②

01
상중하
부동산 관리업

한국표준산업분류상 부동산 관리업의 분류체계 또는 세부 예시에 해당하지 않는 것은?

① 주거용 부동산 관리   ② 비주거용 부동산 관리

③ 사무용 건물관리   ④ 기타 금융 지원 서비스업

⑤ 아파트 관리

02
상중하
부동산업의 세분류

한국표준산업분류에 따른 부동산업의 세분류 항목으로 틀린 것은?

① 부동산 개발 및 공급업   ② 부동산 임대업

③ 주거용 건물 건설업   ④ 부동산 관리업

⑤ 부동산 중개, 자문 및 감정평가업

03
상중하
부동산 활동

부동산 활동의 속성에 대한 설명으로 틀린 것을 모두 고른 것은?

㉠ 부동산 활동은 공중, 지표, 지하를 포함하는 3차원 공간을 대상으로 한다.

㉡ 부동산 활동은 사회성·공공성이 있는 재산을 다루므로, 거래당사자뿐만 아니라 부동산 업자에게도 높은 윤리성이 요구된다.

㉢ 부동산 활동은 일반적으로 일반 소비상품을 대상으로 하는 활동과는 달리 장기적 배려하에 결정되고 실행된다.

㉣ 부동산 활동의 일반원칙 중 안전성의 원칙이란 최소의 비용으로 최대의 효과를 올리는 것이 중요하다는 원칙이다.

㉤ 부동산 활동을 임장활동으로 규정하는 근거는 부증성이라는 특성과 대인활동이라는 속성 때문이다.

① ㉠, ㉡   ② ㉠, ㉢

③ ㉡, ㉤   ④ ㉢, ㉣

⑤ ㉣, ㉤

01 복합개념의 부동산

대표유형

부동산의 개념에 관한 설명으로 틀린 것은?

① 공간적 측면의 부동산에는 지하, 지표, 공중공간이 포함된다.

② 등기 · 등록의 공시방법을 갖춤으로써 부동산에 준하여 취급되는 동산은 준부동산으로 간주한다.

③ 기술적 측면의 부동산에는 생산요소, 자산, 공간, 자연이 포함된다.

④ 경제적 측면의 부동산은 부동산 가치에 영향을 미치는 수익성, 수급조절, 시장정보를 포함한다.

⑤ 협의의 부동산은 토지 및 그 정착물이다.

▶해설 ③ 생산요소와 자산은 경제적 측면의 부동산이다. Ⓐ 정답 ③

01 부동산의 개념에 관한 설명으로 틀린 것은?

상중**하**
기술적 개념

① 복합개념의 부동산이란 부동산을 법률적 · 경제적 · 기술적 측면 등의 복합된 개념으로 이해하는 것을 말한다.

② 준부동산은 등기 · 등록의 공시방법을 갖춤으로써 부동산에 준하여 취급되는 특정의 동산 등을 말한다.

③ 토지와 건물이 각각 독립된 거래의 객체이면서도 마치 하나의 결합된 상태로 다루어져 부동산 활동의 대상으로 인식될 때 이를 복합부동산이라 한다.

④ 민법상 부동산은 토지 및 그 정착물을 말한다.

⑤ 기술적 개념의 부동산은 자본, 자연, 공간, 위치 등을 의미한다.

02
상중**하**
경제적 개념

부동산의 개념 중 경제적 개념으로만 연결된 것은?

⊙ 소유권	ⓒ 자산	ⓒ 위치
ⓔ 준부동산	⑩ 협의의 부동산	⑭ 공간
㉐ 상품	⊚ 자본	

① ⊙, ⓒ, ⑩
② ⊙, ⓔ, ⑩
③ ⓒ, ㉐, ⊚
④ ⓒ, ⓔ, ㉐
⑤ ⓒ, ⑭, ⊚

03
상**중**하
복합개념

부동산의 복합개념에 관한 설명으로 틀린 것을 모두 고르면?

⊙ 부동산의 물리적 개념은 부동산 활동의 대상인 유형(有形)적 측면의 부동산을 이해하는
   데 도움이 된다.
ⓒ 토지는 생산요소와 자본의 성격을 가지고 있지만, 소비재의 성격을 가지고 있지 않다.
ⓒ 부동산 입지선정은 주변의 이용상황에 따라 결정되는 경제적 위치(상대적 위치)와 부지
   자체의 물리적 위치(절대적 위치)를 고려하여 결정한다.
ⓔ 절대적 위치는 인접성과 관련이 있고 상대적 위치는 부동성과 관련이 있다.

① ⊙, ⓒ
② ⊙, ⓒ
③ ⓒ, ⓒ
④ ⓒ, ⓔ
⑤ ⓒ, ⓒ, ⓔ

02 법률적 개념의 부동산

대표유형

우리나라에서 부동산과 소유권에 관한 설명으로 틀린 것은?

① 토지의 소유권 공시방법은 등기이다.
② 토지의 소유권은 민법상 입체적으로 규정되어 있다.
③ 토지의 정착물 중 토지와 독립된 물건으로 취급되는 것은 없다.
④ 토지소유자는 법률의 범위 내에서 토지를 사용, 수익, 처분할 권리가 있다.
⑤ 민법에서 부동산이란 토지와 그 정착물을 말한다.

해설 ③ 토지와 독립된 물건으로 간주되는 독립정착물이 존재한다.　　　　　　Ⓐ 정답 ③

01 법률적 개념에 관한 설명으로 틀린 것은?

상중하
법률적 개념

① 좁은 의미의 부동산은 토지 및 그 정착물을 말한다.

② 법률상의 공장재단, 광업재단, 어업권, 항공기 등은 의제 부동산으로 이는 부동산의 개념 중 경제적 개념에 해당한다.

③ 등기·등록의 공시방법을 갖춤으로써 부동산에 준하여 취급되는 동산은 준부동산으로 간주한다.

④ 준(準)부동산은 부동산과 유사한 공시방법을 갖춤으로써 넓은 의미의 부동산에 포함된다.

⑤ 협의의 부동산은 민법상 부동산을 의미한다.

02 다음 중 토지의 정착물에 해당되는 것은 모두 몇 개인가?

상중하
정착물

┌───┐
│ ㉠ 구거(溝渠)   ㉡ 가식중인 수목   │
│ ㉢ 다년생 식물   ㉣ 명인방법을 구비한 수목 │
│ ㉤ 교량   │
└───┘

① 1개 ② 2개 ③ 3개
④ 4개 ⑤ 5개

03 토지의 정착물과 동산에 관한 설명으로 틀린 것은?

상중하
정착물과 동산

① 일반적으로 임대인이 설치한 물건은 정착물로 인정되지 않는다.

② 토지의 정착물 중 명인방법(明認方法)을 구비한 수목의 집단은 독립정착물로 간주한다.

③ 도로와 교량 등은 토지의 일부로 간주되는 정착물이다.

④ 제거하여도 건물의 기능 및 효용의 손실이 없는 부착된 물건은 동산으로 취급한다.

⑤ 임차인이 설치한 영업용 선반·카운터 등 사업이나 생활의 편의를 위해 설치한 정착물은 동산으로 간주되는 것이 원칙이다.

04 부동산의 법률적 개념에 관한 설명으로 옳은 것은?

상중하
법률적 개념

① 권원에 의하여 타인토지에 재배되고 있는 농작물은 종속정착물로 간주된다.

② 좁은 의미의 부동산과 준부동산을 합쳐 광의의 부동산이라 하며, 자본, 자산 등과 함께 기술적 측면에서의 부동산으로 구분된다.

③ 부동산의 경우에는 점유로써 공시의 효과를 가지지만 동산은 등기로써 공시의 효과를 가진다.

④ 입목에 관한 법령에 의해 소유권 보존등기된 입목은 종속정착물이다.

⑤ 준부동산에는 공장재단, 광업재단, 자동차, 어업권, 선박(20톤 이상), 입목 등이 포함된다.

부동산의 구분

01 토지의 분류

대표유형

토지 관련 용어의 설명으로 옳게 연결된 것은?

㉠ 소유권이 인정되지 않는 바다와 육지 사이의 해변 토지
㉡ 택지경계와 인접한 경사된 토지로 사실상 사용이 불가능한 토지
㉢ 농지지역 내에서 전(田)지지역이 답(畓)지지역으로 용도가 전환되고 있는 토지
㉣ 택지지역·농지지역·임지지역 상호간에 다른 지역으로 전환되고 있는 토지

① ㉠: 공지, ㉡: 빈지, ㉢: 후보지, ㉣: 이행지
② ㉠: 빈지, ㉡: 법지, ㉢: 이행지, ㉣: 후보지
③ ㉠: 법지, ㉡: 공지, ㉢: 후보지, ㉣: 이행지
④ ㉠: 법지, ㉡: 빈지, ㉢: 이행지, ㉣: 후보지
⑤ ㉠: 빈지, ㉡: 법지, ㉢: 후보지, ㉣: 이행지

해설 ㉠ 해변: 빈지
㉡ 경계, 경사: 법지
㉢ 내에서 용도전환 중: 이행지
㉣ 상호간 용도전환 중: 후보지

A 정답 ②

01 토지는 사용하는 상황이나 관계에 따라 다양하게 불리는바, 토지 관련 용어의 설명으로 옳은 것은?

상중하
토지 분류

① 도시개발사업에 소요된 비용과 공공용지를 제외한 후 토지의 위치·지목·면적 등을 고려하여 토지 소유자에게 재분배하는 토지를 체비지(替費地)라 한다.
② 토지와 도로 등 경계 사이의 경사진 부분의 토지를 법지(法地)라고 한다.
③ 고압송전선로 아래의 토지를 한계지(限界地)라 한다.
④ 소유권이 인정되지 않는 바다와 육지 사이의 해변 토지를 포락지(浦落地)라 한다.
⑤ 도시개발사업에 필요한 경비에 충당하기 위해 환지로 정하지 아니한 토지를 공지(空地)라고 한다.

02 토지 관련 용어의 설명으로 옳은 것은?

토지 분류

① 획지(劃地)는 하나의 지번이 부여된 토지의 등기·등록단위이다.
② 포락지(浦落地)는 지적공부에 등록된 토지가 물에 침식되어 수면 밑으로 잠긴 토지를 말한다.
③ 부지(敷地)는 자연 상태 그대로의 토지를 말한다.
④ 나지(裸地)는 토지 위에 정착물이 없고 공법상 제한이 없는 토지를 의미한다.
⑤ 후보지(候補地)는 택지지역·농지지역·임지지역 내에서 용도가 전환되고 있는 토지를 말한다.

03 토지 관련 용어의 설명으로 틀린 것은?

토지 분류

① 맹지는 도로에 직접 연결되지 않은 토지이다.
② 공지는 건부지 중 건폐율·용적률의 제한으로 건물을 짓지 않고 남겨둔 토지를 말한다.
③ 필지는 인위적·자연적·행정적 조건에 따라 다른 토지와 구별되는 가격수준이 비슷한 일단의 토지를 말한다.
④ 필지는 법률상의 단위개념으로 소유권이 미치는 범위를 말한다.
⑤ 택지지역 내에서 주거지역이 상업지역으로 용도변경이 진행되고 있는 토지를 이행지라고 한다.

04 토지 관련 용어에 관한 설명으로 옳은 것은?

토지 분류

① 빈지는 과거에는 소유권이 인정되는 전·답 등이었으나, 지반이 절토되어 무너져 내린 토지로 바다나 하천으로 변한 토지이다.
② 나지는 도로부지, 하천부지와 같이 일정한 용도로 이용되는 토지를 말한다.
③ 지력회복을 위해 정상적으로 쉬고 있는 토지를 휴한지라고 한다.
④ 대지는 공간정보의 구축 및 관리 등에 관한 법령과 부동산 등기법령에서 정한 하나의 등록단위로 표시하는 토지를 말한다.
⑤ 부지는 건부지 중 건물을 제외하고 남은 부분의 토지로, 건축법령에 의한 건폐율 등의 제한으로 인해 필지 내에 비어있는 토지를 말한다.

05 토지의 분류에 대한 설명으로 틀린 것은?

상**중**하
토지 분류

① 빈지는 소유권은 인정되나 활용 실익이 없거나 적은 토지이다.
② 건부지는 지상에 있는 건물에 의하여 사용·수익이 제한되는 경우가 있다.
③ 택지 등 다른 용도로 조성되기 이전 상태의 토지를 소지라고 한다.
④ 재난시 피난 등 안전이나 일조 등 양호한 생활환경 확보를 위해, 건축하면서 남겨놓은 일정면적 부분의 토지를 공지라고 한다.
⑤ 맹지란 타인의 토지로 완전히 둘러싸여 도로와 전혀 접하지 못하는 토지이다.

06 토지 관련 용어의 설명으로 틀린 것을 모두 고른 것은?

상**중**하
토지 분류

> ㉠ 나지는 주거·상업·공업용지 등의 용도로 이용되고 있거나 해당 용도로 이용할 목적으로 조성된 토지를 말한다.
> ㉡ 일단지는 용도상 불가분의 관계에 있는 2필지 이상의 일단의 토지를 말한다.
> ㉢ 표준지는 지가의 공시를 위해 가치형성요인이 같거나 유사하다고 인정되는 일단의 토지 중에서 선정한 토지를 말한다.
> ㉣ 이행지는 택지지역·농지지역·임지지역 상호간에 다른 지역으로 전환되고 있는 일단의 토지를 말한다.

① ㉠   ② ㉠, ㉡   ③ ㉠, ㉣
④ ㉠, ㉢, ㉣   ⑤ ㉡, ㉢, ㉣

07 토지의 분류에 대한 설명 중 틀린 것은?

상**중**하
토지 분류

① 한계지(marginal land)는 택지이용의 최원방권(最遠方圈)의 토지를 의미한다.
② 좁은 통로에 의해 1면이 도로와 접속면을 갖는 자루 모양의 토지를 대지(袋地)라고 한다.
③ 공유수면관리법상 만조수위선에서 지적공부에 등록된 지역까지의 사이를 바닷가라고 한다.
④ 표본지란 지가변동률 조사·산정대상 지역에서 행정구역별·용도지역별·이용상황별로 지가변동을 측정하기 위하여 선정한 대표적인 필지를 말한다.
⑤ 건부지 가격은 건부감가에 의해 나지 가격보다 높게 평가되는 것이 일반적이다.

08 다음 중 「공간정보의 구축 및 관리 등에 관한 법률」상 지목에 해당하는 것은?

상중하
지목의 분류
① 사찰용지　　　　　② 저수지　　　　　③ 나지
④ 제방　　　　　　　⑤ 필지

02 주택의 분류

대표유형

건축법 시행령 및 주택법상 주택의 분류에 대한 다음의 설명 중 옳은 것은?

① 아파트란 주택으로 쓰는 층수가 4개 층 이상인 주택을 의미한다.

② 다세대주택은 주택으로 쓰는 1개 동의 바닥면적(2개 이상의 동을 지하주차장으로 연결하는 경우에는 각각의 동으로 본다) 합계가 660제곱미터를 초과하고, 층수가 4개 층 이하인 주택이다.

③ 연립주택은 주택으로 쓰는 1개 동의 바닥면적 합계가 660제곱미터 이하이고, 층수가 4개 층 이하인 주택이다.

④ 다가구주택은 주택으로 쓰는 층수가 3개 층 이하로, 1개 동의 주택으로 쓰이는 바닥면적의 합계가 660제곱미터 이하인 공동주택이다.

⑤ 도시형 생활주택이란 300세대 미만의 국민주택규모에 해당하는 주택으로서 대통령령으로 정하는 주택을 말한다.

해설 ① 아파트란 주택으로 쓰는 층수가 5개 층 이상인 주택을 의미한다.
② 다세대주택이란 주택으로 쓰는 1개 동의 바닥면적(2개 이상의 동을 지하주차장으로 연결하는 경우에는 각각의 동으로 본다) 합계가 660제곱미터 이하이고, 층수가 4개 층 이하인 주택을 의미한다.
③ 연립주택이란 주택으로 쓰는 1개 동의 바닥면적 합계가 660제곱미터를 초과하고, 층수가 4개 층 이하인 주택을 의미한다.
④ 다가구주택은 주택으로 쓰는 층수가 3개 층 이하로, 1개 동의 주택으로 쓰이는 바닥면적의 합계가 660제곱미터 이하인 단독주택이다. **Ⓐ 정답 ⑤**

01 다중주택의 요건이 아닌 것은? (단, 건축법령상 단서 조항은 고려하지 않음)

다중주택

① 학교 또는 공장 등의 학생 또는 종업원 등을 위하여 쓰는 것으로서 1개 동의 공동취사시설 이용 세대 수가 전체의 50퍼센트 이상인 것

② 학생 또는 직장인 등 여러 사람이 장기간 거주할 수 있는 구조로 되어 있는 것

③ 1개 동의 주택으로 쓰이는 바닥면적(부설 주차장 면적은 제외한다)의 합계가 660제곱미터 이하이고 주택으로 쓰는 층수⑤ 지하층은 제외한다)가 3개 층 이하일 것

④ 적정한 주거환경을 조성하기 위하여 건축조례로 정하는 실별 최소 면적, 창문의 설치 및 크기 등의 기준에 적합할 것

⑤ 독립된 주거의 형태를 갖추지 않은 것(각 실별로 욕실은 설치할 수 있으나, 취사시설은 설치하지 않은 것을 말한다)

02 건축물 A의 현황이 다음과 같을 경우, 건축법령상 용도별 건축물의 종류는?

건축물의 종류

- 층수가 3층인 1개 동의 건축물로서 지하층과 필로티 구조는 없음
- 전체 층을 주택으로 쓰며, 주택으로 쓰는 바닥면적의 합계가 600m²임
- 세대수 합계는 15세대로서 모든 세대에 취사시설이 설치됨

① 기숙사   ② 다가구주택   ③ 연립주택

④ 다중주택   ⑤ 다세대주택

03 주택법령상 주택의 정의에 관한 설명으로 틀린 것은?

주택법상 주택

① 주택은 세대의 구성원이 장기간 독립된 주거생활을 할 수 있는 구조로 된 건축물의 전부 또는 일부 및 그 부속토지를 말한다.

② 공동주택은 건축물의 벽·복도·계단이나 그 밖의 설비 등의 전부 또는 일부를 공동으로 사용하는 각 세대가 하나의 건축물 안에서 각각 독립된 주거생활을 할 수 있는 구조로 된 주택을 말한다.

③ 도시형 생활주택은 주택 외의 건축물과 그 부속토지로서 주거시설로 이용가능한 시설 등을 말한다.

④ 민영주택은 국민주택 등을 제외한 주택을 말한다.

⑤ 도시형 생활주택에는 단지형 연립주택, 단지형 다세대주택, 소형주택이 포함된다.

04 다음 중 연립주택에 해당하는 것은?

상중**하**
연립주택

① 주택으로 쓰는 층수가 5개 층 이상인 주택
② 주택으로 쓰는 1개 동의 바닥면적 합계가 660제곱미터 이하이고, 층수가 4개 층 이하인 주택
③ 학교 또는 공장 등의 학생 또는 종업원 등을 위하여 쓰는 것으로서 1개 동의 공동 취사시설 이용세대가 전체의 50퍼센트 이상인 주택
④ 주택으로 쓰는 1개 동의 바닥면적 합계가 660제곱미터를 초과하고, 층수가 4개 층 이하인 주택
⑤ 주택으로 쓰는 층수가 3개 층 이하이고, 1개 동의 주택으로 쓰이는 바닥면적의 합계가 660제곱미터 이하인 주택

05 다음 중 주택의 정의에 대한 설명으로 틀린 것은?

상**중**하
주택의 정의

① 도시형 생활주택이란 300세대 미만의 국민주택규모에 해당하는 주택으로서 대통령령으로 정하는 주택을 말한다.
② 주택법상 준주택에는 오피스텔, 노인복지주택, 다중생활시설, 기숙사가 포함된다.
③ 주택조합에는 지역주택조합, 직장주택조합 및 리모델링주택조합이 있다.
④ 연립주택은 주택으로 쓰는 1개 동의 바닥면적 합계가 660제곱미터를 초과하고 층수가 4개 층 이하인 주택이다.
⑤ 다세대주택은 주택으로 쓰는 1개 동의 바닥면적 합계가 660제곱미터를 이하이고 층수가 3개 층 이하인 주택이다.

06 건축법 시행령상 주택의 분류 중에서 공동주택의 유형으로 틀린 것은?

상중**하**
공동주택

① 아파트   ② 연립주택
③ 다세대주택   ④ 다가구주택
⑤ 기숙사

Chapter 04 부동산의 특성

01 부동산의 특성에 관한 설명으로 옳은 것은?

상중하
부동산의 특성

① 토지는 영속성으로 인해 경제적 감가가 발생하지 않는다.

② 부동산 시장이 국지화되는 것은 지리적 위치의 고정성과 관련이 있다.

③ 토지는 부증성으로 인해 용도적 공급이 장·단기적으로 모두 완전비탄력적이다.

④ 토지는 부동성으로 인하여 독점 소유욕이 발생하며 양적 공급이 제한된다.

⑤ 토지는 개별성으로 인해 용도적 관점에서도 공급을 늘릴 수 없다.

02 토지의 특성과 관련된 설명으로 틀린 것은?

상중하
토지의 특성

① 부증성으로 인해 동산과 부동산이 구분되고, 일반 재화와 부동산 재화의 특성이 다르게 나타난다.

② 개별성으로 인해 일물일가 법칙의 적용이 배제되며, 표준화가 어려워진다.

③ 부증성으로 인해 부동산의 수급이 불균형하여 균형가격의 형성이 어렵다.

④ 부동성으로 인해 임장활동과 지역분석을 필요로 한다.

⑤ 부증성은 토지의 지대 또는 지가를 발생시키며, 최유효이용의 근거가 된다.

03 토지의 자연적 특성 중 영속성과 관련된 것을 모두 고르면 몇 개인가?

상중하
영속성

> ㉠ 토지의 집약적 이용과 토지 부족 문제의 근거가 된다.
> ㉡ 소모를 전제로 하는 재생산이론과 감가상각(감가수정)이론이 적용되지 않는다.
> ㉢ 부동산 활동을 임장활동화 시키며, 감정평가시 지역분석을 필요로 한다.
> ㉣ 일물일가의 법칙이 배제되며, 토지시장에서 상품 간 완전한 대체관계가 제약된다.
> ㉤ 부동산 활동을 장기배려하게 하며, 토지의 가치보존력을 우수하게 한다.

① 1개   ② 2개
③ 3개   ④ 4개
⑤ 5개

04 토지의 자연적 특성으로 인해 발생되는 부동산 활동과 현상에 관한 설명으로 틀린 것은?

상중하
토지의 특성

① 토지의 개별성은 부동산 활동과 현상을 개별화시킨다.
② 토지의 부동성은 지방자치단체 운영을 위한 부동산 조세수입의 근거가 될 수 있다.
③ 매립이나 산지개간을 통한 농지나 택지의 확대는 부증성의 예외이다.
④ 토지의 영속성은 미래의 수익을 가정하고 가치를 평가하는 직접환원법의 적용을 가능하게 한다.
⑤ 부증성에 기인한 특정 토지의 희소성은 공간수요의 입지경쟁을 유발시킨다.

05 토지의 특성에 관련된 설명으로 옳은 것을 모두 고른 것은?

상중하
토지의 특성

> ㉠ 개별성은 토지시장을 불완전경쟁시장으로 만드는 요인이다.
> ㉡ 영속성은 부동산 활동에서 감가상각 필요성의 근거가 된다.
> ㉢ 부증성은 다른 생산물처럼 노동이나 생산비를 투입하여 순수한 그 자체의 양을 늘릴 수 없다.
> ㉣ 영속성으로 인하여 소유함으로써 생기는 자본이익(capital gain)과 이용하여 생기는 운용이익(income gain)을 발생시킨다.

① ㉠   ② ㉡, ㉣
③ ㉠, ㉡, ㉢   ④ ㉠, ㉢, ㉣
⑤ ㉠, ㉡, ㉢, ㉣

06
상중하
토지의 특성

토지의 특성과 관련된 설명으로 틀린 것은?

① 영속성은 부동산 관리의 의의를 높게 한다.

② 영속성으로 인하여 가격이 하락해도 소모되지 않기 때문에 차후에 가격상승을 기대하여 매각을 미룰 수 있다.

③ 부동성은 집약적 토지이용과 가격급등현상을 일으키기도 한다.

④ 분할·합병의 가능성은 용도의 다양성을 지원하는 특성이 있다.

⑤ 용도의 다양성은 토지용도 중에서 최유효이용을 선택할 수 있는 근거가 된다.

07
상중하
부동산의 특성

부동산의 특성에 관한 설명으로 틀린 것은?

① 용도의 다양성으로 인해 토지이용결정과정에서 용도가 경합할 경우, 최유효이용을 할 수 있는 방안을 도출하여 실행하게 한다.

② 개별성으로 인해 부동산 활동이 구체적이고 개별적으로 전개되며, 부동산 시장에서 정보의 중요성이 증대된다.

③ 영속성으로 인해 토지는 감가상각에서 배제되는 자산이다.

④ 토지는 물리적인 측면에서는 영속성을 가지나, 경제적 가치는 주변상황의 변화에 의하여 파괴될 수 있다.

⑤ 부동성으로 인해 부동산 활동은 국지화되고 임장활동이 배제된다.

08
상중하
부동산의 특성

부동산의 특성에 관한 설명으로 틀린 것은?

① 인접성은 물리적으로 연속되고 연결되어 있는 특성이다.

② 개별성은 대상 토지와 다른 토지의 비교를 어렵게 하며 시장에서 상품 간 대체관계를 제약할 수 있다.

③ 영속성은 토지관리의 필요성을 높여 원가방식의 이론적 근거가 된다.

④ 부증성은 생산요소를 투입하여도 토지 자체의 양을 늘릴 수 없는 특성이다.

⑤ 부동성은 부동산 활동 및 현상을 국지화하여 지역특성을 갖도록 한다.

09
부동산의 특성

A아파트의 인근지역에 공원이 새롭게 조성되고, 대형마트가 들어서서 A아파트의 가격이 상승했다면, 이러한 현상을 설명하는 특성으로 가장 적합한 것은?

① 지리적 위치의 고정성, 부(−)의 외부효과
② 외부불경제, 위치의 가변성
③ 비소모성, 투자의 고정성
④ 규모의 경제, 가치의 보존성
⑤ 인접성, 상대적 위치의 변화

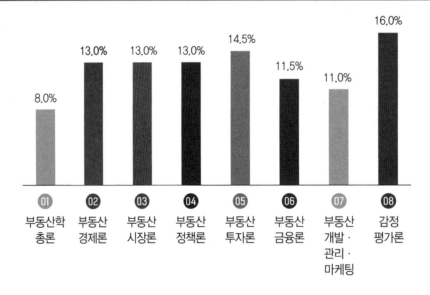

최근 5개년 출제경향 분석

경제론에서는 유량과 저량, 부동산의 수요와 공급의 개념, 부동산 시장의 균형, 수요곡선과 공급곡선의 탄력성 등 경제론의 기초가 되는 내용으로 출제 비중이 높기 때문에 철저한 이해 중심의 학습이 요구된다.

부동산 경제론

부동산의 수요와 공급

01 부동산 수요와 공급일반

대표유형

부동산의 수요와 공급에 관한 설명으로 틀린 것은?

① 수요곡선상의 수요량은 주어진 가격에서 수요자들이 구매하고자 하는 부동산의 최대수량이다.

② 부동산의 수요량과 그 수요량에 영향을 주는 요인들과의 관계를 나타낸 것이 수요함수이다.

③ 공급의 법칙에 따르면 가격(임대료)과 공급량은 반비례관계이다.

④ 부동산 시장 수요곡선은 개별 수요곡선을 수평으로 합하여 도출한다.

⑤ 건축원자재의 가격 상승은 부동산의 공급을 축소시켜 공급곡선을 좌측(좌상향)으로 이동하게 한다.

해설 ③ 공급법칙에 따르면 가격과 공급량은 정비례관계이다.　　　　　**Ⓐ** 정답 ③

01 **부동산의 수요에 대한 개념으로 틀린 것은?**

상중하
부동산 수요

① 수요(demand)란 일정기간 동안에 주어진 가격으로 소비자가 재화나 서비스를 구매하고자 하는 욕구를 의미한다.

② 부동산의 수요량(Quantity of demand)이란 특정 가격수준으로 소비자가 구입하고자 의도하는 재화나 서비스의 총량을 의미한다.

③ 수요는 소비자가 실제로 구입한 사후적 개념이 아닌, 의도된 양을 나타내는 사전적 개념이다.

④ 일반적으로 수요란 유효수요를 의미하는바, 이는 구매의도와 구매력(지불능력)이 겸비된 수요라고 할 수 있다.

⑤ 부동산 수요는 일반적으로 일정시점에서 측정되는 유량(flow)의 개념을 갖는다.

02

상중하
부동산 수요

부동산의 수요와 공급에 대한 설명으로 틀린 것은? (단, 주어진 조건에 한함)

① 다른 조건이 일정하다면 가격이 상승하면 공급량이 증가한다.
② 수요량은 일정기간에 실제로 구매한 수량이 아닌 사전에 의도된 수량이다.
③ 공급량은 주어진 가격수준에서 판매능력을 갖춘 유효한 것이어야 한다.
④ 건설종사자들의 임금상승은 부동산 가격을 상승시킨다.
⑤ 가격 이외의 다른 요인이 수요량을 변화시키면 수요곡선상의 변화가 나타난다.

03

상중하
유량

다음 중 유량(flow)의 경제변수는 모두 몇 개인가?

| ㉠ 주택 재고량 | ㉡ 임대료 수입 | ㉢ 가계의 자산 |
| ㉣ 근로자의 임금 | ㉤ 도시인구규모 | ㉥ 신규주택공급량 |

① 2개 ② 3개 ③ 4개
④ 5개 ⑤ 6개

04

상중하
수요의 변화

부동산 수요량의 변화와 수요의 변화에 관한 설명으로 틀린 것은? (주어진 조건에 한함)

① 아파트 가격이 변화하여 아파트 수요량이 변화하였다면, 이를 수요량의 변화라고 한다.
② 오피스텔 가격이 하락하여 아파트 수요량이 변화하였다면, 이는 수요곡선 자체의 변화를 초래한다.
③ 아파트 가격 하락에 대한 기대감으로 아파트 수요량이 변화하였다면 이를 수요량의 변화라고 한다.
④ 소비자의 소득이 변화하여 종전과 동일한 가격수준에서 아파트 수요곡선이 이동하였다면, 이는 수요의 변화이다.
⑤ 아파트 가격에 대한 예상의 변화는 수요곡선 자체를 이동시킨다.

05

상중하
수요량의 변화와
수요의 변화

아파트 매매시장에서 수요(공급)량과 수요(공급)의 변화에 관한 설명으로 틀린 것은?

① 해당 부동산 가격 변화에 의한 공급량의 변화는 다른 조건이 불변일 때 동일한 공급곡선 상에서 점의 이동으로 나타난다.

② 담보대출금리가 하락하면 수요량의 변화로 동일한 수요곡선상에서 상향으로 이동하게 된다.

③ 생산요소가격이 변화하여 동일 가격수준에서 부동산의 공급곡선이 이동하였다면, 이를 부동산 공급의 변화라 한다.

④ 인구의 감소라는 요인으로 수요곡선 자체가 이동하는 것은 수요의 변화이다.

⑤ 아파트 가격이 하락하면 수요량의 변화로 동일한 수요곡선상에서 하향으로 이동하게 된다.

06

상중하
공급변화와
공급량의 변화

아파트의 공급 변화요인과 공급량 변화요인이 옳게 묶인 것은?

	공급 변화요인	공급량 변화요인
①	주택 건설업체수의 증가	원자재 가격상승
②	정부의 정책	건설기술개발에 따른 원가절감
③	건축비의 하락	주택건설용 토지가격의 하락
④	노동자임금 하락	아파트 가격상승
⑤	주택경기 전망	토지이용규제 완화

02 부동산 수요 및 공급의 변화

대표유형

아파트 매매시장에서 수요량과 수요의 변화에 관한 설명으로 틀린 것은? (단, x축은 수량, y축은 가격이고, 아파트와 단독주택은 정상재이며, 다른 조건은 동일함)

① 실질소득이 증가하면 수요곡선은 우측으로 이동하게 된다.

② 대체재인 단독주택의 가격이 상승하면 아파트의 수요곡선은 우측으로 이동하게 된다.

③ 소득이 증가할 때 수요곡선이 우측으로 이동한다면 해당 재화는 정상재이다.

④ 아파트 거래세가 인상되면 수요곡선은 좌측으로 이동하게 된다.

⑤ 소비에 있어서 해당 아파트와 보완관계에 있는 재화의 가격이 상승하면 아파트의 수요가 증가한다.

해설 ⑤ 해당 아파트와 보완관계에 있는 재화의 가격이 상승하면 아파트의 수요가 감소한다. **Ⓐ 정답 ⑤**

01 해당 부동산 시장의 수요곡선을 우측(우상향)으로 이동하게 하는 수요변화의 요인에 해당하는
상중하 것은? (단, 수요곡선은 우하향하고, 해당 부동산은 정상재이며, 다른 조건은 동일함)
수요변화요인

① 대출금리의 상승   ② 보완재 수요감소
③ 대체재 수요감소   ④ 해당 부동산 가격의 상승
⑤ 해당 부동산 선호도의 감소

02 아파트 시장의 수요곡선을 우측으로 이동시킬 수 있는 요인은 모두 몇 개인가?
상중하
수요증가요인

• 수요자의 실질소득 증가	• 건축원자재 가격의 하락
• 사회적 인구감소	• 아파트 가격의 하락
• 아파트 선호도 감소	• 대체주택 가격의 상승
• 아파트 담보대출금리의 하락	

① 2개   ② 3개   ③ 4개
④ 5개   ⑤ 6개

03 부동산 시장에서 수요를 증가시키는 요인을 모두 고른 것은?
상중하
수요증가요인

㉠ 시장금리 하락	㉡ 인구 감소
㉢ 수요자의 실질소득 증가	㉣ 부동산 가격상승 기대
㉤ 부동산 거래세율 인상	

① ㉠, ㉡   ② ㉠, ㉢   ③ ㉡, ㉤
④ ㉡, ㉢, ㉣   ⑤ ㉠, ㉢, ㉣

04 A부동산의 가격이 5% 상승할 때, B부동산의 수요는 10% 감소하고 C부동산의 수요는 5% 증가
상중하 한다. A와 B, A와 C 간의 관계는?
대체재와 보완재

	A와 B의 관계	A와 C의 관계
①	대체재	보완재
②	대체재	열등재
③	보완재	대체재
④	열등재	정상재
⑤	정상재	열등재

05
상중하
수요변화요인

다음은 주택의 수요·공급에 관한 그림이다. 수요곡선 D_0를 D_1으로 이동시킬 수 있는 요인이 아닌 것은? (단, 다른 요인은 일정하다고 가정하며, S는 공급곡선이다. 또한 주택과 오피스텔의 관계는 대체재이며, 주택과 빌라의 관계는 보완재라고 가정한다)

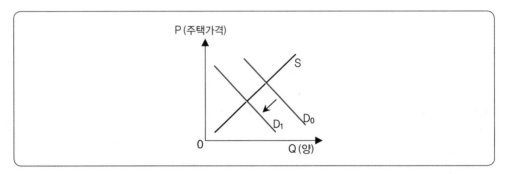

① 주택거래규제의 강화
② 수요자의 소득감소
③ 모기지대출(mortgage loan) 금리의 상승
④ 오피스텔 가격의 상승
⑤ 빌라 수요의 감소

06
상중하
시장수요함수

어떤 부동산에 대한 시장수요함수는 P = 100 − 4QD[여기서 P는 가격(단위 : 만원), QD는 수요량(단위 : m²)]이며, 이 시장의 수요자는 모두 동일한 개별수요함수를 갖는다. 이 시장의 수요자 수가 4배로 된다면 새로운 시장수요함수는? (단, 새로운 시장수요량은 QM으로 표기하며 다른 조건은 일정하다고 가정함. 또한 이 부동산은 민간재이며 새로운 수요자들도 원래의 수요자들과 동일한 개별수요함수를 갖는다고 가정함)

① P = 100 − 4QM
② P = 100 − QM
③ P = 100 − 8QM
④ P = 200 − 4QM
⑤ P = 200 − 8QM

07

신규주택시장에서 공급을 증가시키는 요인을 모두 고른 것은? (단, 신규주택은 정상재이며, 다른 조건은 동일함)

> ㉠ 주택건설노동자의 임금상승
> ㉡ 주택건설업체수의 증가
> ㉢ 주택건설용 토지의 가격상승
> ㉣ 주택건설에 대한 정부 보조금 확대
> ㉤ 주택건설기술 개발에 따른 원가절감

① ㉠, ㉡
② ㉡, ㉣
③ ㉢, ㉤
④ ㉠, ㉡, ㉣
⑤ ㉡, ㉣, ㉤

08

부동산 공급에 관한 설명으로 틀린 것은?

① 부동산의 개별성은 공급을 비독점적으로 만드는 성질이 있다.
② 부동산은 공간과 위치가 공급되는 성질이 있다.
③ 토지가격의 상승은 주택공급을 감소시키는 요인이 된다.
④ 공공임대주택의 공급은 주택시장에 정부가 직접적으로 개입하는 사례라 할 수 있다.
⑤ 주택의 공급규모가 커지면, 규모의 경제로 인해 건설비용을 절감할 수 있다.

09

부동산의 공급과 관련된 설명으로 틀린 것은? (단, 다른 조건은 동일하다고 가정함)

① 건설노동자의 임금이 상승하면 주택공급이 감소한다.
② 주택가격이 상승하면 주거용지의 공급은 감소한다.
③ 원자재가격이 상승하더라도 주택가격이 변하지 않는다면 주택공급은 감소할 것이다.
④ 프로젝트 파이낸싱의 활성화는 주택공급의 확대에 기여할 수 있다.
⑤ 노동자 임금이나 시멘트가격과 같은 생산요소가격의 하락은 부동산 공급을 증가시키는 요인이 된다.

Chapter 02

부동산 시장의 균형

01 균형가격과 균형거래량의 산정

대표유형

A지역 아파트 시장에서 공급은 변화하지 않고 수요는 다음 조건과 같이 변화하였다. 이 경우 균형가격(㉠)과 균형거래량(㉡)의 변화는? (단, P는 가격, Q_{D1}, Q_{D2}는 수요량, Q_S는 공급량, X축은 수량, Y축은 가격을 나타내고, 가격과 수량의 단위는 무시하며, 주어진 조건에 한함)

- 수요함수: $Q_{D1} = 120 - 2P$ (변화 전) ⇨ $Q_{D2} = 120 - \dfrac{3}{2}P$ (변화 후)

- 공급함수: $Q_S = 2P - 20$

① ㉠: 5 상승, ㉡: 5 증가　　　　② ㉠: 5 상승, ㉡: 10 증가

③ ㉠: 10 상승, ㉡: 10 증가　　　④ ㉠: 10 상승, ㉡: 15 증가

⑤ ㉠: 15 상승, ㉡: 15 증가

해설 **1. 변화 전**

　1) $2P - 20 = 120 - 2P$, $4P = 140$이 되고, $P = 35$가 된다.

　2) $P = 35$를 대입하면 균형량은 $2 \times 35 - 20 = 50$이 된다.

　3) 최초 균형가격 = 35, 균형량 = 50이 된다.

2. 변화 후

　1) $2P - 20 = 120 - \dfrac{3}{2}P$이고, 각 변에 2를 곱하면 $4P - 40 = 240 - 3P$가 된다.

　2) $4P - 40 = 240 - 3P$라면 $7P = 280$이 되고, $P = 40$이 된다.

　3) $P = 40$을 대입하면 균형량은 균형량은 $2 \times 40 - 20 = 60$이 된다.

　4) 변경된 균형가격 = 40, 균형량 = 60이 된다.

⇨ 균형가격은 35에서 40으로 5만큼 상승하고, 균형량은 50에서 60으로 10만큼 증가한다.　　**ⓐ** 정답 ②

01
상중하
균형의 변화

다음 조건에서 A지역 아파트 시장이 t시점에서 (t + 1)시점으로 변화될 때, 균형가격과 균형량의 변화는? (단, 주어진 조건에 한하며, P는 가격, Q_s는 공급량이며, Q_{d1}과 Q_{d2}는 수요량임)

- 아파트의 공급함수: $Q_S = 5P$
- t시점 아파트의 수요함수: $Q_{d1} = 900 - P$
- (t + 1)시점 아파트의 수요함수: $Q_{d2} = 1,500 - P$

	균형가격	균형량
①	100 상승	500 감소
②	100 상승	500 증가
③	200 상승	500 증가
④	200 하락	500 감소
⑤	100 상승	400 증가

02
상중하
균형의 변화

다음의 (   )에 들어갈 내용으로 옳은 것은? (단, P는 가격, Qd는 수요량이며, 다른 조건은 동일함)

어떤 도시의 임대주택 시장의 수요함수는 $Qd = 800 - 2P$, 공급함수는 $Q_{S1} = 200$이다. 공급함수가 $Q_{S2} = 300$으로 변할 경우 균형임대료의 변화량은 (㉠)이고, 공급곡선은 가격에 대하여 (㉡)이다.

① ㉠: 50 하락, ㉡: 완전탄력적
② ㉠: 50 상승, ㉡: 완전비탄력적
③ ㉠: 50 하락, ㉡: 완전비탄력적
④ ㉠: 100 하락, ㉡: 완전비탄력적
⑤ ㉠: 100 상승, ㉡: 완전탄력적

03

상중하

균형의 변화

A지역 아파트 시장에서 수요함수는 일정한데, 공급함수는 다음 조건과 같이 변화하였다. 이 경우 균형가격(㉠)과 공급곡선의 기울기(㉡)는 어떻게 변화하였는가? (단, 가격과 수량의 단위는 무시하며, 주어진 조건에 한함)

- 공급함수: $Q_{S1} = 30 + P$ (이전) $\Rightarrow$ $Q_{S2} = 30 + 2P$ (이후)
- 수요함수: $Q_d = 270 - 2P$
- P는 가격, Q_S는 공급량, Q_d는 수요량, X축은 수량, Y축은 가격을 나타냄

① ㉠: 10 감소, ㉡: $\dfrac{1}{2}$ 감소   ② ㉠: 10 감소, ㉡: $\dfrac{1}{2}$ 증가

③ ㉠: 10 증가, ㉡: 1 증가   ④ ㉠: 20 감소, ㉡: $\dfrac{1}{2}$ 감소

⑤ ㉠: 20 증가, ㉡: $\dfrac{1}{2}$ 증가

04

상중하

균형의 변화

A지역의 기존 아파트 시장의 수요함수는 $P = -Qd + 40$, 공급함수는 $P = \dfrac{2}{3}Qs + 20$이었다. 이후 수요함수는 변하지 않고 공급함수가 $P = \dfrac{2}{3}Qs + 10$으로 변한다면 균형가격과 균형거래량의 변화는 어떻게 되겠는가? [단, X축은 수량, Y축은 가격, P는 가격(단위는 만원/m²), Qd는 수요량(단위는 m²), Qs는 공급량(단위는 m²)이며, 다른 조건은 동일함]

① 균형가격: 6 하락,   균형거래량: 6 증가
② 균형가격: 6 하락,   균형거래량: 6 감소
③ 균형가격: 6 상승,   균형거래량: 8 증가
④ 균형가격: 6 상승,   균형거래량: 8 감소
⑤ 균형가격: 8 상승,   균형거래량: 8 감소

02 균형의 이동

> **대표유형**
>
> 수요와 공급이 동시에 변화할 경우, 균형가격과 균형량에 관한 설명으로 틀린 것은?
>
> ① 수요와 공급이 증가하는 경우, 수요의 증가폭이 공급의 증가폭보다 크다면 균형가격은 상승하고 균형량은 증가한다.
> ② 수요와 공급이 감소하는 경우, 수요의 감소폭이 공급의 감소폭보다 작다면 균형가격은 상승하고 균형량은 감소한다.
> ③ 수요와 공급이 감소하는 경우, 수요의 감소폭과 공급의 감소폭이 같다면 균형가격은 불변이고 균형량은 감소한다.
> ④ 수요는 증가하고 공급이 감소하는 경우, 수요의 증가폭이 공급의 감소폭보다 작다면 균형가격은 상승하고 균형량은 감소한다.
> ⑤ 수요는 감소하고 공급이 증가하는 경우, 수요의 감소폭이 공급의 증가폭보다 작다면 균형가격은 하락하고 균형량은 감소한다.
>
> **해설** ⑤ 수요의 감소폭이 공급의 증가폭보다 작다면 공급의 증가로 판단하여 균형가격은 하락하고 균형거래량은 증가하게 된다.
>
> **A 정답 ⑤**

01

상**중**하

균형의 변화

우하향하는 수요곡선과 우상향하는 공급곡선이 있을 때 시장의 변화에 대한 설명으로 옳은 것은? (단, 다른 요인은 일정하다)

① 균형상태의 시장에서 수요가 감소하면 균형가격은 하락하고 균형량은 증가한다.
② 균형상태의 시장에서 공급이 증가하면 균형가격은 상승하게 된다.
③ 수요가 증가하고, 공급이 증가하면 균형가격은 그 변화를 알 수 없다.
④ 수요자의 소득이 증가하면 정상재인 아파트의 균형가격은 하락하게 된다.
⑤ 균형상태의 시장에서 공급이 감소하면 균형가격과 균형량이 모두 증가한다.

02
[상]중하
균형가격 상승요인

아파트 시장에서 균형가격을 상승시키는 요인은 모두 몇 개인가? (단, 아파트는 정상재이며, 다른 조건은 동일함)

> • 건설노동자 임금상승
> • 대체주택에 대한 수요감소
> • 가구의 실질소득 증가
> • 아파트 건설업체수 증가
> • 아파트건설용 토지가격의 상승
> • 아파트 선호도 감소

① 1개   ② 2개   ③ 3개
④ 4개   ⑤ 5개

03
[상]중하
신축 원자재
가격변화

아파트 신축에 필요한 원자재 가격이 상승하였을 때, 아파트 임대료의 변화를 경제학적 관점에서 단기와 장기로 나누어 설명한 것 중 옳은 것은? (단, 다른 조건은 일정함)

① 단기에는 임대료 상승, 장기에도 임대료 상승
② 단기에는 임대료 상승, 장기에는 임대료 하락
③ 단기에는 임대료 변화 없음, 장기에는 임대료 상승
④ 단기에는 임대료 변화 없음, 장기에는 임대료 하락
⑤ 단기에는 임대료 변화 없음, 장기에도 임대료 변화 없음

수요와 공급의 탄력성

01 수요와 공급의 가격탄력성

대표유형

수요와 공급의 가격탄력성에 관한 설명으로 틀린 것은? (단, X축은 수량, Y축은 가격, 수요의 가격탄력성은 절댓값을 의미하며, 다른 조건은 동일함)

① 가격이 변화하여도 수요량이 전혀 변화하지 않는다면, 수요의 가격탄력성은 완전탄력적이다.

② 가격변화율보다 공급량의 변화율이 커서 1보다 큰 값을 가진다면, 공급의 가격탄력성은 탄력적이다.

③ 공급의 가격탄력성이 0이라면, 완전비탄력적이다.

④ 수요의 가격탄력성이 1보다 작은 값을 가진다면, 수요의 가격탄력성은 비탄력적이다.

⑤ 공급곡선이 수직선이면, 공급의 가격탄력성은 완전비탄력적이다.

해설 ① 수요량이 전혀 변하지 않을 때를 완전비탄력적이라고 한다. Ⓐ 정답 ①

---

01 부동산 매매시장에서 수요와 공급의 가격탄력성에 관한 설명으로 틀린 것은?

상중하
수요와 공급의
탄력성

① 수요의 가격탄력성이 완전비탄력적이면 가격의 변화와는 상관없이 수요량이 고정된다.

② 공급의 가격탄력성이 '0'이면 완전비탄력적이다.

③ 수요의 가격탄력성이 비탄력적이면 가격의 변화율보다 수요량의 변화율이 더 크다.

④ 수요곡선이 수직선이면 수요의 가격탄력성은 완전비탄력적이다.

⑤ 공급의 가격탄력성이 탄력적이면 가격의 변화율보다 공급량의 변화율이 더 크다.

---

02 수요와 공급의 가격탄력성에 관한 설명으로 옳은 것은?

상중하
수요와 공급의
탄력성

① 수요의 가격탄력성은 수요량의 변화율에 대한 가격의 변화비율을 측정한 것이다.

② 수요의 가격탄력성이 완전비탄력적이면 가격이 변화할 때 수요량이 무한대로 변화한다.

③ 수요의 가격탄력성이 탄력적이면 수요량의 변화율이 가격의 변화율보다 더 작다.

④ 공급의 가격탄력성이 탄력적이면 가격의 변화율이 공급량의 변화율보다 더 크다.

⑤ 공급곡선이 수평선이면 공급의 가격탄력성은 완전탄력적이다.

03

상중하
수요의 가격탄력성

수요의 가격탄력성에 관한 설명으로 틀린 것은? (단, 수요의 가격탄력성은 절댓값을 의미하며, 다른 조건은 불변이라고 가정함)

① 대체재의 존재 여부는 수요의 가격탄력성을 결정하는 중요한 요인 중 하나이다.

② 미세한 가격변화에 수요량이 무한히 크게 변화하는 경우 완전탄력적이다.

③ 일반적으로 부동산 수요에 대한 관찰기간이 길어질수록 수요의 가격탄력성은 작아진다.

④ 일반적으로 재화의 용도가 다양할수록 수요는 탄력적이 된다.

⑤ 수요의 가격탄력성이 1일 때 수요는 단위탄력적이 된다.

04

상중하
수요의 가격탄력성

부동산 수요의 가격탄력성에 관한 일반적인 설명으로 틀린 것은?

① 부동산 수요의 가격탄력성은 주거용 부동산에 비해 특정 입지조건을 요구하는 공업용 부동산에서 더 탄력적이다.

② 해당 부동산의 대체재가 많아질수록 수요곡선은 더욱 완만해진다.

③ 부동산의 용도전환이 어려워질수록 부동산 수요의 가격탄력성이 작아진다.

④ 부동산 수요의 가격탄력성은 단기에서 장기로 갈수록 탄력성이 커진다.

⑤ 부동산 수요의 가격탄력성은 부동산을 지역별·용도별로 세분할 경우 달라질 수 있다.

05

상중하
수요의 가격탄력성

수요의 가격탄력성에 관한 설명으로 옳은 것은? (주어진 조건에 한함)

① 임대 수요가 탄력적일 때, 임대료가 하락하면 임대사업자의 임대수입은 감소한다.

② 수요의 가격탄력성이 1보다 큰 경우 전체 수입은 임대료가 상승함에 따라 증가한다.

③ 수요가 비탄력적일 때, 임대료가 상승하면 임대사업자의 임대수입은 감소한다.

④ 수요의 가격탄력성이 비탄력적일 때, 임대료가 하락하면 임대사업자의 임대수입은 증가한다.

⑤ 수요의 임대료 탄력성이 '1'(단위탄력적)이라면 임대사업자의 임대수입은 불변이다.

06

상중하
공급의
임대료탄력성

주거서비스 공급의 임대료 탄력성에 대한 설명 중 틀린 것은?

① 용도전환이 용이할수록 공급의 임대료탄력성은 보다 탄력적이다.

② 생산(공급)에 소요되는 기간이 길수록 공급의 임대료탄력성은 커진다.

③ 단기공급의 임대료탄력성은 장기공급의 임대료탄력성보다 비탄력적이다.

④ 건축 인·허가가 어려울수록 공급의 임대료탄력성은 보다 비탄력적이다.

⑤ 생산량을 늘릴 때 생산요소가격이 상승할수록 공급의 임대료탄력성은 작아진다.

07 부동산 공급과 관련된 설명으로 옳은 것은?

상종**하**
공급의 가격탄력성

① 공급의 가격탄력성이 0이면 완전탄력적이다.
② 물리적 토지공급량이 불변이라면 토지의 물리적 공급은 토지가격 변화에 대해 완전탄력적이다.
③ 국가 전체의 토지공급량이 불변이라면 토지공급의 가격탄력성은 0이다.
④ 부동산의 물리적인 공급은 단기적으로 탄력적이라고 할 수 있다.
⑤ 주택의 단기공급곡선은 가용생산요소의 제약으로 장기공급곡선에 비해 더 탄력적이다.

08 부동산 공급 탄력성과 관련된 설명으로 틀린 것은?

상**중**하
공급의 가격탄력성

① 공급의 가격탄력성은 단기에 비해 장기로 갈수록 탄력성이 커진다.
② 용도변경을 제한하는 법규가 강화될수록 공급곡선은 이전에 비해 비탄력적이 된다.
③ 개발행위허가기준의 강화와 같은 토지이용규제가 엄격해지면 토지의 공급곡선은 이전보다 더 비탄력적이 된다.
④ 임대주택을 건축하여 공급하는 기간이 짧을수록 공급의 가격탄력성은 작아진다.
⑤ 토지는 용도의 다양성으로 인해 우상향하는 공급곡선을 가진다.

02 가격탄력성과 균형의 변화

대표유형

수요와 공급의 탄력성에 관한 설명 중 틀린 것은?

① 공급이 가격에 대해 완전탄력적인 경우, 수요가 증가하면 균형가격은 상승하고 균형거래량은 증가한다.
② 공급이 가격에 대해 완전비탄력적인 경우, 수요가 증가하면 균형가격은 상승하고 균형거래량은 변하지 않는다.
③ 공급이 증가할 때 수요의 가격탄력성이 비탄력적일수록 가격이 더 많이 내린다.
④ 수요가 증가할 때 공급의 가격탄력성이 탄력적일수록, 가격은 더 적게 상승한다.
⑤ 공급이 증가하는 경우, 수요의 가격탄력성이 작을수록 균형가격의 하락폭은 커진다.

해설 ① 공급이 완전탄력적이므로 균형가격은 불변하고, 수요증가에 따라 균형거래량은 증가한다. **Ⓐ 정답** ①

01

상 중 하
탄력성과
균형의 변화

탄력성에 따른 균형의 변화와 관련된 설명으로 옳은 것은?

① 수요의 가격탄력성이 완전탄력적인 경우, 공급이 감소하면 균형임대료는 하락하고, 균형 거래량은 변하지 않는다.

② 공급이 감소하면 수요가 탄력적일 때보다 비탄력적인 경우에 가격변화폭이 더 크다.

③ 공급이 증가할 때 수요의 가격탄력성이 탄력적일수록 가격은 더 크게 하락한다.

④ 수요가 감소할 때 공급의 가격탄력성이 비탄력적일수록 가격은 더 많이 상승한다.

⑤ 공급의 탄력성이 0일 때, 수요가 증가하면 균형가격은 상승하고, 균형거래량은 증가한다.

■ 03 탄력성 계산

▼ 대표유형

아파트 매매가격이 10% 상승할 때, 아파트 매매수요량이 7% 감소하고 오피스텔 매매수요량이 5% 증가하였다. 이때 아파트 매매수요의 가격탄력성의 정도(A), 오피스텔 매매수요의 교차탄력성(B), 아파트에 대한 오피스텔의 관계(C)는? (단, 수요의 가격탄력성은 절댓값이며, 다른 조건은 동일함)

① A: 비탄력적,   B: 0.5,   C: 보완재
② A: 탄력적,   B: 2.0,   C: 대체재
③ A: 비탄력적,   B: 0.5,   C: 대체재
④ A: 탄력적,   B: 2.0,   C: 보완재
⑤ A: 비탄력적,   B: 2.0,   C: 대체재

▶ 해설

가격탄력성	교차탄력성	교차탄력성
$\dfrac{\text{아파트 수요량변화율}}{\text{아파트 가격변화율}}$	$\dfrac{\text{오피스텔 수요량변화율}}{\text{아파트 가격변화율}}$	양수: 대체재, 음수: 보완재
$\left\|\dfrac{-7}{+10}\right\| = 0.7$ (비탄력)	$\dfrac{+5}{+10} = 0.5$	대체재의 관계

Ⓐ 정답 ③

01
상중하
탄력성 계산

아파트 매매가격이 10% 상승함에 따라 다세대주택의 매매수요량이 5% 증가하고 아파트 매매수요량이 6% 감소한 경우에, 아파트 매매수요의 가격탄력성(A), 다세대주택 매매수요의 교차탄력성(B), 아파트에 대한 다세대주택의 관계(C)는? (단, 수요의 가격탄력성은 절댓값으로 표시하며, 다른 조건은 불변이라고 가정함)

① A: 0.6,   B: 0.5,   C: 대체재
② A: 0.6,   B: 0.5,   C: 보완재
③ A: 0.6,   B: 2,   C: 대체재
④ A: 0.5,   B: − 0.6,   C: 보완재
⑤ A: 0.5,   B: − 0.6,   C: 대체재

02
상중하
탄력성 계산

어느 지역의 오피스텔 가격이 5% 인상되었다. 오피스텔 수요의 가격탄력성이 2.0이라면 오피스텔 수요량의 변화는? (단, 오피스텔은 정상재이고, 가격탄력성은 절댓값으로 나타내며, 다른 조건은 동일함)

① 0.4% 증가   ② 2.5% 증가
③ 10% 증가   ④ 10% 감소
⑤ 변화 없음

03
상중하
탄력성 계산

A부동산에 대한 수요의 가격탄력성과 소득탄력성이 각각 0.8과 0.5이다. A부동산 가격이 5% 상승하고 소득이 4% 증가할 경우, A부동산 수요량의 전체 변화율(%)은? (단, A부동산은 정상재이고, 가격탄력성은 절댓값으로 나타내며, 다른 조건은 동일함)

① 4% 감소   ② 2% 감소
③ 0%   ④ 4% 증가
⑤ 6% 증가

04
상중하
탄력성 계산

어느 지역의 오피스텔에 대한 수요의 가격탄력성은 0.4이고 소득탄력성은 0.8이다. 오피스텔 가격이 5% 상승함과 동시에 소득이 변하여 전체 수요량이 2% 증가하였다면, 이때 소득의 변화율은?

① 1% 증가   ② 2% 증가
③ 3% 증가   ④ 4% 증가
⑤ 5% 증가

05
[상]중하
탄력성 계산

아파트에 대한 수요의 가격탄력성은 0.6, 소득탄력성은 0.4이고, 오피스텔 가격에 대한 아파트의 수요량의 교차탄력성은 0.8이다. 아파트 가격, 아파트 수요자의 소득, 오피스텔 가격이 각각 5%씩 상승할 때, 아파트 전체 수요량의 변화율은? (단, 부동산은 모두 정상재이고 서로 대체재이며, 아파트에 대한 수요의 가격탄력성은 절댓값으로 나타내며, 다른 조건은 동일함)

① 1.2% 감소　　　　　　　　　② 1.8% 증가

③ 3.0% 감소　　　　　　　　　④ 3.0% 증가

⑤ 변화 없음

06
[상]중하
탄력성 계산

오피스텔 시장에서 수요의 가격탄력성은 0.6이고, 오피스텔의 대체재인 아파트 가격에 대한 오피스텔 수요의 교차탄력성은 0.8이다. 오피스텔 가격, 오피스텔 수요자의 소득, 아파트 가격이 각각 5%씩 상승함에 따른 오피스텔 전체 수요량의 변화율이 3%라고 하면, 오피스텔 수요의 소득탄력성은? (단, 오피스텔과 아파트 모두 정상재이고, 수요의 가격탄력성은 절댓값으로 나타내며, 다른 조건은 동일함)

① 0.2　　　　　　　　　　　② 0.4

③ 0.6　　　　　　　　　　　④ 0.8

⑤ 1.0

01 부동산의 경기변동

대표유형

부동산 경기변동에 관한 설명으로 틀린 것은?

① 부동산 경기변동 국면은 공실률, 건축허가건수, 거래량 등으로 확인할 수 있다.

② 순환적 변동, 계절적 변동, 무작위적(불규칙, 우발적) 변동 등의 모습이 나타난다.

③ 일반 경기변동에 비해 정점과 저점 간의 진폭이 큰 편이다.

④ 상향국면에서, 직전 회복국면의 거래사례가격은 새로운 거래가격의 상한선이 되는 경향이 있다.

⑤ 부동산 시장은 일반 경기변동과 같은 회복·상향·후퇴·하향의 4가지 국면 외에 안정시장 이라는 국면이 있다.

해설 ④ 상향국면에서, 직전 회복국면의 거래사례가격은 새로운 거래가격의 하한선이 되는 경향이 있다.

Ⓐ 정답 ④

01

상중하
부동산 경기의
특징

부동산 경기변동에 관한 설명으로 틀린 것은?

① 부동산 경기변동은 순환(cyclical), 추세(trend), 계절(seasonal), 무작위(random) 변동으로 나타난다.

② 부동산 경기변동이란 부동산 시장이 일반 경기변동처럼 상승과 하강국면이 반복되는 현상을 말한다.

③ 부동산 경기는 일반 경기와는 다르게 일정한 주기와 동일한 진폭으로 규칙적·안정적으로 반복되며 순환된다.

④ 부동산 경기국면도 일반 경기국면처럼 회복, 호황, 후퇴, 불황 등 4개 국면으로 구분할 수 있다.

⑤ 건축허가면적과 미분양물량은 부동산 경기변동을 측정할 수 있는 지표로 활용된다.

02

상중**하**
부동산 경기의
특징

부동산 경기에 관한 설명으로 틀린 것은?

① 부동산 경기는 주기의 각 순환국면이 불규칙·불명확한 특징을 갖는다.

② 일반적으로 경기 회복 국면은 짧고, 경기 후퇴는 길고 완만하게 이루어지는 특징이 있다.

③ 부동산 경기는 일반 경기에 비해 주기는 길고, 진폭은 크다.

④ 부동산 시장의 각 부문별, 지역별 경기는 지역적인 특성이 반영되어 다른 형태로 나타날 수 있다.

⑤ 정부 규제 완화로 건축허가량이 증가하였다면, 이는 무작위적(random) 경기변동의 사례이다.

03

상중**하**
경기변동의
국면별 특징

부동산 경기변동에 관한 설명으로 틀린 것은?

① 후퇴시장 국면에서는 매수자가 주도하는 시장에서 매도자가 주도하는 시장으로 바뀌는 경향이 있다.

② 상향시장 국면에서는 경기상승이 지속적으로 진행되어 경기의 정점에 도달한다.

③ 회복시장 국면에서는 건축허가신청이 지속적으로 증가한다.

④ 하향시장 국면에서는 부동산 가격이 지속적으로 하락하고 거래량은 감소한다.

⑤ 안정시장 국면에서는 과거의 거래가격을 새로운 거래가격의 기준으로 활용할 수 있다.

04

상중**하**
부동산 경기변동의
특징

부동산 경기순환과 경기변동에 관한 설명으로 틀린 것은?

① 부동산 경기는 부동산의 특성에 의해 일반 경기보다 주기가 더 길 수 있다.

② 부동산 경기변동이란 부동산 시장이 일반 경기변동처럼 상승과 하강 국면이 반복되는 현상을 말한다.

③ 부동산 경기변동은 일반 경기변동에 비해 저점이 깊고 정점이 높은 경향이 있다.

④ 부동산 경기는 일반 경기와 달리 불규칙적이고 불명확한 형태로 나타난다.

⑤ 하향시장에서 직전국면 저점의 거래사례가격은 현재 시점에서 새로운 거래가격의 하한이 되는 경향이 있다.

05 부동산 경기변동에 관한 설명으로 틀린 것은?

상중하
부동산 경기변동의
국면별 특징

① 부동산 경기도 일반 경기와 마찬가지로 회복국면, 상향국면, 후퇴국면, 하향국면 등의 순환적 경기변동을 나타낸다.

② 하향국면은 매도자가 중시되고, 과거의 거래사례가격은 새로운 거래가격의 상한이 되는 경향이 있다.

③ 상향국면은 매도자가 중시되고, 과거의 거래사례가격은 새로운 거래가격의 하한이 되는 경향이 있다.

④ 회복국면은 매도자가 중시되고, 과거의 거래사례가격은 새로운 거래의 기준가격이 되거나 하한이 되는 경향이 있다.

⑤ 후퇴국면은 매수자가 중시되고, 과거의 거래사례가격은 새로운 거래의 기준가격이 되거나 상한이 되는 경향이 있다.

06 부동산 경기변동과 중개활동에 관한 설명으로 틀린 것은?

상중하
부동산 경기의
특징

① 하향시장의 경우 종전의 거래사례가격은 새로운 매매활동에 있어 가격설정의 상한선이 되는 경향이 있다.

② 상향시장에서 매도자는 가격상승을 기대하여 거래의 성립을 당기려는 반면, 매수자는 거래성립을 뒤로 미루려 하는 경향이 있다.

③ 중개물건 의뢰의 접수와 관련하여 안정기의 경우 공인중개사는 매각의뢰와 매입의뢰의 수집이 다 같이 중요하다.

④ 실수요 증가에 의한 공급부족이 발생하는 경우 공인중개사는 매도자를 확보해두려는 경향을 보인다.

⑤ 일반적으로 부동산 경기는 일반 경기에 비하여 경기의 변동폭이 큰 경향이 있다.

07 부동산 시장에 영향을 미치는 요인 중 하나로, 불황과 물가상승이 동시에 나타나는 현상은?

상중하
부동산 경제현상

① 콘드라티에프 파동
② 스태그플레이션
③ 디플레이션
④ 쥬글라 파동
⑤ 키친 파동

02 거미집이론

대표유형

어느 지역의 수요와 공급함수가 각각 A부동산 상품시장에서는 Qd = 100 − 2P, 2Qs = 10 + P, B부동산 상품시장에서는 Qd = 500 − 2P, 2Qs = − 20 + 4P이다. 거미집이론(Cob − web theory)에 의한 A와 B 각각의 모형 형태는? (단, x축은 수량, y축은 가격, 각각의 시장에 대한 P는 가격, Qd는 수요량, Qs는 공급량이며, 다른 조건은 동일함)

	A	B
①	수렴형	순환형
②	수렴형	발산형
③	발산형	순환형
④	발산형	수렴형
⑤	순환형	발산형

해설 • A부동산: 수요곡선의 기울기 절댓값 $\frac{1}{2}$, 공급곡선의 기울기 값 2: 수렴형

• B부동산: 수요곡선의 기울기 절댓값: $\frac{1}{2}$, 공급곡선의 기울기 값 $\frac{1}{2}$: 순환형 **Ⓐ 정답** ①

01 거미집모형에 관한 설명으로 옳은 것은? (단, 다른 조건은 동일함)

상중하
거미집이론

① 공급의 가격탄력성이 수요의 가격탄력성보다 크면 수렴형이다.
② 가격이 변하면 수요량은 즉각적으로 영향을 받지만 공급량은 일정한 생산기간이 경과한 후에 변한다고 가정한다.
③ 수요곡선의 기울기 절댓값이 공급곡선의 기울기 절댓값보다 작으면 발산형이다.
④ 수요와 공급의 동시적 관계로 가정하여 균형의 변화를 정태적으로 분석한 모형이다.
⑤ 공급자는 현재와 미래의 가격을 동시에 고려해 미래의 공급을 결정한다는 가정을 전제하고 있다.

02 A, B, C부동산 시장이 다음과 같을 때 거미집이론에 따른 각 시장의 모형형태는? (단, X축은 수량, Y축은 가격을 나타내며, 다른 조건은 동일함)

상중**하**
거미집이론

구 분	A시장	B시장	C시장
수요곡선 기울기	-0.5	-0.3	-0.9
공급곡선 기울기	0.6	0.3	0.8

① A: 수렴형 B: 발산형 C: 순환형
② A: 순환형 B: 발산형 C: 수렴형
③ A: 발산형 B: 수렴형 C: 순환형
④ A: 수렴형 B: 순환형 C: 발산형
⑤ A: 발산형 B: 순환형 C: 수렴형

03 다음은 거미집이론에 관한 내용이다. (   )에 들어갈 모형형태는? (단, X축은 수량, Y축은 가격을 나타내며, 다른 조건은 동일함)

상**중**하
거미집이론

- 공급의 가격탄력성의 절댓값이 수요의 가격탄력성의 절댓값보다 작으면 (㉠)이다.
- 공급곡선의 기울기의 절댓값이 수요곡선의 기울기의 절댓값보다 작으면 (㉡)이다.

① ㉠ 수렴형, ㉡ 수렴형   ② ㉠ 수렴형, ㉡ 발산형
③ ㉠ 발산형, ㉡ 수렴형   ④ ㉠ 발산형, ㉡ 발산형
⑤ ㉠ 발산형, ㉡ 순환형

04 거미집이론에 따라 수렴형이 되기 위한 조건에 맞게 부등호를 채우면?

상**중**하
거미집이론

- 수요의 가격탄력성 (㉠) 공급의 가격탄력성
- 수요곡선의 기울기의 절댓값 (㉡) 공급곡선의 기울기의 절댓값

① ㉠ >, ㉡ <   ② ㉠ <, ㉡ >
③ ㉠ >, ㉡ >   ④ ㉠ <, ㉡ <
⑤ ㉠ >, ㉡ =

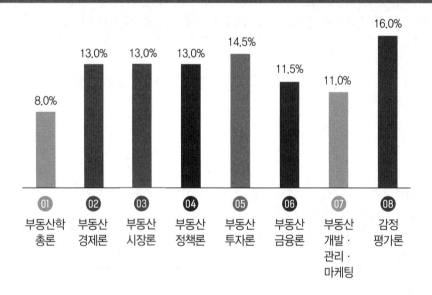

▌최근 5개년 출제경향 분석

부동산 시장의 특성 및 주택시장의 여과현상에 대한 이해와 입지 및 공간구조론에서는 학자와 이론의 연결 및 그 내용의 이해가 필요하다.

PART

03

부동산 시장론

01 부동산 시장의 기능과 특성

대표유형

부동산 시장에 관한 설명으로 틀린 것은?   제33회

① 부동산 시장에서는 정보의 비대칭성으로 인해 부동산 가격의 왜곡현상이 나타나기도 한다.

② 부동산 시장은 불완전하더라도 할당 효율적일 수 있다.

③ 부동산 시장은 규모, 유형, 품질 등에 따라 세분화 되고, 지역별로 구분되는 특성이 있다.

④ 부동산 시장에서는 일반적으로 매수인의 제안가격과 매도인의 요구가격 사이에서 가격이 형성된다.

⑤ 부동산 시장은 단기보다 장기에서 공급의 가격탄력성이 크므로 단기적으로 수급조절이 용이한 편이다.

해설 ⑤ 부동산 시장은 단기에는 비탄력적이므로 단기적으로 수급조절이 어려운 편이다.   **Ⓐ** 정답 ⑤

01

상중**하**
부동산 시장의
특성

부동산 시장에 관한 설명으로 틀린 것은?

① 부동산 시장에서는 어떤 특정한 지역에 국한되는 시장의 지역성이 존재한다.

② 부동산 시장에서는 정보의 비대칭성으로 인해 부동산 가격의 왜곡현상이 나타나기도 한다.

③ 개별성의 특성은 부동산 상품의 표준화를 어렵게 할 뿐만 아니라 부동산 시장을 복잡하고 다양하게 한다.

④ 부동산 거래비용의 증가는 부동산 수요자와 공급자의 시장 진출입에 제약을 줄 수 있어 불완전경쟁시장의 요인이 될 수 있다.

⑤ 할당 효율적 시장에서는 부동산 거래의 은밀성으로 인해 부동산 가격의 과소평가 또는 과대평가 등 왜곡가능성이 높아진다.

02 부동산의 시장의 특성을 설명한 것으로 틀린 것은?

_{상중하}
부동산 시장의
특성

① 부동산은 고가이기 때문에 자금 조달 가능성이 시장 참여에 많은 영향을 미친다.
② 부동산은 개별성에 의해 부동산 상품별 표준화가 용이한 편이다.
③ 부동산 공급은 많은 시간이 소요되므로 수요와 공급의 조절이 쉽지 않고, 그 결과 단기적으로 가격왜곡현상이 발생할 가능성이 높다.
④ 완전히 동질적인 아파트라 하더라도 아파트가 입지한 시장지역이 달라지면 서로 다른 가격이 형성될 수 있다.
⑤ 일반적으로 부동산 시장은 수요자와 공급자의 진출입이 어렵기 때문에 불완전경쟁시장이 된다.

03 부동산 시장의 특성으로 옳은 것은?

_{상중하}
부동산 시장의
특성

① 일반상품의 시장과 달리 조직성을 갖고 지역을 확대하는 특성이 있다.
② 개별성으로 인해 부동산 상품 간 물리적 대체성이 증대된다.
③ 매매의 장기성으로 인하여 유동성과 환금성이 낮은 편이다.
④ 거래정보의 대칭성으로 인하여 정보수집이 쉽고 은밀성이 축소된다.
⑤ 토지의 인문적 특성인 지리적 위치의 고정성으로 인하여 개별화된다.

04 부동산 시장에 관한 일반적인 설명으로 틀린 것은?

_{상중하}
부동산 시장의
특성

① 부동산 시장은 거래의 비공개성으로 불합리한 가격이 형성되며, 이는 비가역성과 관련이 깊다.
② 부동산 시장에서는 수요와 공급의 불균형으로 인해 단기적으로 가격형성이 왜곡될 가능성이 있다.
③ 부동산 시장에서는 매도인의 제안가격과 매수인의 제안가격의 접점에서 가격이 형성된다.
④ 부동산 시장은 외부효과에 의해 시장의 실패가 발생할 수 있다.
⑤ 부동산 시장은 지역의 경제적·사회적·행정적 변화에 따라 영향을 받으며, 수요·공급도 그 지역 특성의 영향을 받는다.

05 부동산 시장의 특성 및 기능에 대한 설명으로 틀린 것은?

상중하
부동산 시장의
특성

① 부동산은 이용의 비가역적 특성 때문에 일반 재화에 비해 의사결정 지원분야의 역할이 더욱 중요하다.

② 정보의 비대칭성은 가격형성의 왜곡을 초래할 수 있다.

③ 부동산 시장은 경제주체의 지대지불능력에 따라 토지이용의 유형을 결정하는 기능이 있다.

④ 부동산 시장은 권리의 교환, 가격결정, 경쟁적 이용에 따른 공간배분 등의 역할을 수행한다.

⑤ 부동산은 대체가 불가능한 재화이고, 거래의 장기성이 존재하므로 공매(short selling)가 용이한 재화이다.

02 주택시장분석

대표유형

주택의 여과과정(filtering process)과 주거분리에 관한 설명으로 틀린 것은?

① 고소득층 주거지역에서 주택의 개량비용이 개량 후 주택가치의 상승분보다 크다면 상향여과과정이 발생하기 쉽다.

② 저소득가구의 침입과 천이 현상으로 인하여 주거입지의 변화가 야기될 수 있다.

③ 저급주택이 재개발되어 고소득가구의 주택으로 사용이 전환되는 것을 주택의 상향여과과정이라 한다.

④ 주택의 하향여과과정이 원활하게 작동하면 저급주택의 공급량이 증가한다.

⑤ 여과과정에서 주거분리를 주도하는 것은 고소득가구로 정(＋)의 외부효과를 추구하고, 부(－)의 외부효과를 회피하려는 동기에서 비롯된다.

해설 ① 주택의 개량비용이 개량 후 주택가치의 상승분보다 크다면 하향여과과정이 발생하기 쉽다.　**A 정답** ①

01 주거분리에 관한 설명으로 틀린 것은? (단, 다른 조건은 동일함)

상중하
주거분리

① 저소득층은 다른 요인이 동일할 경우 정(＋)의 외부효과를 누리고자 고소득층 주거지에 가까이 거주하려 한다.

② 고소득층 주거지와 저소득층 주거지가 인접한 경우, 경계지역 부근의 저소득층 주택은 할증되어 거래되고 고소득층 주택은 할인되어 거래된다.

③ 고소득층 주거지와 저소득층 주거지가 서로 분리되는 현상을 의미한다.

④ 고소득층 주거지와 저소득층 주거지가 인접한 지역에서는 침입과 천이 현상이 발생할 수 있다.

⑤ 도시 전체적으로만 발생할 뿐 지리적으로 인접한 근린지역에서는 발생하지 않는다.

02 주택여과과정과 주거분리에 관한 설명으로 틀린 것은?

상중**하**
주택여과현상

① 주택여과과정은 주택의 질적 변화와 가구의 이동과의 관계를 설명해 준다.

② 상위계층에서 사용되는 기존주택이 하위계층에서 사용되는 것을 하향여과라 한다.

③ 공가(空家)의 발생은 주거지 이동과는 관계가 없다.

④ 주택의 여과과정이 원활하게 작동하는 주택시장에서 주택여과효과가 긍정적으로 작동하면 사회 전체의 주거의 질이 개선된다.

⑤ 저급주택이 수선되거나 재개발되어 상위계층에서 사용되는 것을 상향여과라 한다.

03 주거분리와 여과현상에 대한 설명으로 틀린 것은?

상중**하**
주거분리

① 개인은 주어진 소득이라는 제약조건하에 최대의 만족을 얻을 수 있는 주택서비스를 소비한다.

② 고소득층의 주거지역으로 저소득층이 들어오는 현상을 하향여과현상이라고 한다.

③ 민간주택시장에서 저가주택이 발생하는 것은 시장이 하향여과작용을 통해 자원할당기능을 원활하게 수행하고 있기 때문이다.

④ 주거분리는 도심의 지가상승으로 도심의 직장과 주거지가 서로 분리되는 현상이다.

⑤ 주택은 일반상품보다 내구연한이 긴 편이어서 재구매수요가 빈번하게 발생하지 않는 편이다.

03 부동산 시장과 정보의 효율성

대표유형

부동산 시장의 효율성에 관한 설명으로 틀린 것은?

① 효율적 시장은 어떤 정보를 지체 없이 가치에 반영하는가에 따라 구분될 수 있다.

② 약성 효율적 시장에서는 현재가치에 대한 과거의 역사적 자료를 분석하여 정상이윤을 초과하는 이윤을 획득할 수 없다.

③ 준강성 효율적 시장은 과거의 추세적 정보뿐만 아니라 현재 새로 공표되는 정보가 지체 없이 시장가치에 반영되므로 공식적으로 이용가능한 정보를 기초로 기본적 분석을 하여 투자를 한다면 정상을 초과하는 이윤을 획득할 수 있다.

④ 강성 효율적 시장은 완전경쟁시장의 가정에 가장 근접하게 부합되는 시장이다.

⑤ 강성 효율적 시장은 공표된 정보는 물론이고 아직 공표되지 않은 정보까지도 시장가치에 반영되어 있는 시장이므로 이를 통해 초과이윤을 얻을 수 없다.

해설 준강성 효율적 시장에서는 기본적 분석을 통하여 정상을 초과하는 이윤을 획득할 수 없다. **A** 정답 ③

01 효율적 시장 이론에 관한 설명으로 옳은 것은?

상중하
효율적 시장

① 약성 효율적 시장에서 기술적 분석을 통해 초과이윤을 획득할 수 있다.
② 약성 효율적 시장에서 현재가치에 대한 과거의 정보를 분석하면 초과이윤을 획득할 수 있다.
③ 준강성 효율적 시장은 기본적 분석을 통해 초과이윤을 획득할 수 있다.
④ 강성 효율적 시장은 공표된 것이건 그렇지 않은 것이건 어떠한 정보도 이미 가치에 반영되어 있기 때문에 정보 분석을 통해 초과이윤을 획득할 수 있다.
⑤ 현실의 부동산 시장을 준강성 효율적 시장이라고 가정한다면 공표된 정보를 통해서 초과이윤을 얻을 수 없다.

02 부동산 시장과 효율적 시장이론에 관한 설명으로 틀린 것은?

상중하
효율적 시장

① 효율적 시장은 본질적으로 제품의 동질성과 상호간의 대체성이 있는 시장이다.
② 준강성 효율적 시장에서는 기술적 분석으로 초과이익을 얻을 수 없다.
③ 강성 효율적 시장에서는 누구든지 어떠한 정보로도 초과이익을 얻을 수 없다.
④ 부동산 실거래가신고제는 부동산 시장의 효율성을 증대시키는 정책이다.
⑤ 부동산 시장은 여러 가지 불완전한 요소가 많으므로 할당 효율적 시장(allocationally efficient market)이 될 수 없다.

03 부동산 시장의 효율성에 관한 설명으로 틀린 것은?

상중하
효율적 시장

① 할당 효율적 시장이란 그 시장이 완전경쟁시장이라는 의미이다.
② 준강성 효율적 시장은 어떤 새로운 정보가 공표되는 즉시 시장가치에 반영되는 시장이다.
③ 강성 효율적 시장은 공표된 것이건 공표되지 않은 것이건 어떠한 정보도 이미 시장가치에 반영되어 있는 시장이다.
④ 약성 효율적 시장은 현재의 시장가치가 과거의 추세를 충분히 반영하고 있는 시장이다.
⑤ 부동산 시장이 강성 효율적 시장일 때 초과이윤을 얻는 것은 불가능하다.

04 부동산 시장의 효율성에 관한 설명으로 옳은 것은?

상**중**하
효율적 시장

① 효율적 시장이론에서 효율적이라는 의미는 배분의 효율성을 의미한다.

② 현실의 부동산 시장에서 투기가 발생하는 것은 시장이 불완전하기 때문이 아니라, 할당 효율적이지 못하기 때문이다.

③ 어떠한 형태의 효율적 시장이 부동산 시장에 존재하는가는 나라마다 비슷하며, 효율성의 정도도 거의 같다.

④ 현실의 부동산 시장이 준강성 효율적 시장이라면 어떠한 정보를 분석하여도 초과이윤을 얻을 수 없다.

⑤ 독점 등 불완전경쟁시장은 여러 가지 불완전한 요소가 많기 때문에 할당 효율적 시장이 될 수 없다.

PART
03

05 1년 후 신역사가 들어선다는 정보가 있다. 이 개발정보의 현재가치는? (단, 주어진 조건 외에 다른 조건은 일정하다)

상**중**하
개발정보의
현재가치

- 역세권 인근에 일단의 토지가 있다.
- 역세권개발계획에 따라 1년 후 신역사가 들어설 가능성은 60%로 알려져 있다.
- 이 토지의 1년 후 예상가격은 신역사가 들어서는 경우 8억 8천만원, 들어서지 않는 경우 6억 6천만원이다.
- 투자자의 요구수익률은 연 10%이다.

① 8,000만원 　　　　② 1억 1천만원 　　　　③ 1억 2천만원
④ 1억 3천만원 　　　　⑤ 1억 4천만원

06 복합쇼핑몰 개발사업이 진행된다는 정보가 있다. 다음과 같이 주어진 조건하에서 합리적인 투자자가 최대한 지불할 수 있는 이 정보의 현재가치는? (단, 주어진 조건에 한함)

상**중**하
개발정보의
현재가치

- 복합쇼핑몰 개발예정지 인근에 일단의 A토지가 있다.
- 2년 후 도심에 복합쇼핑몰이 개발될 가능성은 50%로 알려져 있다.
- 2년 후 도심에 복합쇼핑몰이 개발되면 A토지의 가격은 6억 5,500만원, 개발되지 않으면 2억 2,300만원으로 예상된다.
- 투자자의 요구수익률(할인율)은 연 20%이다.

① 1억 500만원 　　　　② 1억 1,000만원 　　　　③ 1억 1,500만원
④ 1억 2,000만원 　　　　⑤ 1억 5,000만원

입지 및 공간구조론

01 지대이론

대표유형

지대이론에 관한 설명으로 틀린 것은?   제34회

① 리카도(D. Ricardo)의 차액지대설에 따르면, 비옥도 차이에 기초한 지대에 의한 농업적 토지이용이 결정된다.

② 마샬(A. Marshall)의 준지대설에 따르면, 생산을 위하여 사람이 만든 기계나 기구들로부터 얻은 일시적인 소득은 준지대에 속한다.

③ 튀넨(J. H. von Thünen)의 위치지대설에서 지대는 토지의 위치 차이와 수송비의 차이에 의해 결정된다.

④ 마르크스(K. Marx)의 절대지대설에 따르면, 최열등지에서는 지대가 발생하지 않는다.

⑤ 헤이그(R. Haig)의 마찰비용이론에서 마찰비용은 교통비와 지대의 합으로 산정된다.

해설 ④ 마르크스의 절대지대설에 따르면 최열등지에서도 지대가 발생한다.   **A** 정답 ④

01

상**중**하
리카도의
차액지대설

리카도의 차액지대설에 대한 설명으로 옳게 연결된 것은?

㉠ 조방적 한계의 토지에는 지대가 발생하지 않으므로 무지대(無地代) 토지가 된다.

㉡ 지대는 토지의 비옥도나 생산력에 관계없이 발생한다.

㉢ 토지 소유자는 토지 소유라는 독점적 지위를 이용하여 최열등지에도 지대를 요구한다.

㉣ 지대는 잉여이기에 토지생산물의 가격이 높아지면 지대가 높아지고 토지생산물의 가격이 낮아지면 지대도 낮아진다.

㉤ 최열등지의 지주도 지대를 정당하게 요구할 수 있다.

① ㉠   ② ㉠, ㉣   ③ ㉡, ㉢

④ ㉠, ㉣, ㉤   ⑤ ㉡, ㉢, ㉤

02 튀넨(J. H. von Thünen)의 위치지대에 대한 설명으로 틀린 것은?

상중하
튀넨의
위치지대

① 튀넨에 따르면 비옥도가 동일하더라도 위치에 따라 지대의 차이가 발생할 수 있다고 주장하였다.

② 튀넨에 의하면 지대는 생산물의 가격과 생산비 및 수송비의 합으로 결정된다.

③ 튀넨은 위치에 따른 곡물가격은 동일하다고 가정하지만, 위치에 따른 생산비와 수송비는 차이가 있음을 가정한다.

④ 중심지에 가까울수록 운송비가 절감되기 때문에 지대는 높아지고 외곽으로 갈수록 운송비가 증가하기 때문에 지대는 점점 낮아진다.

⑤ 위치에 따른 토지이용의 형태는 작물의 지대지불능력에 의해 결정된다.

03 알론소(W. Alonso)의 입찰지대이론에 관한 설명으로 틀린 것은?

상중하
알론소의
입찰지대

① 튀넨의 고립국이론을 도시공간에 적용하여 확장·발전시킨 것이다.

② 운송비는 도심지로부터 멀어질수록 증가하고, 재화의 평균생산비용은 동일하다는 가정을 전제한다.

③ 교통비 부담이 너무 커서 도시민이 거주하려고 하지 않는 한계지점이 도시의 주거한계점이다.

④ 도심지역의 이용 가능한 토지는 외곽지역에 비해 한정되어 있어 토지이용자들 사이에 경쟁이 치열해질 수 있다.

⑤ 지대는 기업주의 정상이윤과 투입생산비를 지불하고 남은 잉여에 해당하며, 토지이용자에게는 최소지불용의액이라 할 수 있다.

04 마샬(A. Marshall)의 준지대론에 관한 설명으로 틀린 것은?

상중하
마샬의 준지대

① 한계생산이론에 입각하여 리카도(D. Ricardo)의 지대론을 재편성한 이론이다.

② 준지대는 생산을 위하여 사람이 만든 기계나 기구들로부터 얻는 소득이다.

③ 준지대는 토지 이외의 고정생산요소에 귀속되는 소득으로서, 다른 조건이 동일하다면 영구적으로 지대의 성격을 가지는 소득이다.

④ 고정생산요소의 공급량은 단기적으로 변동하지 않으므로 다른 조건이 동일하다면 준지대는 고정생산요소에 대한 수요에 의해 결정된다.

⑤ 토지에 대한 개량공사로 인해 추가적으로 발생하는 일시적인 소득은 준지대에 속한다.

05 지대이론에 관한 설명으로 틀린 것을 모두 고른 것은?

상중하
지대이론

> ㉠ 리카도는 지대 발생의 원인을 비옥한 토지의 희소성과 수확체감현상으로 설명하고, 토지의 질적 차이에서 발생하는 임대료의 차이로 보았다.
> ㉡ 마셜은 일시적으로 토지와 유사한 성격을 가지는 생산요소에 귀속되는 소득을 준지대로 설명하고, 단기적으로 공급량이 일정한 생산요소에 지급되는 소득으로 보았다.
> ㉢ 튀넨은 한계지의 생산비와 우등지의 생산비 차이를 절대지대로 보았다.
> ㉣ 마르크스는 도시로부터 거리에 따라 농작물의 재배형태가 달라진다는 점에 착안하여, 수송비의 차이가 지대의 차이를 가져온다고 보았다.

① ㉠, ㉡

② ㉢, ㉣

③ ㉠, ㉡, ㉣

④ ㉠, ㉢, ㉣

⑤ ㉡, ㉢, ㉣

06 지대이론에 관한 설명으로 옳은 것은?

상중하
지대이론

① 리카도의 차액지대설은 토지의 위치를 중요시하고 비옥도와는 무관하다.

② 준지대는 토지사용에 있어서 지대의 성질에 준하는 잉여로 영구적 성격을 가지고 있다.

③ 튀넨의 위치지대는 토지의 생산성과 무관하게 토지가 개인에 의해 배타적으로 소유되는 것으로부터 발생한다.

④ 전용수입은 어떤 생산요소가 다른 용도로 전용되지 않고 현재의 용도에 그대로 사용되도록 지급하는 최소한의 지급액이다.

⑤ 입찰지대는 토지소유자의 노력과 희생 없이 사회 전체의 노력에 의해 창출된 지대이다.

02 도시공간구조이론

대표유형

도시공간구조이론에 관한 설명으로 옳은 것은?

① 도시공간구조의 변화를 야기하는 요인은 교통의 발달이지 소득의 증가와는 관계가 없다.

② 다핵심이론의 핵심요소에는 공업, 소매, 고급주택 등이 있으며, 도시성장에 맞춰 핵심의 수가 증가하고 특화될 수 있다.

③ 호이트(H. Hoyt)는 도시의 공간구조형성을 침입, 경쟁, 천이 등의 과정으로 나타난다고 보았다.

④ 동심원이론에 의하면 중심업무지구는 내측은 경공업지대로, 외측은 불량주거지대로 구성되어 있다.

⑤ 버제스(E. Burgess)는 도시의 성장과 분화가 주요 교통망에 따라 확대되면서 나타난다고 보았다.

해설 ① 도시공간구조의 변화를 야기하는 요인은 교통의 발달 및 소득증가와 밀접한 관련이 있다.
③ 버제스(E. Burgess)는 도시의 공간구조형성을 침입, 경쟁, 천이 등의 과정으로 나타난다고 보았다.
④ 동심원이론에 의하면 천이(점이)지대는 내측은 경공업지대로, 외측은 불량주거지대로 구성되어 있다.
⑤ 호이트(H. Hoyt)는 도시의 성장과 분화가 주요 교통망에 따라 확대되면서 나타난다고 보았다. **④ 정답 ②**

01

상중하
버제스의
동심원이론

버제스(E. Burgess)의 동심원이론에 대한 설명으로 틀린 것은?

① 버제스의 동심원이론은 튀넨의 이론을 도시구조에 적용한 이론이다.

② 동심원이론에 따르면 저소득층일수록 고용기회가 많은 도심에 주거를 선정하는 경향이 있다.

③ 동심원이론에 의하면 도시는 중심지로 접근할수록 범죄, 빈곤 및 질병 등 도시문제가 늘어나는 경향을 보인다.

④ 동심원이론은 주거지의 공간 분화를 침입, 경쟁, 천이 등의 과정으로 설명하였다.

⑤ 동심원이론에 의하면 점이지대는 고소득층 주거지역보다 도심에서 멀리 위치한다.

02 도시공간구조이론 및 지대이론에 관한 설명으로 틀린 것은?

상**중**하
도시공간구조이론

① 버제스(E. Burgess)의 동심원이론에 따르면 저소득층 주거지대와 중산층지대 사이에 점이지대가 위치한다.

② 호이트(H. Hoyt)의 선형이론에 따르면 도시공간구조의 성장과 분화는 주요 교통축을 따라 부채꼴 모양으로 확대되면서 나타난다.

③ 버제스(E. Burgess)의 동심원이론에 교통축을 적용하여 개선한 이론이 호이트의 선형이론이다.

④ 헤이그(R. Haig)의 마찰비용이론에 따르면 마찰비용은 교통비와 지대로 구성된다.

⑤ 알론소(W. Alonso)의 입찰지대곡선은 도심에서 외곽으로 나감에 따라 가장 높은 지대를 지불할 수 있는 각 산업의 지대곡선들을 연결한 것이다.

03 도시성장구조이론에 관한 설명으로 틀린 것은?

상**중**하
도시공간구조이론

① 버제스(Burgess)의 동심원이론은 도시생태학적 관점에서 접근하였다.

② 해리스(Harris)와 울만(Ullman)의 다핵심이론은 도시가 그 도시 내에서도 수 개의 핵심이 형성되면서 성장한다는 이론이다.

③ 동심원이론은 도시가 그 중심에서 동심원상으로 확대되어 분화되면서 성장한다는 이론이다.

④ 다핵심이론과 호이트(Hoyt)의 선형이론의 한계를 극복하기 위해서 개발된 동심원이론에서 점이지대는 저소득지대와 통근자지대 사이에 위치하고 있다.

⑤ 선형이론은 도시가 교통망을 따라 확장되어 부채꼴 모양으로 성장한다는 이론이다.

04 도시성장구조이론에 관한 설명으로 틀린 것은?

상**중**하
도시공간구조이론

① 유사한 도시활동은 집적으로부터 발생하는 이익 때문에 집중하려는 경향이 있다.

② 서로 다른 도시활동 중에서는 집적 불이익이 발생하는 경우가 있는데, 이러한 활동은 상호 집중하는 경향이 있다.

③ 도시활동 중에는 교통이나 입지의 측면에서 특별한 편익을 필요로 하는 기능들이 있다.

④ 호이트에 따르면 도시공간구조의 성장과 지역분화에 있어 중심업무지구로부터 도매·경공업지구, 저급주택지구, 중급주택지구, 고급주택지구들이 주요 교통노선에 따라 쐐기형(wedge) 지대모형으로 확대 배치된다.

⑤ 호이트에 따르면 주택가격의 지불능력이 도시주거공간의 유형을 결정하는 중요한 요인이다.

03 입지이론

대표유형

다음 이론에 관한 설명으로 틀린 것은?

① 크리스탈러(W. Christaller)는 재화와 서비스에 따라 중심지가 계층화되며 서로 다른 크기의 도달범위와 최소요구범위를 가진다고 보았다.

② 베버(A. Weber)는 운송비·노동비·집적이익을 고려하여 비용이 최소화되는 지점이 공장의 최적입지가 된다고 보았다.

③ 컨버스(P. Converse)는 경쟁관계에 있는 두 소매시장 간 상권의 경계지점을 확인할 수 있도록 소매중력모형을 수정하였다.

④ 허프(D. Huff)는 소비자가 특정 점포를 이용할 확률은 소비자와 점포와의 거리, 경쟁점포의 수와 면적에 의해서 결정된다고 보았다.

⑤ 레일리(W. Reilly)는 두 중심지가 소비자에게 미치는 영향력의 크기는 두 중심지의 크기에 반비례하고 거리의 제곱에 비례한다고 보았다.

해설 레일리는 두 중심지가 소비자에게 미치는 영향력의 크기는 두 중심지의 크기에 비례하고 거리의 제곱에 반비례한다고 보았다. **A 정답 ⑤**

---

01 베버(A. Weber)의 **최소비용이론에 관한 설명으로 틀린 것은?**

상중하
베버의
최소비용이론

① 최소비용지점은 최소운송비 지점, 최소노동비 지점, 집적이익을 종합적으로 고려해서 결정한다.

② 등비용선(isodapane)은 최소운송비 지점으로부터 기업이 입지를 바꿀 경우, 운송비가 동일한 지점을 연결한 곡선을 의미한다.

③ 원료지수(material index)가 1보다 큰 공장은 원료지향적 입지를 선호한다.

④ 제품 중량이 국지원료 중량보다 큰 제품을 생산하는 공장은 원료지향적 입지를 선호한다.

⑤ 운송비는 원료와 제품의 무게, 원료와 제품이 수송되는 거리에 의해 결정된다.

---

02 크리스탈러의 중심지이론에 대한 설명으로 틀린 것은?

상중하
크리스탈러의
중심지이론

① 도심으로부터 상업 서비스를 받는 지역을 배후지라고 한다.

② 재화의 도달범위란 소비자가 재화나 용역을 구입하기 위해 갈 수 있는 최대한의 거리이다.

③ 중심지가 형성되기 위해서는 재화의 도달범위가 최소요구치 내에 있어야 한다.

④ 중심지가 하나 이상이 되면 경쟁을 최소화하기 위해 배후지는 정육각형의 형태가 되는 것이 이상적이다.

⑤ 저차중심지에 비해 고차 중심지의 수는 적고, 고차 중심지 상호간의 간격은 넓게 나타난다.

03 크리스탈러(W. Christaller)의 **중심지이론에 관한 설명으로 틀린 것은?**

상중하
크리스탈러의
중심지이론

① 최소요구치 – 중심지 기능이 유지되기 위한 최소한의 수요 요구 규모
② 재화의 도달범위 – 중심지로부터 어느 기능에 대한 수요가 최대가 되는 곳까지의 거리
③ 배후지 – 중심지에 의해 재화와 서비스를 제공받는 주변 지역
④ 최소요구범위 – 판매자가 정상이윤을 얻을 만큼의 충분한 소비자들을 포함하는 경계까지의 거리
⑤ 중심지 재화 및 서비스 – 중심지에서 배후지로 제공되는 재화 및 서비스

04 다음 **입지와 도시공간구조에 관한 설명으로 틀린 것을 모두 고른 것은?**

상중하
입지 및
도시공간구조이론

> ㉠ 컨버스는 소비자들의 특정 상점의 구매를 설명할 때 실측거리, 시간거리, 매장규모와 같은 공간요인뿐만 아니라 효용이라는 비공간요인도 고려하였다.
> ㉡ 호이트(H. Hoyt)는 저소득층의 주거지가 형성되는 요인으로 도심과 부도심 사이의 도로, 고지대의 구릉지, 주요 간선도로의 근접성을 제시하였다.
> ㉢ 넬슨(R. Nelson)은 특정 점포가 최대 이익을 얻을 수 있는 매출액을 확보하기 위해서 어떤 장소에 입지하여야 하는지를 제시하였다.
> ㉣ 알론소(W. Alonso)는 단일도심도시의 토지이용형태를 설명함에 있어 입찰지대의 개념을 적용하였다.

① ㉠   ② ㉠, ㉡   ③ ㉡, ㉢
④ ㉢, ㉣   ⑤ ㉡, ㉢, ㉣

05 다음 **입지 및 도시공간구조 이론에 관한 설명으로 틀린 것을 모두 고른 것은?**

상중하
도시공간구조이론

> ㉠ 해리스(C. Harris)와 울만(E. Ullman)의 다핵심이론은 몇 개의 분리된 핵이 점진적으로 통합됨에 따라 전체적인 도시구조가 형성된다는 것이다.
> ㉡ 뢰시(A. Lösch)의 최대수요이론은 장소에 따라 수요가 차별적이라는 전제하에 수요 측면에서 경제활동의 공간조직과 상권조직을 파악한 것이다.
> ㉢ 넬슨(R. Nelson)의 소매입지이론은 특정 점포가 최대 이익을 얻을 수 있는 매출액을 확보하기 위해서는 어떤 장소에 입지하여야 하는가에 대한 원칙을 제시한 것이다.
> ㉣ 베버(A. Weber)의 최소비용이론은 산업입지의 영향요소를 운송비, 노동비, 집적이익으로 구분하고, 이 요소들을 고려하여 비용이 최소화 되는 지점이 공장의 최적입지가 된다는 것이다.

① ㉠, ㉡   ② ㉢, ㉣   ③ ㉠, ㉡, ㉣
④ ㉡, ㉢, ㉣   ⑤ 없음

06
상중하
도시공간구조이론 및
입지이론

다음 이론에 관한 설명 중 틀린 것을 모두 고른 것은?

> ㉠ 버제스에 의하면 도시는 전체적으로 원을 반영한 부채꼴 모양의 형상으로 그 핵심의 도심도 하나이나 교통의 선이 도심에서 방사되는 것을 전제로 하였다.
> ㉡ 뢰시(A. Lösch)는 수요 측면의 입장에서 기업은 시장확대가능성이 가장 높은 지점에 위치해야 한다고 보았다.
> ㉢ 튀넨(J. H. von Thünen)은 완전히 단절된 고립국을 가정하여 이곳의 작물재배활동은 생산비와 수송비를 반영하여 공간적으로 분화된다고 보았다.

① ㉠
② ㉢
③ ㉠, ㉢
④ ㉡, ㉢
⑤ ㉠, ㉡, ㉢

07
상중하
도시공간구조이론 및
입지이론

도시공간구조이론 및 입지이론에 관한 설명으로 틀린 것은? 제34회

① 버제스(E. Burgess)의 동심원이론에서 통근자지대는 가장 외곽에 위치한다.
② 호이트(H. Hoyt)의 선형이론에 따르면, 도시공간구조의 성장과 분화는 주요 교통노선에 따라 쐐기형(wedge)모형으로 확대·배치된다고 주장하였다.
③ 해리스(C. Harris)와 울만(E. Ullman)의 다핵심이론은 버제스의 이론과 달리 도시의 발달구조를 다핵으로 설명한 모델이다.
④ 뢰쉬(A. Lösch)의 최대수요이론은 베버의 최소비용이론과 달리 수요자 관점에서 최적의 공장입지를 설명하였다.
⑤ 레일리(W. Reilly)의 소매인력법칙은 특정 점포가 최대이익을 확보하기 위해 어떤 장소에 입지하는가에 대한 8원칙을 제시한다.

08
상중하
허프의 확률모형

허프(D. Huff)모형에 관한 설명으로 틀린 것은? (단, 다른 조건은 동일함)

① 중력모형을 활용하여 상권의 규모 또는 매장의 매출액을 추정할 수 있다.
② 모형의 공간(거리)마찰계수는 시장의 교통조건과 쇼핑물건의 특성에 따라 달라지는 값이다.
③ 일용품점의 경우는 전문품점보다 공간(거리)마찰계수가 작다.
④ 교통조건이 나쁠 경우, 공간(거리)마찰계수가 커지게 된다.
⑤ 모형을 적용하기 전에 공간(거리)마찰계수가 먼저 정해져야 한다.

09
상중하
레일리의
소매인력법칙

레일리(W. Reilly)의 소매중력모형에 따라 C신도시의 소비자가 A도시와 B도시에서 소비하는 월 추정소비액은 각각 얼마인가? (단, C신도시의 인구는 모두 소비자이고, A, B도시에서만 소비하는 것으로 가정하며, C도시 소비자의 잠재 월 추정소비액은 9억원이다)

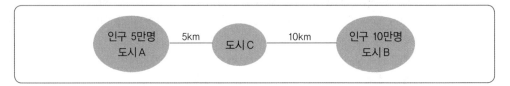

① A도시 : 1억원,   B도시 : 8억원

② A도시 : 2억 5천만원,   B도시 : 6억 5천만원

③ A도시 : 3억원,   B도시 : 6억원

④ A도시 : 4억 5천만원,   B도시 : 4억 5천만원

⑤ A도시 : 6억원,   B도시 : 3억원

10
상중하
레일리의
소매인력법칙

A도시와 B도시 사이에 위치하고 있는 C도시는 A도시로부터 8km, B도시로부터 5km 떨어져 있다. A도시의 인구는 64,000명, B도시의 인구는 75,000명, C도시의 인구는 8만명이다. 레일리의 소매인력법칙을 적용할 경우 C도시에서 A도시와 B도시로 구매 활동에 유인되는 인구규모는? (단, C도시의 모든 인구는 A도시와 B도시에서만 구매함)

	A도시	B도시
①	10,000명	70,000명
②	20,000명	60,000명
③	30,000명	50,000명
④	40,000명	40,000명
⑤	50,000명	30,000명

11
상중하
컨버스의
분기점모형

컨버스(P. D. Converse)의 분기점 모형에 기초할 때, A시와 B시의 상권 경계지점은 A시로부터 얼마만큼 떨어진 지점인가? (단, 주어진 조건에 한함)(컨버스의 분기점 모형에 따르면, 상권은 거리의 제곱에 반비례하고, 쇼핑센터의 면적에 비례한다)

- A시와 B시는 동일 직선상에 위치하고 있다.
- A시 인구 : 64만명
- B시 인구 : 16만명
- A시와 B시 사이의 직선거리 : 15km

① 5km   ② 10km   ③ 15km

④ 20km   ⑤ 25km

12 아래의 그림을 보고 허프(Huff)의 상권분석모형을 이용하여 신규할인매장의 이용객 수를 추정하시오. [단, 공간(거리) 마찰계수는 2로 가정하며, 대도시의 인구 중 50%만이 할인매장을 이용한다고 가정함]

상중하
허프의 확률모형

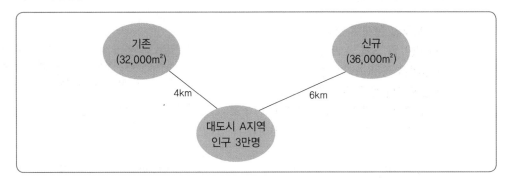

① 5,000명
② 10,000명
③ 20,000명
④ 25,000명
⑤ 30,000명

13 허프 모형을 활용하여, X지역의 주민이 할인점 A를 방문할 확률과 할인점 A의 월 추정매출액을 순서대로 나열한 것은? (단, 주어진 조건에 한함)

상중하
허프의 확률모형

- X지역의 현재 주민 : 5,000명
- 1인당 월 할인점 소비액 : 50만원
- 공간마찰계수 : 2
- X지역의 주민은 모두 구매자이고, A, B, C 할인점에서만 구매한다고 가정함

구 분	할인점 A	할인점 B	할인점 C
면 적	320m²	250m²	360m²
X지역으로부터 거리	4km	5km	6km

① 20%, 5억원
② 30%, 7억 5,000만원
③ 40%, 10억원
④ 50%, 12억 5,000만원
⑤ 60%, 15억원

14 허프(D. Huff)모형을 활용하여 점포 A의 월 매출액을 추정하였는데, 착오에 의해 공간(거리)마찰
계수가 잘못 적용된 것을 확인하였다. 올바르게 추정한 점포 A의 월 매출액(㉠)과 잘못 추정한
점포 A의 월 매출액(㉡)을 각각 추정하면?

상중하
허프의 확률모형

- X지역의 현재 주민: 10,000명
- 1인당 월 점포 소비액: 30만원
- 올바른 공간(거리)마찰계수: 2
- 잘못 적용된 공간(거리)마찰계수: 1
- X지역의 주민은 모두 구매자이고, 점포 (A, B, C)에서만 구매한다고 가정함

구 분	점포 A	점포 B	점포 C
면 적	750m²	2,500m²	500m²
거 리	5km	10km	5km

① ㉠: 9억원, ㉡: 12억원
② ㉠: 9억원, ㉡: 15억원
③ ㉠: 12억원, ㉡: 9억원
④ ㉠: 12억원, ㉡: 12억원
⑤ ㉠: 15억원, ㉡: 15억원

MEMO

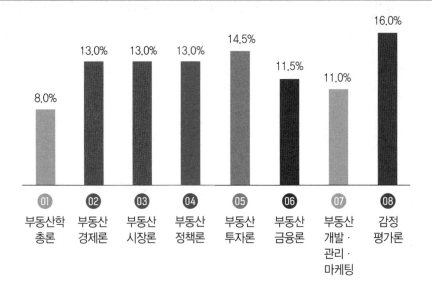

▍최근 5개년 출제경향 분석

정부의 시장개입수단, 임대주택정책 등의 주택정책과 토지정책, 조세정책 등의 부동산 정책의 포괄적인 내용을 체계적으로 정리하여야 한다. 또한 정책론에서는 부동산학개론의 내용뿐만 아니라 공법, 세법과 관련된 문제를 복합적으로 출제함으로써 종합적인 이해와 학습이 필요하다.

PART

04

부동산 정책론

부동산 문제 및 시장실패

> **대표유형**
>
> 부동산 시장에 대한 정부의 개입에 관한 설명으로 틀린 것은?
>
> ① 부동산 투기, 저소득층 주거문제, 부동산자원배분의 비효율성은 정부가 부동산 시장에 개입하는 근거가 된다.
> ② 부동산 시장실패의 대표적인 원인으로 공공재, 외부효과, 정보의 비대칭성이 있다.
> ③ 토지비축제도는 공익사업용지의 원활한 공급을 위해 정부가 시장에 직접적으로 개입하는 방식이다.
> ④ 토지수용, 종합부동산세, 담보인정비율, 개발부담금은 부동산 시장에 대한 간접개입수단이다.
> ⑤ 정부가 주택시장에 개입하여 민간분양주택 분양가를 규제할 경우 주택산업의 채산성·수익성을 저하시켜 신축민간주택의 공급을 축소시킨다.
>
> **해설** ④ 토지수용은 정부의 부동산 시장에 대한 직접적 개입방식이다.　　　**A** 정답 ④

01

상중**하**

간접적 개입

정부의 부동산 시장 간접적 개입 유형에 해당하는 것을 모두 고른 것은?　　제31회

㉠ 토지은행	㉡ 공영개발사업
㉢ 총부채상환비율(DTI)	㉣ 종합부동산세
㉤ 개발부담금	㉥ 공공투자사업

① ㉠, ㉡, ㉢　　　　　　　② ㉠, ㉡, ㉥
③ ㉢, ㉣, ㉤　　　　　　　④ ㉢, ㉤, ㉥
⑤ ㉣, ㉤, ㉥

02 부동산 문제에 대한 설명으로 틀린 것은?

상[중]하
부동산 문제

① 토지공급의 절대량 부족문제는 물리적 토지문제를 초래한다.

② 소득대비 주택가격비율(PIR)과 소득대비 임대료비율(RIR)은 주택시장에서 가구의 지불능력을 측정하는 지표이다.

③ PIR(Price to Income Ratio)은 개인의 주택지불능력을 나타내며, 그 값이 작을수록 주택구매가 더 어렵다는 의미이다.

④ 지가고(地價高)는 한정된 공사비의 범위 내에서 상대적으로 건축비의 비중을 감소시켜 주택의 질적 수준을 낮추는 요인이 된다.

⑤ 도심의 지가고(地價高) 문제는 도시스프롤(sprawl)현상을 심화시키는 요인이 된다.

03 우리나라 정부의 부동산 시장에 대한 간접적 개입수단은 모두 몇 개인가?

상[중]하
간접적 개입

• 공공토지비축	• 취득세	• 종합부동산세
• 토지수용	• 개발부담금	• 공영개발
• 공공임대주택	• 대부비율	

① 3개   ② 4개   ③ 5개

④ 6개   ⑤ 7개

04 부동산 정책의 공적개입 필요성에 관한 설명으로 틀린 것은?

상[중]하
정부의 공적개입

① 정부가 부동산 시장에 개입하는 논리에는 부(−)의 외부효과 방지와 공공재 공급 등이 있다.

② 공공재는 시장기구에 맡겨둘 경우 경합성과 배제성으로 인하여 과소생산의 문제가 발생한다.

③ 정부는 토지를 경제적·효율적으로 이용하고 공공복리의 증진을 도모하기 위하여 용도지역제를 활용하고 있다.

④ 정부는 주민의 편의를 위해 공공재인 도로, 공원 등의 도시계획시설을 공급하고 있다.

⑤ 부동산 시장은 불완전정보, 공급의 비탄력성으로 인한 수요·공급 시차로 인하여 시장실패가 나타날 수 있다.

05 정부의 부동산 시장의 개입에 관한 설명으로 틀린 것은?

상중하
정부의 시장개입

① 개발부담금 부과제도는 정부의 간접적 시장개입수단이다.

② 공공임대주택의 공급은 소득재분배 효과를 기대할 수 있다.

③ 정부가 주택가격의 안정을 목적으로 신규주택의 분양가를 규제할 경우, 신규주택의 공급량이 감소하면서 사회적 후생손실이 발생할 수 있다.

④ 시장에서 어떤 원인으로 인해 자원의 효율적 배분에 실패하는 현상을 정부실패라 하는데, 이는 정부가 시장에 개입하는 근거가 된다.

⑤ 토지수용과 같은 시장개입수단에서는 토지매입과 보상과정에서 사업시행자와 피수용자 간에 갈등이 발생하기도 한다.

06 공공재에 관한 일반적인 설명으로 틀린 것은?

상중하
공공재

① 소비의 경합적 특성이 있다.

② 공공재는 그 속성상 정부의 재정이나 기금이 투입되는 경우가 많다.

③ 무임승차 문제와 같은 시장실패가 발생한다.

④ 생산을 시장기구에 맡기면 적정량 이하로 공급되는 문제를 초래한다.

⑤ 비배제성에 의해 비용을 부담하지 않은 사람도 소비할 수 있다.

07 외부효과에 관한 설명으로 틀린 것은?

상중하
외부효과

① 외부효과란 어떤 경제활동과 관련하여 거래당사자가 아닌 제3자에게 의도하지 않은 혜택이나 손해를 가져다주면서도 이에 대한 대가를 받지도 지불하지도 않는 상태를 말한다.

② 부(−)의 외부효과가 발생하면 님비(NIMBY)현상이 발생한다.

③ 부(−)의 외부효과에 대한 규제는 부동산의 가치를 상승시키는 효과를 가져올 수 있다.

④ 부(−)의 외부효과를 발생시키는 공장에 대해서 부담금을 부과하면, 생산비가 증가하여 이 공장에서 생산되는 제품의 공급이 감소하게 된다.

⑤ 부(−)의 외부효과가 발생하는 재화의 경우 시장에만 맡겨두면 지나치게 적게 생산될 수 있다.

08 시장실패 또는 정부의 시장개입에 관한 설명으로 틀린 것은?

상중하
시장실패

① 외부효과는 시장실패의 원인이 된다.

② 소비의 비경합성과 비배제성을 수반하는 공공재는 시장실패의 원인이 된다.

③ 정보의 대칭성은 시장실패의 원인이 된다.

④ 시장가격에 임의로 영향을 미칠 수 있는 독과점 공급자의 존재는 시장실패의 원인이 된다.

⑤ 시장실패의 문제를 해결하기 위하여 정부는 시장에 개입할 수 있다.

09 외부효과에 대한 설명으로 옳은 것은?

상중하
외부효과

① 새로 조성된 공원이 쾌적성이라는 정(+)의 외부효과를 발생시키면, 공원 주변 주택에 대한 수요곡선이 좌측으로 이동하게 된다.

② 정(+)의 외부효과의 경우 비용을 지불하지 않은 사람도 발생되는 이익을 누릴 수 있다.

③ 외부효과는 한 사람의 행위가 제3자의 경제적 후생에 영향을 미치고, 그에 대해 지급된 보상을 제3자가 인지하지 못하는 현상을 말한다.

④ 부(−)의 외부효과에 대한 규제는 부동산의 가치를 하락시키는 효과를 가져올 수 있다.

⑤ 부동산의 부증성과 연속성(인접성)은 외부효과와 관련이 있다.

10 시장실패와 정부의 개입에 대한 다음의 내용 중 틀린 것은 모두 몇 개인가? (단, 다른 조건은 일정하다고 가정함)

상중하
정부의 개입

> ㉠ 정(+)의 외부효과를 장려하기 위한 수단으로 보조금 지급 등이 있다.
> ㉡ 지역지구제나 토지이용계획은 외부효과 문제의 해결수단이 될 수 없다.
> ㉢ 한 사람의 행위가 제3자의 경제적 후생에 영향을 미치지만, 그에 대한 보상이 이루어지지 않는 현상을 말한다.
> ㉣ 부(−)의 외부효과가 발생하게 되면 법적 비용, 진상조사의 어려움 등으로 인해 당사자 간 해결이 곤란한 경우가 많다.
> ㉤ 부(−)의 외부효과를 유발하는 재화의 경우 사적 비용보다 사회적 비용이 더 커지게 된다.

① 1개   ② 2개   ③ 3개

④ 4개   ⑤ 5개

11

상중하

시장실패 및
정부의 개입

부동산 정책에 관한 설명으로 틀린 것을 모두 고른 것은?

> ㉠ 시장실패요인으로는 부동산 재화의 동질성, 불완전경쟁 등이 있다.
> ㉡ 부(−)의 외부효과는 사회가 부담하는 비용을 감소시킨다.
> ㉢ 부동산 조세는 소득재분배 효과를 기대할 수 있다.
> ㉣ 용도지역은 토지를 경제적·효율적으로 이용하고 공공복리의 증진을 도모하기 위하여 지정한다.

① ㉠, ㉡   ② ㉠, ㉢   ③ ㉠, ㉣

④ ㉠, ㉡, ㉢   ⑤ ㉡, ㉢, ㉣

Chapter 02 토지정책

토지정책에 관한 설명으로 옳은 것은?

① 개발권양도제(TDR)는 개발사업의 시행으로 이익을 얻은 사업시행자로부터 개발이익의 일 정액을 환수하는 제도이다.

② 용도지역·지구제는 토지이용계획의 내용을 구현하는 법적 수단이다.

③ 개발부담금제도는 개발이 제한되는 지역의 토지소유권에서 개발권을 분리하여 개발이 필요 한 다른 지역에 개발권을 양도할 수 있도록 하는 제도이다.

④ 부동산 가격공시제도에 있어 표준지공시지가는 시장·군수·구청장이 공시한다.

⑤ 토지비축제도는 정부가 간접적으로 부동산 시장에 개입하는 정책수단이다.

해설 ① 개발이익환수제도는 개발사업의 시행으로 이익을 얻은 사업시행자로부터 개발이익의 일정액을 환수하는 제도이다.

③ 개발권양도제는 개발이 제한되는 지역의 토지소유권에서 개발권을 분리하여 개발이 필요한 다른 지역에 개발권을 양도할 수 있도록 하는 제도이다.

④ 부동산 가격공시제도에 있어 표준지공시지가는 국토교통부장관이 공시한다.

⑤ 토지비축제도는 정부가 직접적으로 부동산 시장에 개입하는 정책수단이다.　　　　**Ⓐ 정답 ②**

01

상중하
지역지구제

토지이용규제에 관한 설명으로 틀린 것은?

① 용도지역·지구제는 토지이용계획의 내용을 구현하는 법적·행정적 수단 중 하나다.

② 용도지역 중 자연환경보전지역은 도시지역 중에서 자연환경·수자원·해안·생태계·상수원 및 문화재의 보전과 수산자원의 보호·육성을 위하여 필요한 지역이다.

③ 지구단위계획을 통해, 토지이용을 합리화하고 그 기능을 증진시키며 미관을 개선하고 양호한 환경을 확보할 수 있다.

④ 용도지역·지구제는 토지이용을 제한하여 지역에 따라 지가의 상승 또는 하락을 야기할 수도 있다.

⑤ 토지이용규제를 통해, 토지이용에 수반되는 부(−)의 외부효과를 제거 또는 감소시킬 수 있다.

02

상종<u>하</u>
지역지구제

용도지역·지구제에 관한 설명으로 틀린 것은?

① 토지이용에 수반되는 부(-)의 외부효과를 제거하거나 감소시킬 수 있다.

② 용도지구는 하나의 대지에 중복지정될 수 없다.

③ 사적 시장이 외부효과에 대한 효율적인 해결책을 제시하지 못할 때, 정부에 의해 채택되는 부동산 정책의 한 수단이다.

④ 국토의 계획 및 이용에 관한 법령상 제2종 전용주거지역은 공동주택 중심의 양호한 주거환경을 보호하기 위해 필요한 지역이다.

⑤ 국토의 계획 및 이용에 관한 법령상 국토는 토지의 이용실태 및 특성 등을 고려하여 도시지역, 관리지역, 농림지역, 자연환경보전지역과 같은 용도지역으로 구분된다.

03

상중<u>하</u>
용도지역 중
도시지역

국토의 계획 및 이용에 관한 법령상 용도지역으로서 도시지역에 속하는 것을 모두 고르면 몇 개인가?

| ㉠ 농림지역 | ㉡ 관리지역 | ㉢ 취락지역 |
| ㉣ 녹지지역 | ㉤ 산업지역 | ㉥ 유보지역 |

① 1개 ② 2개 ③ 3개

④ 4개 ⑤ 5개

04

상중<u>하</u>
개발권양도제

개발권양도제에 관한 설명 중 틀린 것은?

① 개발제한으로 인해 규제되는 보전지역(이하 규제지역)에서 발생하는 토지소유자의 손실을 보전하기 위한 제도이다.

② 초기의 개발권양도제는 도심지의 역사적 유물 등을 보전하기 위한 목적으로 시행되었으며, 현재 우리나라에서 시행 중인 정책이다.

③ 개발가능지역의 개발업자가 규제지역의 개발권을 매입함으로써 규제지역 토지소유자의 손실을 보상해주는 수단이다.

④ 공공이 부담해야 하는 비용을 절감하면서 규제에 따른 손실의 보전이 이루어진다는 점에 의의가 있다.

⑤ 규제지역 토지소유자의 재산상의 손실을 시장을 통해서 해결하려는 제도이다.

05

상중하
공공토지비축제도

토지은행제도(공공토지비축제도)에 관한 설명으로 틀린 것은?

① 토지비축제도는 정부가 직접적으로 부동산 시장에 개입하는 정책수단이다.

② 토지비축제도의 필요성은 토지의 공적 기능이 확대됨에 따라 커질 수 있다.

③ 공공토지비축토지는 각 지방자치단체에서 직접 관리하기 때문에 관리의 효율성을 기대할 수 있다.

④ 토지비축사업은 토지를 사전에 비축하여 장래 공익사업의 원활한 시행과 토지시장의 안정에 기여할 수 있다.

⑤ 토지비축제도는 사적 토지소유의 편중현상으로 인해 발생 가능한 토지보상비 등의 고비용 문제를 완화시킬 수 있다.

06

상중하
토지정책

우리나라 토지 관련 제도에 관한 설명으로 틀린 것은?

① 토지비축제도는 정부 등이 토지를 매입한 후 보유하고 있다가 적절한 때에 이를 매각하거나 공공용으로 사용하기 위한 것이다.

② 지구단위계획은 도시 · 군계획 수립 대상지역의 일부에 대하여 토지 이용을 합리화하고 그 기능을 증진시키며 미관을 개선하고 양호한 환경을 확보하며, 그 지역을 체계적 · 계획적으로 관리하기 위하여 수립하는 계획이다.

③ 용도지역 · 지구는 토지이용에 수반되는 부의 외부효과를 제거하거나 완화시킬 목적으로 지정하게 된다.

④ 토지적성평가에는 토지의 토양, 입지, 활용가능성 등 토지의 적성에 대한 내용이 포함되어야 한다.

⑤ 토지선매에 있어 시장, 군수, 구청장은 토지거래계약허가를 받아 취득한 토지를 그 이용목적대로 이용하고 있지 아니한 토지에 대해서 선매자에게 강제로 수용하게 할 수 있다.

07

상중하
부동산 정책

정부가 시행 중인 부동산 정책에 관한 설명으로 틀린 것은?

① 토지를 경제적 · 효율적으로 이용하고 공공복리의 증진을 도모하기 위하여 용도지역제를 실시하고 있다.

② 정부는 한국토지주택공사를 통하여 토지비축업무를 수행할 수 있다.

③ 국토교통부장관은 주택가격의 안정을 위하여 필요한 경우 일정한 지역을 투기과열지구로 지정할 수 있다.

④ 국토교통부장관은 도시의 무질서한 확산을 방지하고 도시주변의 자연환경을 보전하여 도시민의 건전한 생활환경을 확보하기 위하여 개발제한구역을 지정할 수 있다.

⑤ 도시계획구역 안의 택지에 한하여 가구별 소유상한을 초과하는 해당 택지에 대하여는 초과소유부담금을 부과한다.

08 토지정책에 관한 설명으로 옳은 것은?

상중하
토지정책

① 개발부담금제는 개발이 제한되는 지역의 토지소유권에서 개발권을 분리하여 개발이 필요한 다른 지역에 개발권을 양도할 수 있도록 하는 제도이다.

② 개발권양도제는 개발사업의 시행으로 이익을 얻은 사업시행자로부터 불로소득적 증가분의 일정액을 환수하는 제도다.

③ 토지거래허가제도는 토지에 대한 개발과 보전의 경합이 발생했을 때 이를 합리적으로 조정하는 수단이다.

④ 지구단위계획이란 도시·군계획 수립 대상지역의 일부에 대하여 토지 이용을 합리화하고 그 기능을 증진시키며 미관을 개선하고 양호한 환경을 확보하며, 그 지역을 체계적·계획적으로 관리하기 위하여 수립하는 도시·군관리계획을 말한다.

⑤ 토지적성평가제도는 미개발 토지를 토지이용계획에 따라 구획정리하고 기반시설을 갖춤으로써 이용가치가 높은 토지로 전환시키는 제도다.

09 부동산 정책에 관한 설명으로 옳은 것은?

상중하
토지정책

① 재건축부담금은 정비사업 중 재건축사업 및 재개발사업에서 발생되는 초과이익을 환수하기 위한 제도로 도시 및 주거환경정비법령에 의해 시행되고 있다.

② 도시·군기본계획은 국토의 계획 및 이용에 관한 법령상 특별시·광역시 또는 군의 관할 구역에 대하여 기본적인 공간구조와 장기발전방향을 제시하는 종합계획이다.

③ 매매계약을 체결하는 당사자는 그 실제 거래가격 등을 잔금지급일로부터 30일 이내에 공동으로 신고해야 한다.

④ 개발손실보상제는 토지이용계획의 결정 등으로 종래의 용도규제가 완화됨으로 인해 발생한 손실을 보상하는 제도로 대표적인 것 중에 개발부담금제도가 있다.

⑤ 개발이익환수제에서 개발이익은 개발사업의 시행에 의해 물가상승분을 초과해 개발사업을 시행하는 자에게 귀속되는 사업이윤의 증가분이다.

10 현재 우리나라에서 시행되고 있는 부동산 정책수단을 모두 고른 것은?

상중하
시행중인 정책

㉠ 택지소유상한제	㉡ 부동산거래신고제
㉢ 토지초과이득세	㉣ 주택의 전매제한
㉤ 부동산실명제	㉥ 토지거래허가구역
㉦ 종합부동산세	㉧ 공한지세

① ㉠, ㉢

② ㉠, ㉢, ㉧

③ ㉠, ㉣, ㉤, ㉥

④ ㉡, ㉢, ㉣, ㉤, ㉦

⑤ ㉡, ㉣, ㉤, ㉥, ㉦

11
시행중인 정책

현재 우리나라에서 시행되고 있는 부동산 정책을 모두 고르면?

⊙ 공공임대주택제도　　　　　　ⓛ 주거급여제도
ⓒ 주택청약종합저축제도　　　　ⓔ 개발권양도제도(TDR)
ⓜ 재개발초과이익환수제도　　　ⓗ 전월세상한제도

① ⊙, ⓛ, ⓒ
② ⓔ, ⓜ, ⓗ
③ ⊙, ⓛ, ⓒ, ⓜ
④ ⊙, ⓛ, ⓒ, ⓗ
⑤ ⓒ, ⓔ, ⓜ, ⓗ

12
투기억제제도

현행 법제도상 부동산 투기억제제도에 해당하지 않는 것은?

① 토지거래허가제
② 주택거래신고제
③ 택지소유상한제
④ 개발이익환수제
⑤ 부동산 실권리자명의 등기제도

대표유형

주거정책에 관한 설명으로 옳은 것을 모두 고른 것은?

㉠ 우리나라는 주거에 대한 권리를 인정하고 있다.
㉡ 공공임대주택, 주거급여제도, 주택청약종합저축제도는 현재 우리나라에서 시행되고 있다.
㉢ 주택 바우처는 저소득 임차가구에 주택 임대료를 일부 지원해주는 소비자 보조방식의 일종으로 임차인의 주거지 선택을 용이하게 할 수 있다.
㉣ 임대료 보조정책은 민간임대주택의 공급을 장기적으로 감소시키고 시장임대료를 높인다.
㉤ 임대료를 균형가격 이하로 통제하면 민간임대주택의 공급량은 증가하고 질적 수준은 개선될 가능성이 크다.

① ㉠, ㉡, ㉤
② ㉠, ㉢, ㉣
③ ㉠, ㉡, ㉢
④ ㉡, ㉣, ㉤
⑤ ㉢, ㉣, ㉤

해설 ③ 옳은 것은 ㉠, ㉡, ㉢이다.
㉣ 임대료 보조정책은 민간임대주택의 공급을 장기적으로 증가시키고 시장임대료를 낮춘다.
㉤ 임대료를 균형가격 이하로 통제하면 민간임대주택의 공급량은 감소하고 질적 수준은 악화될 가능성이 크다.

Ⓐ 정답 ③

01
상중하
임대료규제

임대료 규제정책의 장·단기 효과에 관한 설명으로 틀린 것은?

① 임대료 규제는 임차인을 보호하기 위하여 정부가 시장의 균형임대료 이하로 임대료를 통제하는 정책이다.
② 균형임대료보다 임대료 상한이 높을 경우, 단기에 초과수요현상이 나타난다.
③ 균형임대료보다 임대료 상한이 낮을 경우, 단기보다는 장기로 갈수록 초과수요가 커진다.
④ 균형임대료보다 임대료 상한이 낮을 경우, 장기적으로 기존 임대주택이 다른 용도로 전환되면서 임대주택의 공급량이 감소하게 된다.
⑤ 임대료 규제정책이 정상적으로 시행되면 임차인의 주거이동이 제한받을 수 있다.

02

상중하
임대주택정책

임대주택정책에 관한 설명으로 틀린 것은?

① 임대료 보조정책은 저소득층의 실질소득 향상에 기여할 수 있다.

② 임대료 보조정책은 장기적으로 임대주택의 공급을 증가시킬 수 있다.

③ 임대료 상한을 균형가격 이하로 규제하면 임대주택의 공급과잉현상을 초래한다.

④ 정부의 규제임대료가 균형임대료보다 낮아야 저소득층의 주거비 부담 완화효과를 기대할 수 있다.

⑤ 임대료 규제란 주택 임대인이 일정수준 이상의 임대료를 임차인에게 부담시킬 수 없도록 하는 제도이다.

03

상중하
주택정책

주택정책에 관한 설명으로 틀린 것은?

① 주택시장에서 가구의 지불능력을 측정하기 위하여 소득대비 주택가격비율(PIR)과 소득대비 임대료비율(RIR)을 활용한다.

② 주택정책은 주거안정을 보장해준다는 측면에서 복지기능도 수행한다.

③ 금융지원정책은 정부의 주택시장 간접개입방식에 속한다.

④ 공공임대주택 공급정책은 입주자가 주거지를 자유롭게 선택할 수 없는 단점이 있다.

⑤ 주거복지정책상 주거급여제도는 공급자 보조방식의 일종이다.

04

상중하
법령상 임대주택

임대주택의 용어 정의로 틀린 것은?

① 국가나 지방자치단체의 재정이나 주택도시기금의 자금을 지원받아 최저소득 계층, 저소득 서민, 젊은 층 및 장애인·국가유공자 등 사회 취약계층 등의 주거안정을 목적으로 공급하는 공공임대주택을 통합공공임대주택이라고 한다.

② 영구임대주택은 국가나 지방자치단체의 재정을 지원받아 최저소득 계층의 주거안정을 위하여 50년 이상 또는 영구적인 임대를 목적으로 공급하는 공공임대주택을 말한다.

③ 민간임대주택을 10년 이상 임대할 목적으로 취득하여 임대료 및 임차인의 자격 제한 등을 받아 임대하는 민간임대주택을 기존주택매입임대주택이라고 한다.

④ 분양전환공공임대주택은 일정 기간 임대 후 분양전환할 목적으로 공급하는 공공임대주택을 말한다.

⑤ 행복주택은 국가나 지방자치단체의 재정이나 주택도시기금의 자금을 지원받아 대학생, 사회초년생, 신혼부부 등 젊은 층의 주거안정을 목적으로 공급하는 공공임대주택을 말한다.

05

상중하

법령상 임대주택

다음 (   )에 들어갈 알맞은 내용은?

- (㉠)은 공공주택특별법 시행령에 따른 국가나 지방자치단체의 재정이나 주택도시기금의 자금을 지원받아 전세계약의 방식으로 공급하는 공공임대주택이다.
- (㉡)은 국가나 지방자치단체의 재정이나 주택도시기금의 자금을 지원받아 기존주택을 임차하여 「국민기초생활 보장법」에 따른 수급자 등 저소득층과 청년 및 신혼부부 등에게 전대(轉貸)하는 공공임대주택을 의미한다.
- (㉢)은 민간임대주택에 관한 특별법에 따른 임대사업자가 매매 등으로 소유권을 취득하여 임대하는 민간임대주택을 말한다.

	㉠	㉡	㉢
①	국민임대주택	기존주택전세임대주택	장기전세주택
②	장기전세주택	기존주택매입임대주택	기존주택전세임대주택
③	기존주택전세임대주택	장기전세주택	국민임대주택
④	국민임대주택	기존주택전세임대주택	민간매입임대주택
⑤	장기전세주택	기존주택전세임대주택	민간매입임대주택

06

상중하

공공주택특별법

공공주택 특별법령상 공공임대주택에 해당하는 것은 모두 몇 개인가?

㉠ 영구임대주택   ㉡ 국민임대주택
㉢ 분양전환공공임대주택   ㉣ 공공지원민간임대주택
㉤ 기존주택등매입임대주택

① 1개   ② 2개   ③ 3개
④ 4개   ⑤ 5개

07 분양가규제에 관한 설명으로 틀린 것은?

상**중**하
분양가규제

① 주택법령상 분양가상한제 적용주택의 분양가격은 택지비와 건축비로 구성된다.

② 주택법령상 분양가상한제 적용주택 및 그 주택의 입주자로 선정된 지위에 대하여 전매를 제한할 수 있다.

③ 주택구매 수요자들의 주택구입 부담을 덜어주기 위해 신규분양주택의 분양가격을 주택법령에 따라 정한 가격을 초과하여 받지 못하도록 규제하는 제도이다.

④ 주택법령상 사업주체가 일반인에게 공급하는 공동주택 중 공공택지 외의 택지에서 주택가격의 상승 우려가 있어 심의를 거쳐 지정하는 지역에서 공급하는 주택의 경우에는 기준에 따라 산정되는 분양가격 이하로 공급하여야 한다.

⑤ 주택법령상 사업주체가 일반인에게 공급하는 공동주택 중 공공택지에서 공급하는 도시형 생활주택도 분양가상한제를 적용한다.

08 분양가상한제에 관한 설명 중 틀린 것으로 묶인 것은?

상**중**하
분양가상한제

> ㉠ 장기적으로 민간의 신규주택 공급을 위축시킴으로서 주택가격을 상승시킬 수 있다.
> ㉡ 상한가격이 시장가격보다 낮을 경우 일반적으로 초과공급이 발생한다.
> ㉢ 주택건설업체의 수익성을 낮추는 요인으로 작용하여 주택공급을 감소시킬 수 있다.
> ㉣ 시장가격 이상으로 상한가격을 설정하여 무주택자의 주택가격 부담을 완화시키고자 하는 제도이다.

① ㉠, ㉢   ② ㉠, ㉢, ㉣   ③ ㉡, ㉢

④ ㉠, ㉡, ㉢   ⑤ ㉡, ㉣

09 주택공급제도에 관한 설명으로 옳은 것은?

상**중**하
선분양과 후분양

① 소비자 측면에서 후분양제도는 선분양제도보다 공급자의 부실시공 및 품질저하에 대처할 수 있다.

② 후분양제도는 준공 전 분양대금의 유입으로 사업자의 초기자금부담을 완화할 수 있다.

③ 선분양제도는 주택을 일정 절차에 따라 건설한 후에 분양하는 방식이다.

④ 후분양제도는 분양권 전매를 통하여 가수요를 창출하여 부동산 시장의 불안을 야기할 수 있다.

⑤ 후분양제도는 초기 주택건설자금의 대부분을 주택구매자로부터 조달하므로 건설자금에 대한 이자의 일부를 주택구매자가 부담하게 된다.

10 부동산 시장이 과열국면일 경우, 정부가 시행할 수 있는 부동산 시장의 안정화 대책을 모두 고른 것은?

상중하
시장의
안정화 대책

> ㉠ 양도소득세율 인상
> ㉡ 분양가상한제 폐지
> ㉢ 아파트 전매제한기간 확대
> ㉣ 주택청약시 재당첨 제한 폐지
> ㉤ 담보인정비율(LTV) 및 총부채상환비율(DTI)의 축소

① ㉠, ㉡, ㉢　　　　　　　　　　② ㉠, ㉢, ㉤
③ ㉠, ㉣, ㉤　　　　　　　　　　④ ㉡, ㉢, ㉣
⑤ ㉡, ㉣, ㉤

Chapter 04 조세정책

부동산 조세에 관한 설명으로 틀린 것을 모두 고른 것은?

> ㉠ 양도소득세와 부가가치세는 국세에 속한다.
> ㉡ 취득세와 등록면허세는 지방세에 속한다.
> ㉢ 상속세와 재산세는 부동산의 취득단계에 부과한다.
> ㉣ 증여세와 종합부동산세는 부동산의 보유단계에 부과한다.

① ㉠
② ㉠, ㉡
③ ㉢, ㉣
④ ㉠, ㉢, ㉣
⑤ ㉡, ㉢, ㉣

해설 ③ 틀린 것은 ㉢, ㉣이다.
㉠ 양도세, 부가세: 국세
㉡ 취득, 등록면허세: 지방세
㉢ 상속세: 취득단계, 재산세: 보유단계
㉣ 증여세: 취득단계, 종부세: 보유단계

A 정답 ③

---

01 부동산 조세 유형 중 보유과세를 모두 고른 것은?

상중**하**
보유과세

> ㉠ 취득세
> ㉡ 상속세
> ㉢ 재산세
> ㉣ 종합부동산세
> ㉤ 양도소득세

① ㉠, ㉡
② ㉡, ㉢
③ ㉢, ㉣
④ ㉡, ㉢, ㉣
⑤ ㉢, ㉣, ㉤

02
부동산 조세

우리나라의 부동산 조세정책에 관한 설명으로 옳은 것은?

① 취득세 감면은 부동산 거래를 위축시키는 특징이 있다.

② 증여세는 국세로서 보유단계에 부과하는 조세이다.

③ 양도소득세의 중과는 부동산 보유자로 하여금 매각을 뒤로 미루게 하는 동결효과(lock-in effect)를 발생시킬 수 있다.

④ 종합부동산세는 지방세로서 보유단계에 보유하는 조세이다.

⑤ 재산세는 지방세로서 취득단계에 부과하는 조세이다.

03
부동산 조세

부동산 조세에 관한 설명으로 틀린 것은? (단, 다른 조건은 일정하다고 가정함)

① 조세의 중립성은 조세가 효율적 시장에서 이루어지고 있는 자원배분에 대하여 중립적이어야 한다는 것을 말한다.

② 재산세와 종합부동산세는 보유단계에 부과된다는 공통점이 있다.

③ 조세의 사실상 부담이 최종적으로 어떤 사람에게 귀속되는 것을 조세의 귀착이라 한다.

④ 양도소득세는 양도로 인해 발생하는 소득에 대해 부과되는 것으로 타인에게 전가될 수 있다.

⑤ 양도소득세를 중과하면 부동산의 보유기간이 짧아지는 현상이 발생할 수 있다.

04
부동산 조세

부동산 조세에 관한 설명으로 옳은 것은?

① 토지공급의 가격탄력성이 '0'인 경우, 부동산 조세 부과시 토지소유자가 전부 부담하게 된다.

② 임대주택에 재산세를 부과하면 임대주택의 공급이 증가하고 임대료는 하락할 것이다.

③ 주택의 취득세율을 낮추면, 주택의 수요가 감소한다.

④ 주택공급의 동결효과(lock-in effect)란 가격이 오른 주택의 소유자가 양도소득세를 납부하기 위해 주택의 처분을 적극적으로 추진함으로써 주택의 공급이 증가하는 효과를 말한다.

⑤ 소유자가 거주하는 주택에 재산세를 부과하면, 주택수요가 증가하고 주택가격은 상승하게 된다.

05 주택 구입에 대한 거래세 인상에 따른 경제적 후생의 변화로 옳은 것은? (단, 우상향하는 공급곡
선과 우하향하는 수요곡선을 가정하며, 다른 조건은 일정함)

거래세 인상효과

① 수요곡선이 공급곡선에 비해 더 탄력적이면 수요자에 비해 공급자의 부담이 더 작아진다.
② 공급곡선이 수요곡선에 비해 더 탄력적이면 공급자에 비해 수요자의 부담이 더 작아진다.
③ 수요자가 실질적으로 지불하는 금액이 상승하므로 소비자 잉여는 증가한다.
④ 공급자가 받는 가격이 하락하므로 생산자 잉여는 증가한다.
⑤ 거래세 인상에 의한 세수입 증가분은 정부에 귀속되므로 경제적 순손실이 발생할 수 있다.

06 임대주택에 대한 재산세 부과의 효과를 설명한 것으로 틀린 것은? (주어진 조건에 한함)

재산세 부과

① 임대주택의 공급곡선이 완전탄력적이라면, 재산세의 부담은 모두 임대인이 부담한다.
② 임대주택의 공급곡선이 완전비탄력적인 상황이라면 재산세 부과시 임차인에게 세금이
   전가되지 않는다.
③ 공급의 가격탄력성은 탄력적인 반면 수요의 가격탄력성은 비탄력적이라면, 임차인이 임
   대인보다 더 많은 세금을 실질적으로 부담한다.
④ 조세 전가가 이루어지면 임대주택의 임대료는 상승할 수 있다.
⑤ 임대주택에 재산세가 부과되면 부과된 세금은 장기적으로 임차인에게 전가될 수 있다.

07 부동산 조세에 관한 설명으로 옳은 것은? (단, 다른 조건은 일정하다고 가정함)

헨리조지

① 양도소득세가 중과되면 시장에서 부동산의 처분이 적극적으로 늘어나게 된다.
② 헨리 조지(Henry George)는 토지세를 제외한 다른 모든 조세를 없애고 정부의 재정은
   토지세만으로 충당하는 토지단일세를 주장하였다.
③ 토지의 공급은 비탄력적이기 때문에 토지에 대한 보유세는 자원배분 왜곡이 큰 비효율
   적인 세금이다.
④ 주택 수요곡선이 변하지 않는다면, 조세부과에 따른 경제적 순손실은 공급이 비탄력적일
   수록 크게 나타난다.
⑤ 부동산 조세는 부동산 자원을 공공부문에서만 활용할 수 있도록 제한하는 기능을 갖는다.

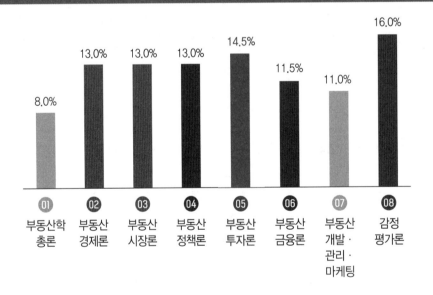

▌ 최근 5개년 출제경향 분석

부동산 투자와 위험, 투자분석기법 등 부동산 투자에 대한 전반적인 내용과 화폐의 시간가치계수, 현금흐름 등 계산문제로 인해 체감 난이도가 높은 파트이다. 그와 함께 출제 비중이 매우 높기 때문에 철저한 학습이 요구된다.

부동산 투자론

Chapter 01 부동산 투자이론

01 부동산 투자의 의의

대표유형

부동산 투자에 관한 설명으로 틀린 것은?

① 임대사업을 영위하는 법인은 건물에 대한 감가상각과 이자비용에 대한 세 공제 혜택을 누릴 수 있다.

② 부동산은 주식 등 금융상품에 비해서 유동성이 높은 특징이 있다.

③ 부동산 투자자는 저당권과 전세제도를 통해 레버리지 효과를 누릴 수 있다.

④ 부동산 가격이 물가상승률과 연동하여 상승한다면 투자자는 인플레이션 햇지(hedge)효과를 누릴 수 있다.

⑤ 부동산은 실물자산의 특성과 영속성 및 내구성으로 인해 가치 보존력이 높은 편이다.

해설 ② 부동산은 주식 등 금융상품에 비해서 유동성이 낮은 편이다. **A** 정답 ②

---

01 부동산 투자에서 지렛대효과에 관한 설명으로 틀린 것은?

지렛대효과

① 레버리지효과란 타인자본을 이용할 경우 부채비율의 증감이 자기자본수익률에 미치는 영향을 말한다.

② 부동산 소유권을 취득하는 지분투자자가 지렛대효과를 이용하면 투자의 위험을 낮출 수 있다.

③ 전세를 안고 아파트를 구입하는 것은 지렛대효과를 활용한 대표적인 사례이다.

④ 정(＋)의 레버리지효과는 저당수익률이 총자본수익률(종합수익률)보다 낮을 때 발생한다.

⑤ 종합수익률과 저당수익률(대출금리)이 동일한 경우, 차입비율의 변화는 자기자본수익률에 영향을 미치지 않는다.

02 부동산 투자와 관련된 설명으로 틀린 것은?

상중하
지렛대효과

① 자기자본수익률이 전체투자수익률보다 높을 때 정(＋)의 레버리지효과가 기대된다.

② 총자본수익률보다 저당수익률이 높다면 부(－)의 레버리지효과가 발생한 것이다.

③ 중립적 레버리지란 부채비율이 변해도 자기자본수익률은 변하지 않는 경우를 말한다.

④ 부동산(실물) 투자는 투자자를 구매력 하락 위험으로부터 보호하는 기능이 있다.

⑤ 정(＋)의 레버리지효과를 예상하고 투자했을 때 부채비율이 커질수록 경기변동이나 금리변동에 따른 투자위험이 감소한다.

03 수익형 부동산의 투자전략에 대한 설명으로 틀린 것은? (단, 세후기준이며, 다른 조건은 동일함)

상중하
지렛대효과

① 임대관리를 통해 공실률을 최소화 하는 것이 유리하다.

② 자본이득(capital gain) 증대를 위한 자산가치를 극대화 하는 것이 유리하다.

③ 세금이 감면되는 도관체(conduit)를 활용하여 절세효과를 도모할 수 있다.

④ 저당수익률이 총자본수익률보다 클 때는 부채비율을 높이는 방식의 자본구조 조정이 필요하다.

⑤ 효율적 시설관리를 통해 운영경비를 절감할 필요가 있다.

04 부동산 투자에 따른 1년간 자기자본수익률은? (단, 주어진 조건에 한함)

상중하
자기자본수익률

- 투자 부동산가격: 3억원
- 금융기관 대출: 2억원, 자기자본: 1억원
- 대출조건
  - 대출기간: 1년
  - 대출이자율: 연 6%
  - 대출기간 만료시 이자지급과 원금을 일시상환
- 1년간 순영업이익(NOI): 2천만원
- 1년간 부동산가격 상승률: 0%

① 8%   ② 9%   ③ 10%

④ 11%   ⑤ 12%

05 부동산 투자시 (㉠) 타인자본을 활용하지 않는 경우와 (㉡) 타인자본을 50% 활용하는 경우, 각각의 1년간 자기자본수익률은? (단, 주어진 조건에 한함)

⟨상⟩중하
자기자본수익률

- 기간 초 부동산가격 : 5억원
- 1년간 순영업소득(NOI) : 연 3천만원(기간 말 발생)
- 1년간 부동산가격 상승률 : 연 2%
- 1년 후 부동산을 처분함
- 대출조건 : 이자율 연 4%, 대출기간 1년, 원리금은 만기시 일시 상환함

① ㉠ : 6%, ㉡ : 6%   ② ㉠ : 6%, ㉡ : 8%

③ ㉠ : 8%, ㉡ : 10%   ④ ㉠ : 8%, ㉡ : 12%

⑤ ㉠ : 10%, ㉡ : 12%

06 투자자 甲은 차입자금을 활용하여 A부동산에 투자한다. A부동산의 투자수익률은 10%이며, 대출이자율은 6%이다. 현재 甲이 활용하고 있는 대부비율(loan-to-value ratio)은 50%이다. 만약 甲의 대부비율이 80%로 높아진다면, 甲의 자기자본수익률의 변화율은 얼마인가?

⟨상⟩중하
자기자본수익률

① 7% 상승   ② 7% 하락   ③ 12% 상승

④ 12% 하락   ⑤ 20% 상승

▌02 부동산 투자의 위험과 수익

┌ **대표유형** ┐

부동산 투자의 위험에 관한 설명으로 옳은 것을 모두 고른 것은? (단, 위험회피형 투자자라고 가정함)

㉠ 경기침체로 인해 부동산의 수익성이 악화되면서 야기되는 위험은 사업상 위험에 해당한다.
㉡ 금융기관은 인플레이션 위험을 낮추기 위해서 변동금리대출보다는 고정금리대출을 선호한다.
㉢ 부채비율의 증가에 따른 채무불이행의 위험을 유동성 위험이라고 한다.
㉣ 부채의 비율이 크면 지분수익률이 커질 수 있지만, 마찬가지로 부담해야 할 위험도 커진다.

① ㉠, ㉢   ② ㉡, ㉢   ③ ㉠, ㉣

④ ㉠, ㉡, ㉣   ⑤ ㉡, ㉢, ㉣

해설 ③ 옳게 설명된 문장은 ㉠, ㉣이다.
㉡ 금융기관은 인플레이션 위험을 낮추기 위해서 고정금리대출보다는 변동금리대출을 선호한다.
㉢ 부채비율의 증가에 따른 채무불이행의 위험을 금융적 위험이라고 한다.
ⓐ 정답 ③

01
상중하
투자위험

투자 위험에 관한 설명으로 틀린 것을 모두 고른 것은?

ㄱ 표준편차가 클수록 투자에 수반되는 위험은 작아진다.
ㄴ 위험회피형 투자자는 변이계수(변동계수)가 큰 투자안을 더 선호한다.
ㄷ 경기침체, 인플레이션 심화는 체계적 위험에 해당한다.
ㄹ 부동산 투자자가 대상 부동산을 원하는 시기와 가격에 현금화하지 못하는 경우는 유동성 위험에 해당한다.

① ㄱ, ㄴ   ② ㄱ, ㄷ   ③ ㄴ, ㄷ
④ ㄴ, ㄹ   ⑤ ㄷ, ㄹ

02
상중하
투자위험

부동산 투자의 위험과 관련하여 (   )에 들어갈 용어로 옳게 연결된 것은?

• 투자재원의 일부인 부채가 증가함에 따라 원금과 이자에 대한 채무불이행의 가능성이 높아지며, 금리 상승기에 추가적인 비용부담이 발생하는 경우는 (ㄱ)에 해당한다.
• (ㄴ) 위험은 시장위험, 운영위험, 위치적 위험 등을 포함한다.

① ㄱ 기술위험, ㄴ 구매력 하락   ② ㄱ 금융위험, ㄴ 사업상
③ ㄱ 시장위험, ㄴ 법률적   ④ ㄱ 법적위험, ㄴ 사업상
⑤ ㄱ 금융위험, ㄴ 구매력 하락

03
상중하
투자위험

부동산 투자의 위험에 관한 설명으로 틀린 것은?

① 부동산은 실물자산으로써 이러한 실물투자는 인플레이션 헷지(hedge) 수단이 된다.
② 부동산 사업 자체에서 발생되는 수익성에 관한 불확실성은 사업상 위험이다.
③ 외부환경의 변화로 부동산의 상대적 위치가 변화됨으로써 발생하는 불확실성은 위치적 위험이다.
④ 운영 위험(operating risk)이란 사무실의 관리, 근로자의 파업, 영업경비의 변동 등으로 인해 야기될 수 있는 수익성의 불확실성을 폭넓게 지칭하는 개념이다.
⑤ 투자금액을 모두 자기자본으로 조달할 경우에도 금융적 위험을 제거할 수 없다.

04

상중**하**
투자 수익과 위험

부동산 투자의 수익과 위험에 관한 설명으로 틀린 것은?

① 요구수익률이 기대수익률보다 클 경우 투자안이 채택된다.

② 개별 부동산의 특성으로 인한 비체계적 위험은 포트폴리오의 구성을 통해 감소될 수 있다.

③ 무위험률의 하락은 투자자의 요구수익률을 하락시키는 요인이다.

④ 투자자가 대상 부동산을 원하는 시기에 현금화하지 못할 가능성은 유동성위험에 해당한다.

⑤ 평균 − 분산 지배원리로 투자선택을 할 수 없을 때 변동계수(변이계수)를 활용하여 투자안의 우위를 판단할 수 있다.

05

상중**하**
투자수익률

부동산 투자수익률에 관한 설명으로 옳은 것은? (단, 위험회피형 투자자를 가정함)

① 기대수익률이 요구수익률보다 높을 경우 투자자는 투자가치가 없는 것으로 판단한다.

② 실현수익률은 다른 투자의 기회를 포기한다는 점에서 기회비용이라고도 한다.

③ 요구수익률은 투자가 이루어진 후 현실적으로 달성된 수익률을 말한다.

④ 요구수익률은 투자에 수반되는 위험이 클수록 커진다.

⑤ 기대수익률은 투자에 대한 위험이 주어졌을 때, 투자자가 투자부동산에 대하여 자금을 투자하기 위해 충족되어야 할 최소한의 수익률을 말한다.

06

상중**하**
투자수익률

부동산 투자에 관한 설명으로 옳은 것은? (단, 주어진 조건에 한함)

① 시중금리 상승은 부동산 투자자의 요구수익률을 하락시키는 요인이다.

② 요구수익률은 투자로 인해 기대되는 예상수입과 예상지출로부터 계산되는 수익률이다.

③ 정(＋)의 레버리지효과는 자기자본수익률이 총자본수익률(종합수익률)보다 낮을 때 발생한다.

④ 기대수익률은 투자에 대한 위험이 주어졌을 때, 투자자가 대상 부동산에 자금을 투자하기 위해 충족되어야 할 최소한의 수익률이다.

⑤ 부동산 투자자는 담보대출과 전세를 통해 레버리지를 활용할 수 있다.

07 부동산 투자의 수익률에 대한 설명으로 틀린 것은?

상**중**하
투자수익률

① 투자결정은 기대수익률과 요구수익률을 비교함으로써 이루어지는데 투자대안의 기대수익률이 투자자의 요구수익률보다 클 때, 투자는 이루어진다.

② 기대수익률이 객관적인 수익률이라면, 요구수익률은 주관적인 수익률이다.

③ 장래 기대되는 수익의 흐름이 주어졌을 때, 요구수익률이 클수록 부동산의 가치는 증가한다.

④ 투자자의 요구수익률은 체계적 위험(시장 위험)이 증대됨에 따라 상승한다.

⑤ 기대수익률이 요구수익률보다 높으면, 대상 부동산에 대하여 수요가 증가하여 기대수익률이 하락한다.

08 투자수익률에 관한 다음의 설명 중 틀린 것은?

상**중**하
투자수익률

① 요구수익률에는 시간에 대한 비용과 위험에 대한 비용이 모두 포함된다.

② 금리상승은 투자자의 요구수익률을 상승시키는 요인이다.

③ 투자자의 위험회피도에 따라 위험프리미엄(premium)은 각기 다르게 나타난다.

④ 부동산 투자위험이 증가할수록 위험할증률이 증가하여 전체적인 요구수익률이 상승한다.

⑤ 동일 투자자산이라도 개별투자자가 위험을 기피할수록 요구수익률은 낮아진다.

09 시장상황별 수익률의 예상치가 다음과 같은 경우 기대수익률은?

상중**하**
기대수익률

시장상황	수익률	확률
불 황	20%	40%
보 통	30%	40%
호 황	40%	20%

① 기대수익률 : 20% ② 기대수익률 : 25%
③ 기대수익률 : 28% ④ 기대수익률 : 30%
⑤ 기대수익률 : 35%

10
상중하
기대수익률

상가 경제상황별 예측된 확률이 다음과 같을 때, 상가의 기대수익률이 8%라고 한다. 정상적 경제상황의 경우 ( )에 들어갈 예상수익률은?

상가의 경제상황		경제상황별 예상수익률(%)	상가의 기대수익률(%)
상황별	확률(%)		
비관적	20	( )	8
정상적	40	8	
낙관적	40	10	

① 4   ② 6   ③ 8
④ 10   ⑤ 12

11
상중하
위험조정할인율법

부동산 투자의 위험분석에 관한 설명으로 틀린 것은?

① 부동산 투자에서 일반적으로 위험과 수익은 정비례관계에 있다.

② 위험조정할인율을 적용하는 방법으로 장래 기대되는 소득을 현재가치로 환산하는 경우, 위험한 투자일수록 낮은 할인율을 적용한다.

③ 보수적 예측방법은 기대수익률을 하향 조정함으로써, 미래에 발생할 수 있는 위험을 상당수 제거할 수 있다는 가정에 근거를 두고 있다.

④ 평균분산결정법은 기대수익률의 평균과 분산을 이용하여 투자대안을 선택하는 방법이다.

⑤ 민감도 분석은 투자효과를 분석하는 모형의 투입요소가 변화함에 따라, 그 결과치에 어떠한 영향을 주는가를 분석하는 기법이다.

12
상중하
위험관리방안

부동산 투자에 있어서 위험관리방안으로 틀린 것은?

① 위험을 회피하는 방법으로 투자의 부적격 자산을 투자안에서 제외시킨다.

② 사업위험 감소를 위해 투자자는 경제환경의 변화에 민감한 업종인 단일 임차인보다는 다양한 업종의 임차인으로 구성한다.

③ 투자에서 발생되는 위험의 일부를 보험회사 등에 전가하기 위해 보험에 가입한다.

④ 위험관리방법으로 요구수익률을 상향 조정하고, 민감도 분석, 평균분산분석 등을 실시한다.

⑤ 요구수익률을 결정하는 데 있어 감수해야 하는 위험의 정도에 따라 위험할증률을 차감한다.

13 부동산 투자의 위험관리방안으로 틀린 것은?

상중하
변동(변이)계수

① 포트폴리오는 불필요한 위험이 제거되도록 자산을 관리 또는 구성하는 방법이다.

② 투자 위험을 전혀 감수하지 않을 경우, 투자자가 얻을 수 있는 수익률은 무위험률밖에 없다.

③ 변동계수(변이계수)를 기준으로 투자안을 선택할 때, 위험을 낮추기 위해서는 가급적 변이계수가 큰 투자안을 선택하는 것이 좋다.

④ 감응도 분석은 투자수익률에 영향을 주는 요인과 투자수익률의 변화 관계를 통해 위험을 관리하는 방법이다.

⑤ 물가상승률만큼 임대료가 인상되도록 계약하는 방법을 위험의 전가라고 한다.

14 다음과 같은 투자안에서 부동산의 투자가치는? (단, 연간 기준이며, 주어진 조건에 한함)

상중하
투자가치

- 무위험률 : 3%
- 예상인플레이션율 : 2%
- 위험할증률 : 5%
- 예상순이익 : 4,500만원

① 4억원
② 4억 5천만원
③ 5억원
④ 5억 5천만원
⑤ 6억원

03 투자안의 선택 : 평균분산지배원리와 효율적 투자전선

대표유형

효율적 투자전선과 투자안의 선택과 관련된 설명으로 틀린 것은?

① 효율적 프론티어(efficient frontier)는 평균분산 기준에 의해 동일한 수익에서 최고의 위험을 나타내는 포트폴리오를 선택하여 연결한 선이다.

② 효율적 프론티어(효율적 전선)란 평균 – 분산 지배원리에 의해 동일 위험수준에서 최대의 기대수익률을 얻을 수 있는 포트폴리오의 집합을 의미한다.

③ 효율적 전선(efficient frontier)이 우상향하는 경우, 주어진 위험에서 투자자는 이 이상의 수익률을 얻을 수 없기 때문에, 더 높은 수익률을 얻기 위해서는 더 많은 위험을 감수해야 한다.

④ 효율적 투자전선과 투자자의 무차별곡선이 접하는 점에서 투자안이 결정된다.

⑤ 효율적 전선상의 투자안은 동일한 위험하에서 그 아래에 존재하는 모든 투자안들을 지배한다.

해설 ① 동일한 위험에서 최저의 수익을 나타내는 포트폴리오를 선택하여 연결한 선이다.　　**A** 정답 ①

01 다음 투자안별 기대수익의 평균값과 편차가 주어져 있다. 설명 중 틀린 것은?

참중하

평균 - 분산원리

투자안	A	B	C	D
평 균	10%	10%	16%	18%
편 차	2%	3%	4%	4%

① 투자안 A는 투자안 B를 지배하고, 투자안 D는 투자안 C를 지배한다.

② 투자안의 기대수익률이 실제수익률에 가장 가까울 가능성이 큰 것은 투자안 A이다.

③ 주어진 투자안으로 효율적 투자전선을 그린다면 투자안 B와 투자안 C는 효율적 전선상에 존재한다.

④ 하나의 투자안을 선택해야 한다면, 투자안 A와 투자안 D의 평균값과 편차값에 근거하여 투자자의 위험회피 정도에 따라 최적 투자안 선택이 달라질 수 있다.

⑤ 변이계수를 통하여 본다면 투자안 A가 투자안 D보다 안전한 투자안이 된다.

02 기대수익률 - 위험 평면에서 투자자산들을 보여주고 있는 다음 그림과 관련된 설명 중 틀린 것은? (단, 투자자산은 A, B, C, D, E만 존재하며, 투자자는 위험회피형으로 기대수익률과 위험을 기준으로 투자의사결정을 한다고 가정한다)

상중하

효율적 투자전선

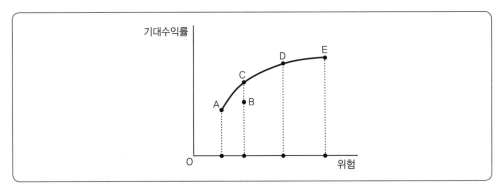

① 투자안 B는 효율적 투자대안의 집합에 포함되지 못한다.

② E를 선택하는 투자자보다 A를 선택하는 투자자가 더 보수적인 투자자다.

③ 투자안 'A + C'의 포트폴리오보다 'A + C + E'를 조합한 포트폴리오의 경우 체계적 위험을 줄이는 데 더 효과적이다.

④ 투자안 A, C, D, E는 상호 지배관계가 성립되지 않는다.

⑤ 투자안 A, C, D, E를 연결한 곡선을 효율적 프론티어(Frontier)라고 한다.

04 포트폴리오 이론

대표유형

포트폴리오 이론에 관한 설명으로 틀린 것은? (단, 다른 조건은 동일함)

① 최적 포트폴리오의 선정은 투자자의 위험에 대한 태도에 따라 달라질 수 있다.
② 포트폴리오의 기대수익률은 개별자산의 기대수익률을 가중평균하여 구한다.
③ 동일한 자산들로 포트폴리오를 구성하여도 개별자산의 투자비중에 따라 포트폴리오의 기대수익률과 분산은 다를 수 있다.
④ 무차별곡선은 투자자에게 동일한 효용을 주는 수익과 위험의 조합을 나타낸 곡선이다.
⑤ 개별자산의 기대수익률 간 상관계수가 "+1"인 두 개의 자산으로 포트폴리오를 구성할 때 포트폴리오의 위험감소효과가 최대로 나타난다.

▶해설 ⑤ 상관계수가 "−1"인 두 개의 자산으로 포트폴리오를 구성할 때 포트폴리오의 위험감소효과가 최대로 나타난다.
ⓐ 정답 ⑤

01
상중하
포트폴리오 이론

포트폴리오 이론에 관한 설명으로 틀린 것은?

① 분산투자효과는 포트폴리오를 구성하는 투자자산 종목의 수를 늘릴수록 비체계적 위험이 감소되어 포트폴리오 전체의 위험이 감소되는 것이다.
② 효율적 프런티어(효율적 전선)의 우상향에 대한 의미는 투자자가 높은 수익률을 얻기 위해 많은 위험을 감수하는 것이다.
③ 효율적 프런티어(효율적 전선)란 평균 − 분산 지배원리에 의해 모든 위험수준에서 최대의 기대수익률을 얻을 수 있는 포트폴리오의 집합을 말한다.
④ 포트폴리오 전략에서 구성자산 간에 수익률이 유사한 방향으로 움직일 경우 위험감소의 효과가 크다.
⑤ 포트폴리오 이론은 투자시 여러 종목에 분산투자함으로써 위험을 분산시켜 안정된 수익을 얻으려는 자산투자이론이다.

02 포트폴리오 이론에 따른 부동산 투자의 포트폴리오 분석에 관한 설명으로 옳은 것은?

상중**하**
효율적 프런티어

① 인플레이션, 경기변동 등의 체계적 위험은 분산투자를 통해 제거가 가능하다.
② 효율적 프론티어(efficient frontier)와 투자자의 무차별곡선이 접하는 지점에서 최적 포트폴리오가 결정된다.
③ 2개의 투자자산의 수익률이 서로 같은 방향으로 움직일 경우, 상관계수는 양(＋)의 값을 가지므로 위험분산효과가 커진다.
④ 투자자산 간의 상관계수가 1보다 작을 때, 포트폴리오 구성을 통한 위험절감효과가 나타나지 않는다.
⑤ 포트폴리오에 편입되는 투자자산 수를 늘림으로써 체계적 위험을 줄여나갈 수 있으며, 그 결과로 총위험은 줄어들게 된다.

03 부동산 투자 및 포트폴리오 이론에 관한 설명으로 옳은 것은? (단, 위험회피형 투자자를 가정함)

상중**하**
상관계수

① 포트폴리오 분산투자를 통해 체계적 위험뿐만 아니라 비체계적 위험도 감소시킬 수 있다.
② 두 자산으로 포트폴리오를 구성할 경우, 포트폴리오에 포함된 개별자산의 수익률 간 상관계수에 상관없이 분산투자효과가 있다.
③ 포트폴리오를 통해 제거 가능한 체계적인 위험은 부동산의 개별성에 기인한다.
④ 위험과 수익은 상충관계에 있으므로 효율적 투자전선(frontier)은 우하향하는 곡선이다.
⑤ 포트폴리오 구성자산의 수익률 간 상관계수(ρ)가 '－1'인 경우는 상관계수(ρ)가 '1'인 경우에 비해서 위험 회피효과가 더 크다.

04 부동산 투자 및 포트폴리오 이론에 관한 설명으로 틀린 것은? (단, 위험회피형 투자자를 가정함)

상중**하**
포트폴리오 이론

① 포트폴리오 구성자산들의 수익률 분포가 완전한 음의 상관관계(－1)에 있을 경우, 자산 구성비율을 조정하면 체계적 위험을 0까지 줄일 수 있다.
② 포트폴리오를 구성하는 자산의 수가 많을수록 불필요한 위험은 통계학적으로 제거된다.
③ 비체계적 위험은 개별적인 부동산의 특성으로 야기되며 분산투자 등으로 회피할 수 있다.
④ 포트폴리오 구성자산들의 수익률 분포가 완전한 양의 상관관계(＋1)에 있을 경우, 자산 구성비율을 조정하더라도 비체계적 위험을 제거할 수 없다.
⑤ 상관계수가 작을수록 포트폴리오 구성을 통한 위험분산 효과가 커지게 된다.

05
상**중**하
펀드의
기대수익률

3,000억원의 부동산 펀드가 빌딩 A, B, C로 구성되어 있다고 가정할 때, 이 펀드의 기대수익률은 몇 %인가?

구 분	빌딩 A	빌딩 B	빌딩 C
매입가격	1,200억원	600억원	1,200억원
기대수익률	연 6%	연 10%	연 12%
위험(수익률의 표준편차)	4%	7%	10%

① 7.6%　　　　　② 8%　　　　　③ 8.4%
④ 8.8%　　　　　⑤ 9.2%

06
상**중**하
포트폴리오
기대수익률

자산비중 및 경제상황별 예상수익률이 다음과 같을 때, 전체 구성자산의 기대수익률은? (단, 확률은 호황 40%, 불황 60%임)

구 분	자산비중	경제상황별 예상수익률	
		호 황	불 황
상 가	20%	20%	15%
오피스텔	30%	8%	12%
아파트	50%	15%	8%

① 11.2%　　　　　② 11.92%　　　　　③ 12.5%
④ 13.14%　　　　　⑤ 13.56%

07
상**중**하
포트폴리오
기대수익률

다음과 같은 조건에서 부동산 포트폴리오의 기대수익률은? (단, 포트폴리오의 비중은 A부동산 50%, B부동산 50%임)

경제상황	각 경제상황이 발생할 확률	각 경제상황에 따른 예상수익률	
		A부동산	B부동산
불 황	40%	8%	5%
호 황	60%	10%	20%

① 8.2%　　　　　② 9.8%　　　　　③ 11.6%
④ 12.4%　　　　　⑤ 14.2%

Chapter 02 부동산 투자분석 및 기법

01 화폐의 시간가치

대표유형

화폐의 시간가치에 관한 설명으로 틀린 것을 모두 고른 것은? (단, 다른 조건은 동일함)

㉠ 은행으로부터 주택구입자금을 대출한 가구가 매월 상환할 금액을 산정하는 경우 감채기금계수를 사용한다.
㉡ 연금의 현재가치계수와 저당상수는 역수관계이다.
㉢ 연금의 미래가치란 매 기간마다 일정금액을 불입해 나갈 때, 미래의 일정시점에서의 원금과 이자의 총액을 말한다.
㉣ 일시불의 현재가치계수는 할인율이 상승할수록 작아진다.

① ㉠
② ㉡, ㉢
③ ㉠, ㉡, ㉣
④ ㉡, ㉢, ㉣
⑤ ㉠, ㉡, ㉢, ㉣

해설 ① 틀린 것은 ㉠이다.
㉠ 은행으로부터 주택구입자금을 대출한 가구가 매월 상환할 금액을 산정하는 경우 저당상수를 활용한다.
㉣ 일시불의 현가계수는 미래의 1원을 현재가치로 환산시키는 공식으로서 $1원 \times \dfrac{1}{(1+r)^n}$로 구성된다. 즉 할인율인 r% 값이 커지면 일시불의 현가계수는 작아지게 된다. **Ⓐ 정답** ①

01
상중하
화폐의 시간가치

화폐의 시간가치 계산에 관한 설명으로 옳은 것은?

① 주택마련을 위해 은행으로부터 원리금균등분할상환방식으로 주택구입자금을 대출한 가구가 매월 상환할 금액을 산정하는 경우 감채기금계수를 사용한다.
② 현재 10억원인 주택이 매년 5%씩 가격이 상승한다고 가정할 때, 연금의 미래가치계수를 사용하여 10년 후의 주택가격을 산정할 수 있다.
③ 정년퇴직자가 매월 연금형태로 받는 퇴직금을 일정기간 적립한 후에 달성되는 금액을 산정할 경우 일시불의 미래가치계수를 사용한다.
④ 10년 후에 1억원이 될 것으로 예상되는 토지의 현재가치를 계산할 경우 일시불의 현재가치계수를 사용한다.
⑤ 연금의 미래가치계수는 저당상수의 역수이다.

02
상**중**하
화폐의 시간가치

다음 설명된 내용과 화폐의 시간가치계수가 옳게 연결된 것은?

① 이자율을 5%로 볼 경우 현재의 10억원의 5년 후의 가치를 구할 때 − 연금의 내가계수를 활용

② 10년 후에 10억원이 소요될 것으로 예정되는 건물의 건축비용을 마련하기 위해 이자율 5%로 매기의 적금액을 산정할 때 − 저당상수를 활용

③ 현재 구입가격 10억원의 토지가 매년 10%씩 가격이 상승한다고 가정할 경우 3년 후 토지의 가치를 산정할 때 − 일시불의 내가계수를 활용

④ 10년간 매년 말 1,000만원씩 발생할 것으로 예상되는 부동산 임대료를 이자율 3%를 적용해 적립할 경우 10년 후 목돈을 구할 때 − 일시불의 내가계수를 활용

⑤ 10년간 매년 말 1원씩 발생할 것으로 예상되는 부동산의 수입을 할인율 4%를 적용해 현재의 가치로 환산할 때 − 연금의 내가계수를 활용

03
상**중**하
화폐의 시간가치

화폐의 시간가치와 관련한 설명으로 틀린 것은?

① 잔금비율과 상환비율의 합은 '1'이 된다.

② 연금의 현재가치계수와 저당상수는 역수관계에 있다.

③ 원금균등상환방식으로 주택저당대출을 받은 경우 저당대출의 매기간 원리금상환액은 저당상수를 이용하여 계산한다.

④ 원금에 대한 이자뿐만 아니라 이자에 대한 이자도 함께 계산하는 것은 복리방식이다.

⑤ 현재 5억원인 주택가격이 매년 전년대비 5%씩 상승한다고 가정할 때, 5년 후의 주택가격은 일시불의 미래가치계수를 사용하여 계산할 수 있다.

04
상**중**하
화폐의 시간가치

화폐의 시간가치 계산에 관한 설명으로 옳은 것은?

① 현재 10억원인 아파트가 매년 2%씩 가격이 상승한다고 가정할 때, 5년 후 아파트 가격을 산정하는 경우 일시불의 현재가치계수를 사용한다.

② 원리금균등상환방식으로 담보대출을 받은 가구가 매월 상환할 금액을 산정하는 경우, 연금의 미래가치계수의 역수를 활용한다.

③ 연금의 현재가치계수에 감채기금계수를 곱하면 일시불의 현재가치계수이다.

④ 임대기간 동안 월임대료를 모두 적립할 경우, 이 금액의 현재시점가치를 산정한다면 연금의 미래가치계수를 활용한다.

⑤ 나대지에 투자하여 5년 후 8억원에 매각하고 싶은 투자자는 현재 이 나대지의 구입금액을 산정하는 경우, 일시불의 미래가치계수를 활용한다.

05 화폐의 시간가치에 관한 설명으로 옳은 것은?

상중하
화폐의 시간가치

① 연금의 미래가치계수를 계산하는 공식에서는 이자 계산방법으로 단리방식을 채택한다.
② 원리금균등상환방식으로 주택저당대출을 받은 경우, 미상환저당잔금을 산정할 때는 원리금에 연금의 현재가치계수(남은 기간)를 적용한다.
③ 5년 후 주택구입에 필요한 자금 3억원을 모으기 위해 매월 말 불입해야 하는 적금액을 계산하려면, 3억원에 저당상수를 곱하여 구한다.
④ 매월 말 50만원씩 5년간 들어올 것으로 예상되는 임대료 수입의 현재가치를 계산하려면, 연금의 미래가치계수를 활용할 수 있다.
⑤ 상환비율은 잔금비율에 1을 더하면 된다.

06 화폐의 시간가치계수에 대한 다음의 설명 중 옳은 것은?

상중하
화폐의 시간가치

① 일정기간 후에 1원을 만들기 위해서 매 기간마다 적립해야 할 액수를 나타내는 자본환원계수는 연금의 현가계수이다.
② 일시불의 미래가치계수는 할인율이 r%일 때 n년 후의 1원이 현재시점에서는 얼마만한 가치가 있는가를 나타낸 것이다.
③ 현재가치계수로는 일시불의 현가계수, 연금의 현가계수, 감채기금계수가 있다.
④ 저당상수는 미래에 사용할 금액을 적립하기 위한 매월의 적립금을 계산하는 데 사용한다.
⑤ 퇴직금의 일시불 정산액을 산정할 때는 연금의 현재가치계수를 활용한다.

07 A는 매월 말에 50만원씩 5년 동안 적립하는 적금에 가입하였다. 이 적금의 명목금리는 연 3%이며, 월복리 조건이다. 이 적금의 미래가치를 계산하기 위한 식으로 옳은 것은? (단, 주어진 조건에 한함)

상중하
화폐의 시간가치

① $500{,}000 \times \left\{ \dfrac{(1+0.03)^5 - 1}{0.03} \right\}$

② $500{,}000 \times \left\{ \dfrac{\left(1+\dfrac{0.03}{12}\right)^{60} - 1}{\dfrac{0.03}{12}} \right\}$

③ $500{,}000 \times \left(1+\dfrac{0.03}{12}\right)^{60}$

④ $500{,}000 \times \left\{ \dfrac{0.03}{1-(1+0.03)^{-5}} \right\}$

⑤ $500{,}000 \times \left\{ \dfrac{\dfrac{0.03}{12}}{1-\left(1+\dfrac{0.03}{12}\right)^{-60}} \right\}$

08

상중**하**

화폐의 시간가치

4년 후 1억원의 현재가치는? (단, 주어진 조건에 한함)

> • 할인율 : 연 5%(복리계산)
> • 최종 현재가치 금액은 십만원 자리 반올림함

① 6,100만원
② 6,600만원
③ 7,100만원
④ 7,600만원
⑤ 8,200만원

09

상중**하**

화폐의 시간가치

투자자 갑은 부동산 구입자금을 마련하기 위하여 3년 동안 매년 연말 5,000만원씩을 불입하는 정기적금에 가입하였다. 이 적금의 이자율이 복리로 연 3%라면 3년 후 이 적금의 미래가치는? (단, 십만 단위 이하는 절사함)

① 1억 5,400만원
② 1억 5,800만원
③ 1억 6,000만원
④ 1억 6,200만원
⑤ 1억 6,500만원

10

상중**하**

화폐의 시간가치

A는 부동산 자금을 마련하기 위하여 2024년 1월 1일 현재, 3년 동안 매년 연말 5,000원씩을 불입하는 투자 상품에 가입했다. 투자 상품의 이자율이 연 10%라면, 이 상품의 현재가치는? (단, 십원 단위 이하는 절사함)

① 10,800원
② 11,200원
③ 12,400원
④ 13,500원
⑤ 13,800원

11

상중**하**

화폐의 시간가치

A씨는 원리금균등분할상환조건으로 1억원을 대출받았다. 은행의 대출조건이 다음과 같을 때, 대출 후 5년이 지난 시점에 남아있는 대출잔액은? (단, 만원 단위 미만은 절사하며, 주어진 조건에 한함)

> • 대출금리 : 고정금리, 연 5%
> • 총대출기간과 상환주기 : 30년, 월말 분할상환
> • 월별 원리금지급액 : 54만원
> • 기간이 30년인 저당상수 : 0.0054
> • 기간이 25년인 연금의 현가계수 : 171.06

① 8,333만원
② 8,500만원
③ 8,750만원
④ 9,237만원
⑤ 9,310만원

12 다음 내용 중 틀리게 설명된 것은?

상중하
잔금비율

① 저당대부액 중 미상환된 원금을 잔금이라고 한다.

② 미상환저당잔금액은 연금의 현가계수를 사용하여 산정한다.

③ 상환조견표를 통해 저당대출에 대한 원금상환분과 이자지급분이 시간에 따라 어떻게 달라지는지 볼 수 있다.

④ 잔금비율은 1에서 상환비율을 차감한 값이다.

⑤ 잔금비율은 저당대출액에 대한 상환된 원리금의 비율을 의미한다.

02 현금흐름의 측정방법

대표유형

부동산 투자의 현금흐름 추정에 관한 설명으로 틀린 것은?

① 부동산 투자에 대한 대가는 보유시 대상 부동산의 운영으로부터 나오는 소득이득과 처분시의 자본이득의 형태로 나타난다.

② 영업경비는 부동산 운영과 직접 관련 있는 경비로, 광고비, 전기세, 수선비, 소득세가 이에 해당된다.

③ 순영업소득은 유효총소득에서 영업경비를 차감한 소득을 말한다.

④ 세전지분복귀액은 자산의 순매각금액에서 미상환 저당잔액을 차감하여 지분투자자의 몫으로 되돌아오는 금액을 말한다.

⑤ 세전현금흐름은 지분투자자에게 귀속되는 세전소득을 말하는 것으로, 순영업소득에서 부채서비스액(원리금상환액)을 차감한 소득이다.

▶**해설** ② 소득세는 영업경비에 포함되지 않는다.　　　　　　　　　　　　　　　　🅐 정답 ②

01 수익성 부동산의 장래 현금흐름에 관한 설명으로 틀린 것은?

상중하
현금흐름

① 투자에 따른 현금흐름은 영업현금흐름과 매각현금흐름으로 나누어 예상할 수 있다.

② 유효총소득은 잠재(가능)총소득에서 공실 및 불량부채에 대한 손실을 가산하고 기타 수입을 차감하여 산정한다.

③ 세전현금흐름은 순영업소득에서 부채서비스액(debt service)을 차감하여 계산한다.

④ 영업소득세를 계산하기 위해서는 건물의 감가상각비를 알아야 한다.

⑤ 영업경비에는 임대주택에 대한 재산세가 포함된다.

02 부동산 운영수지분석에 관한 설명으로 틀린 것은?

상중**하**
현금흐름

① 가능총소득은 단위면적당 추정 임대료에 임대면적을 곱하여 구한 소득이다.

② 유효총소득은 가능총소득에서 공실손실상당액과 불량부채액(충당금)을 차감하고, 기타 수입을 더하여 구한 소득이다.

③ 임대주택에 대한 감가상각비와 소득세는 영업경비로 처리하는 것이 원칙이다.

④ 세전현금흐름은 순영업소득에서 부채서비스액을 차감한 소득이다.

⑤ 세후현금흐름은 세전현금흐름에서 영업소득세를 차감한 소득이다.

03 투자의 현금흐름분석에 관한 설명으로 틀린 것은?

상중**하**
현금흐름

① 순영업소득은 세전현금흐름과 동일할 수 있다.

② 순영업소득과 세전현금흐름의 차이는 부채서비스액이다.

③ 과세대상소득이 적자가 아니고 투자자가 과세대상이라면 세전현금흐름은 세후현금흐름보다 크다.

④ 매각시점에 미상환 대출잔액이 있다면 순매도액은 세전지분복귀액보다 크다.

⑤ 순영업소득에서 융자액에 대한 부채서비스액을 합산하면 세전현금흐름이 된다.

04 부동산 투자분석의 현금흐름 계산에서 (가) 세전현금흐름과 (나) 세전지분복귀액을 산정하는 데

상중**하**
현금흐름계산

각각 필요한 항목을 모두 고른 것은? (단, 투자금의 일부를 타인자본으로 활용하는 경우를 가정함)

㉠ 기타소득	㉤ 매도경비
㉢ 부채서비스액	㉣ 미상환저당잔금
㉥ 재산세	㉦ 양도소득세

① 가: ㉢   나: ㉣

② 가: ㉠, ㉥   나: ㉤, ㉣

③ 가: ㉠, ㉥   나: ㉤, ㉦

④ 가: ㉠, ㉢, ㉥   나: ㉤, ㉣

⑤ 가: ㉠, ㉢, ㉥   나: ㉤, ㉣, ㉦

05 대상 부동산의 순영업소득(NOI)은? (주어진 조건에 한함)

순영업소득

- 건축연면적 : 1,800m²
- 유효임대면적 비율 : 80%(건축연면적 대비)
- 평균공실률 : 10%
- 연 평균임대료 : 5,000원/m²
- 영업경비비율 : 40%(유효총소득 기준)
- 연간 부채상환액 : 500원/m²(유효임대면적 기준)

① 320만원   ② 324만원

③ 332만원   ④ 340만원

⑤ 388만 8,000원

06 다음은 투자 예정 부동산의 향후 1년 동안 예상되는 현금흐름이다. 연간 세후현금흐름은?

현금흐름계산

- 단위 면적당 월 임대료 : 20,000원/m²
- 공실손실상당액 : 임대료의 10%
- 부채서비스액 : 연 600만원
- 임대면적 : 100m²
- 영업경비 : 유효총소득의 30%
- 영업소득세 : 세전현금흐름의 20%

① 4,320,000원   ② 6,384,000원

③ 7,296,000원   ④ 9,120,000원

⑤ 12,120,000원

07 어느 회사의 1년 동안의 운영수지이다. 세후현금흐름은?

현금흐름계산

- 가능총소득 : 4,800만원
- 영업소득세율 : 연 20%
- 이자비용 : 700만원
- 감가상각비 : 300만원
- 공실 : 가능총소득의 5%
- 원금 상환액 : 300만원
- 영업경비 : 240만원

① 2,496만원   ② 2,656만원

③ 2,696만원   ④ 2,856만원

⑤ 2,896만원

03 부동산 투자분석기법

대표유형

부동산 투자분석에 관한 설명으로 틀린 것은?

① 내부수익률은 수익성지수를 1로, 순현재가치를 0으로 만드는 할인율이다.

② 회계적 이익률법은 현금흐름의 시간적 가치를 고려하지 않는다.

③ 내부수익률법에서는 내부수익률과 요구수익률을 비교하여 투자 여부를 결정한다.

④ 순현재가치법, 어림셈법은 할인현금흐름분석법에 해당한다.

⑤ 담보인정비율(LTV)은 부동산 가치에 대한 융자액의 비율이다.

해설 ④ 순현가법(NPV)은 할인현금흐름분석법에 해당하나, 어림셈법은 비할인법에 해당한다. **A** 정답 ④

01

상중**하**
할인기법

다음 부동산 투자 타당성 분석방법 중 할인기법에 해당하는 것은?

> ㉠ 순현가(net present value)법
> ㉡ 회수기간(payback period)법
> ㉢ 내부수익률(internal rate of return)법
> ㉣ 수익성지수(profitability index)법
> ㉤ 회계적 수익률(accounting rate of return)법

① ㉠, ㉢, ㉤

② ㉡, ㉢, ㉣

③ ㉠, ㉢, ㉣

④ ㉠, ㉡, ㉣

⑤ ㉡, ㉤

02

상중**하**
투자분석기법

부동산 투자분석기법에 관한 설명으로 옳은 것은?

① 내부수익률이란 투자로부터 기대되는 현금유입의 미래가치와 현금유출의 현재가치를 같게 하는 할인율이다.

② 내부수익률은 연평균순이익을 연평균투자액으로 나눈 비율이며, 화폐의 시간가치를 고려하지 않는다.

③ 이론적으로 순현가가 0보다 작으면 투자 타당성이 있다고 할 수 있다.

④ 투자금액이 동일하고 순현재가치가 모두 0보다 큰 2개의 투자안을 비교·선택할 경우, 부의 극대화 원칙에 따르면 순현재가치가 작은 투자안을 채택한다.

⑤ 투자안의 경제성 분석에서 민감도 분석을 통해 투입요소의 변화가 그 투자안의 순현재가치에 미치는 영향을 분석할 수 있다.

03 투자 타당성분석에 관한 설명을 옳은 것은?

상중하
투자분석기법

① 내부수익률은 수익성지수를 '1'보다 크게 하는 할인율이다.

② 수익성지수는 사업기간 중의 현금수입 합계의 현재가치를 순현금 투자지출 합계의 현재 가치로 나눈 상대지수이다.

③ 순현가는 현금유입의 현재가치와 현금유출의 현재가치를 합산한 값이다.

④ 회수기간은 투자시점에서 발생한 비용을 회수하는 데 걸리는 시간을 말하며, 회수기간법 에서는 투자안 중에서 회수기간이 가장 장기인 투자안을 선택한다.

⑤ 순현가법과 내부수익률법에서는 투자판단기준을 위한 할인율로써 요구수익률을 사용한다.

04 할인현금흐름분석법에 관한 설명으로 틀린 것은?

상중하
할인현금흐름분석법

① 현금흐름의 추계에서는 부동산 운영으로 인한 영업소득뿐만 아니라 처분시의 지분복귀 액도 포함된다.

② 장래 예상되는 현금유입과 유출을 현재가치로 할인하여 분석하는 방법이다.

③ 장래 현금흐름의 예측은 대상 부동산의 과거 및 현재자료와 비교부동산의 시장자료를 토대로 여러 가지 미래예측기법을 사용해서 이루어진다.

④ 순현가법, 수익성지수법, 내부수익률 등은 현금흐름을 할인하여 투자분석을 하는 방법이다.

⑤ 할인현금흐름분석법은 사업기간 전체의 현금흐름을 모두 고려하지 못한다는 단점이 있다.

05 부동산 투자의 할인현금흐름기법(DCF)과 관련된 설명으로 틀린 것은?

상중하
할인현금흐름기법

① 내부수익률(IRR)은 투자로부터 발생하는 현재와 미래 현금흐름의 순현재가치를 0으로 만드는 할인율을 말한다.

② 순현재가치(NPV)는 투자자의 내부수익률로 할인한 현금유입의 현가에서 현금유출의 현가를 뺀 값이다.

③ 할인현금흐름기법이란 부동산 투자로부터 발생하는 현금흐름을 일정한 할인율로 할인 하는 투자의사결정기법이다.

④ 수익성지수(PI)는 투자로 인해 발생하는 현금유입의 현가를 현금유출의 현가로 나눈 비 율이다.

⑤ 감응도 분석은 모형의 투입요소가 변화함에 따라, 그 결과치인 순현재가치와 내부수익률 이 어떻게 변화하는지를 분석하는 것이다.

06 부동산 투자분석기법에 관한 설명으로 옳은 것은?

상중하
부동산
투자분석기법

① 부동산 투자분석기법 중 화폐의 시간가치를 고려한 방법에는 순현재가치법, 내부수익률법, 평균회계이익률법이 있다.

② 내부수익률이란 순현가를 1.0으로 만드는 할인율이다.

③ 어림셈법 중 순소득승수법의 경우 승수값이 클수록 자본회수기간이 짧아진다는 의미이다.

④ 순현가법에서는 재투자율로 요구수익률을 사용하고, 내부수익률법에서는 내부수익률을 사용한다.

⑤ 내부수익률법에서는 내부수익률이 요구수익률보다 작은 경우 해당 투자안이 선택된다.

07 부동산 투자에 관한 설명으로 틀린 것은? (단, 다른 조건은 동일함)

상중하
부동산
투자분석기법

① 투자자는 부동산의 자산가치와 운영수익의 극대화를 위해 효과적인 자산관리 운영전략을 수립할 필요가 있다.

② 동일한 현금흐름의 투자안이라도 투자자의 요구수익률에 따라 순현재가치(NPV)가 달라질 수 있다.

③ 투자규모에 차이가 있는 상호 배타적인 투자안의 경우 순현재가치법과 수익성지수법을 통한 의사결정이 달라질 수 있다.

④ 순현재가치법은 가치가산원리가 적용되나 내부수익률법은 적용되지 않는다.

⑤ 재투자율의 가정에 있어 순현재가치법보다 내부수익률법이 더 합리적이다.

08 부동산 투자분석기법에 관한 설명으로 틀린 것은?

상중하
투자분석기법

① 할인현금수지(discounted cash flow)법은 부동산 투자기간 동안의 모든 현금흐름을 반영한다.

② 회계적 이익률법은 화폐의 시간가치를 고려하지 않는다.

③ 순현재가치(NPV)가 '1'인 단일 투자안의 경우, 수익성지수(PI)는 '0'이 된다.

④ 투자안의 경제성 분석에서 민감도 분석을 통해 투입요소의 변화가 그 투자안의 순현재가치에 미치는 영향을 분석할 수 있다.

⑤ 투자금액이 동일하고 순현재가치가 모두 '0'보다 큰 2개의 투자안을 비교·선택할 경우, 부의 극대화 원칙에 따르면 순현재가치가 큰 투자안을 채택한다.

09
상중하
투자분석기법

부동산 투자 의사결정방법에 관한 설명으로 옳은 것은?

① 수익성지수는 투자된 현금유출의 현재가치를 이 투자로부터 발생되는 현금유입의 현재가치로 나눈 것이다.

② 회계적 이익률법에서는 상호 배타적인 투자안일 경우에 목표이익률보다 큰 투자안 중에서 회계적 이익률이 가장 작은 투자안을 선택한다.

③ 순현가법은 화폐의 시간가치를 고려한 방법으로 순현가가 '0'보다 작으면 그 투자안을 채택한다.

④ 내부수익률은 투자안의 순현가를 '0'보다 크게 만드는 할인율을 의미한다.

⑤ 회수기간법은 화폐의 시간적 가치를 고려하지 않고, 회수기간이 더 짧은 투자안을 선택하는 투자결정법이다.

10
상중하
투자분석기법

부동산 투자분석기법에 관한 설명으로 틀린 것은? (단, 다른 조건은 동일함)

① 동일한 현금흐름의 투자안이라도 투자자의 요구수익률에 따라 순현재가치(NPV)가 달라질 수 있다.

② 투자규모에 차이가 있는 상호 배타적인 투자안의 경우 순현재가치법과 수익성지수법을 통한 의사결정이 달라질 수 있다.

③ 순현재가치법은 가치가산원리가 적용되지 않으나 내부수익률법은 적용된다.

④ 재투자율의 가정에 있어 내부수익률법보다 순현가법이 더 합리적이다.

⑤ 회수기간법은 회수기간 이후의 현금흐름을 고려하지 않는다는 단점이 있다.

11
상중하
순현가와 내부수익률

다음과 같은 현금흐름을 갖는 투자안 A의 순현가와 내부수익률은? [단, 할인율은 연 20%, 사업기간은 1년이며, 사업 초기(1월 1일)에 현금지출만 발생하고 사업 말기(12월 31일)에 현금유입만 발생함]

투자안	초기 현금지출	말기 현금유입
A	4,000원	6,000원

	NPV	IRR		NPV	IRR
①	1,000원	25%	②	1,000원	50%
③	1,000원	30%	④	2,000원	25%
⑤	2,000원	50%			

12 다음 표와 같은 투자사업들이 있다. 이 사업들은 모두 사업기간이 1년이며, 사업 초기(1월 1일)에
상중하 현금지출만 발생하고 사업 말기(12월 31일)에 현금유입만 발생한다고 한다. 할인율이 연 7%라고
투자분석기법 할 때 다음 중 틀린 것은?

사 업	초기 현금지출	말기 현금유입
A	3,000만원	7,490만원
B	1,000만원	2,675만원
C	1,500만원	3,210만원
D	1,500만원	4,815만원

① B와 C의 순현재가치(NPV)는 같다.
② 수익성지수(PI)가 가장 큰 사업은 D이다.
③ 순현재가치(NPV)가 가장 큰 사업은 A이다.
④ 수익성지수(PI)가 가장 작은 사업은 C이다.
⑤ C의 순현가는 D의 순현가의 2배이다.

13 향후 2년간 현금흐름을 이용한 다음 사업의 수익성지수(PI)는? (단, 연간 기준이며, 주어진 조건
상중하 에 한함)
수익성지수

> • 모든 현금의 유입과 유출은 매년 말에만 발생
> • 현금유입은 1년차 2,000만원, 2년차 2,800만원
> • 현금유출은 현금유입의 80%
> • 1년 후 일시불의 현가계수 0.95
> • 2년 후 일시불의 현가계수 0.90

① 1.15 ② 1.20 ③ 1.25
④ 1.30 ⑤ 1.35

14
상중하
순현재가치

다음은 투자부동산의 매입, 운영 및 매각에 따른 현금흐름이다. 이에 기초한 순현재가치는? (단, 0년차 현금흐름은 초기투자액, 1년차부터 7년차까지 현금흐름은 현금유입과 유출을 감안한 순현금흐름이며, 기간이 7년인 연금의 현가계수는 3.50, 7년 일시불의 현가계수는 0.60이고, 주어진 조건에 한함) (단위 : 만원)

기간(년)	0	1	2	3	4	5	6	7
현금흐름	− 1,100	200	200	200	200	200	200	1,700

① 400만원 ② 420만원
③ 440만원 ④ 460만원
⑤ 500만원

15
상중하
어림셈법

어림셈법인 승수법과 수익률법에 관한 설명으로 틀린 것은?
① 총소득승수(GIM)는 총투자액을 총소득으로 나눈 값이다.
② 세전현금흐름승수는 지분투자액을 세전현금흐름으로 나눈 값이다.
③ 순소득승수(NIM)는 지분투자액을 순영업소득으로 나눈 값이다.
④ 세후수익률은 지분투자액에 대한 세후현금흐름의 비율이다.
⑤ 종합자본환원율(overall capitalization rate)은 총투자액에 대한 순영업소득의 비율이다.

16
상중하
재무비율과 승수

부동산 투자와 관련한 재무비율과 승수를 설명한 것으로 틀린 것은?
① 동일한 투자안의 경우, 일반적으로 순소득승수가 총소득승수보다 크다.
② 어림셈법 중 순소득승수법의 경우 승수값이 작을수록 자본회수기간이 길어진다.
③ 부채감당률(DCR)이 1보다 크면, 투자로부터 발생하는 순영업소득이 부채서비스액을 감당할 수 있다고 판단된다.
④ 담보인정비율(LTV)을 통해서 투자자가 재무레버리지를 얼마나 활용하고 있는지를 평가할 수 있다.
⑤ 총부채상환비율(DTI)이 높을수록 채무불이행에 대한 위험도 높아진다.

17 부채감당률(debt coverage ratio)에 관한 설명으로 옳은 것은?

상중하
부채감당률

① 부채감당률이란 순영업소득에 대한 부채서비스액의 비율을 의미한다.

② 부채서비스액은 매월 또는 매년 지불하는 이자지급액을 제외한 원금상환액을 말한다.

③ 부채감당률이 1.5, 대부비율이 60%, 연간 저당상수가 0.1이라면 자본환원율은 10%이다.

④ 부채감당률이 1보다 크다는 것은 순영업소득이 부채서비스액을 감당하기에 부족하다는 것이다.

⑤ 대출기관이 채무불이행 위험을 낮추기 위해서는 해당 대출조건의 부채감당률을 높이는 것이 유리하다.

18 부동산 투자분석기법 중 비율분석법에 관한 설명으로 옳은 것은?

상중하
비율분석법

① 채무불이행률은 순영업소득이 영업경비와 부채서비스액을 감당할 수 있는지를 측정하는 비율이며, 채무불이행률을 손익분기율이라고도 한다.

② 대부비율(LTV)은 부동산 가치에 대한 잔금액의 비율을 의미하며, 대부비율을 저당비율이라고도 한다.

③ 부채비율은 지분에 대한 부채의 비율이며, 대부비율이 50%일 경우에는 부채비율이 50%가 된다.

④ 종합자본환원율은 투자된 총투자액에 대한 총소득의 비율이며, 총소득으로 가능총소득 또는 유효총소득이 사용된다.

⑤ 회계적 이익률은 연평균투자액을 연평균순이익으로 나눈 비율이다.

19 재무비율분석법에 관한 설명으로 틀린 것은?

상중하
비율분석법

① 대부비율이 높아질수록 투자의 재무레버리지 효과가 커질 수 있다.

② 아파트 구입에 필요한 총액은 400,000,000원이고, 은행에서 100,000,000원을 대출받았을 경우 대부비율(LTV)은 25%이다.

③ 대부비율(LTV)이 80%라면 부채비율은 20%이다.

④ 종합자본환원율(overall capitalization rate)이 20%이면 순소득승수(NIM)는 5이다.

⑤ 부채비율은 부채총계를 자본총계로 나눈 비율이다.

20
상중하
부채감당률

甲은 시장가치 6억원의 부동산을 인수하고자 한다. 해당 부동산의 부채감당률(DCR)은? (단, 모든 현금유출입은 연말에만 발생하며, 주어진 조건에 한함)

- 담보인정비율(LTV) : 시장가치의 50%
- 연간 저당상수 : 0.12
- 가능총소득(PGI) : 1억원
- 공실손실상당액 및 대손충당금 : 가능총소득의 10%
- 영업경비비율 : 유효총소득의 40%

① 1.08　　　　　② 1.20　　　　　③ 1.50
④ 1.67　　　　　⑤ 1.80

21
상중하
부채비율

부동산회사의 부채비율에 관한 내용이다. ( )에 들어갈 내용 중 옳은 것은?

구 분	A회사	B회사
자본총계	160,000원	200,000원
부채총계	40,000원	200,000원
자산총계	(㉠)	(㉢)
부채비율	(㉡)	(㉣)

① ㉠ : 200,000원, ㉡ : 25%, ㉢ : 400,000원, ㉣ : 100%
② ㉠ : 200,000원, ㉡ : 10%, ㉢ : 400,000원, ㉣ : 100%
③ ㉠ : 200,000원, ㉡ : 10%, ㉢ : 400,000원, ㉣ : 75%
④ ㉠ : 160,000원, ㉡ : 25%, ㉢ : 200,000원, ㉣ : 75%
⑤ ㉠ : 160,000원, ㉡ : 10%, ㉢ : 200,000원, ㉣ : 100%

22
상중하
단순회수기간법

다음 부동산 투자안에 관한 단순회수기간법의 회수기간은? (단, 주어진 조건에 한함)

기 간	1기	2기	3기	4기	5기
초기투자액 8,000만원(유출)					
순현금흐름	3,000만원	2,000만원	2,000만원	2,000만원	1,000만원

※ 기간은 연간 기준이며, 회수기간은 월단위로 계산함
※ 초기투자액은 최초시점에 전액 투입하고, 이후 각 기간 내 현금흐름은 매월말 균등하게 발생

① 2년 6개월　　　　　② 3년　　　　　③ 3년 6개월
④ 4년　　　　　⑤ 4년 6개월

23 다음 현금흐름 관련 표에서 계산한 비율로 옳은 것은? [다만, 저당대출은 원리금균등분할상환 조건이며, 잠재(가능)총소득과 유효총소득의 차이는 공실로 인한 것임] (단위: 천원)

상중하
비율분석법

- 부동산 가치 1,000,000
- 대출비율 60%
- 잠재총소득 200,000
- 유효총소득 180,000
- 순영업소득 100,000
- 세전현금흐름 50,000

---

① 저당환원율(저당상수) = 8%
② 지분환원율(지분배당률) = 12%
③ 공실률 = 5%
④ 영업경비비율 = 40%
⑤ 자본환원율(종합환원율) = 10%

24 다음 자료를 활용하여 산정한 대상 부동산의 순소득승수는?

상중하
순소득승수

- 총투자액: 5,000만원
- 지분투자액: 3,000만원
- 가능총소득(PGI): 550만원/년
- 유효총소득(EGI): 500만원/년
- 영업비용(OE): 250만원/년
- 부채서비스액(DS): 130만원/년
- 영업소득세: 20만원/년

---

① 6   ② 9   ③ 10
④ 12   ⑤ 20

25

세후현금흐름승수

다음 자료는 A부동산의 1년간 운영수지이다. A부동산의 세후현금흐름승수는? (단, 주어진 조건에 한함)

- 총투자액: 50,000만원
- 지분투자액: 36,000만원
- 가능총소득(PGI): 5,000만원
- 공실률: 10%
- 운영경비: 500만원
- 원리금상환액: 600만원
- 영업소득세: 400만원

---

① 8   ② 10

③ 12   ④ 15

⑤ 20

26

비율분석법

다음 자료를 활용하여 산정한 순소득승수, 채무불이행률, 세후현금흐름승수를 순서대로 나열한 것은? (단, 주어진 조건에 한함)

- 총투자액: 10억원
- 지분투자액: 4억원
- 유효총소득승수: 5
- 영업경비비율(유효총소득 기준): 40%
- 부채서비스액: 5천만원/년
- 영업소득세: 1천만원/년

---

① 8.333, 65%, 6.666   ② 8.333, 65%, 6.888

③ 9.0, 68%, 6.666   ④ 9.333, 68%, 6.888

⑤ 10.333, 68%, 6.888

27

상중하

비율분석법

비율분석법을 이용하여 산출한 것으로 옳은 것은? (단, 주어진 조건에 한하며, 연간 기준임)

- 주택담보대출액 : 1억원
- 주택담보대출의 연간 원리금상환액 : 1,000만원
- 부동산가치 : 2억원
- 차입자의 연소득 : 2,000만원
- 가능총소득 : 6,000만원
- 공실손실상당액 및 대손충당금 : 가능총소득의 20%
- 영업경비 : 가능총소득의 50%

① 담보인정비율(LTV) = 0.6
② 부채감당률(DCR) = 1.5
③ 총부채상환비율(DTI) = 0.4
④ 채무불이행률(DR) = 0.7444
⑤ 영업경비비율(OER, 유효총소득 기준) = 62.5%

28

상중하

비율분석법

甲은 아래 조건으로 부동산에 10억원을 투자하였다. 이에 관한 투자분석의 산출값으로 틀린 것은? (단, 주어진 조건에 한함)

- 순영업소득(NOI) : 2억원/년
- 원리금상환액 : 2,000만원/년
- 유효총소득승수 : 4
- 지분투자액 : 8억원

① 유효총소득은 3억원   ② 부채비율은 25%
③ 지분환원율은 22.5%   ④ 순소득승수는 5
⑤ 종합환원율은 20%

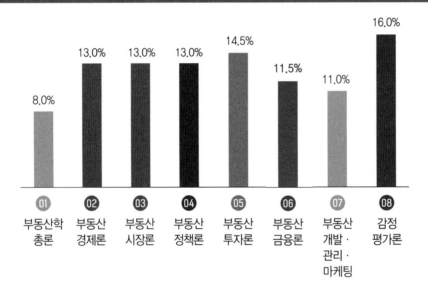

▌최근 5개년 출제경향 분석

부동산 금융, 증권의 유형, 투자회사법 등의 출제 빈도가 높은 내용과 대출상환방식, 대출가능금액 등의 계산문제로 체감 난이도가 높은 부분이다. 평소 접해보지 못했던 내용들로 이해 중심의 학습이 필요하다.

PART
06

부동산 금융론

01 부동산 금융일반

대표유형

주택금융에 관한 설명으로 틀린 것은? (단, 다른 조건은 동일함)

① 정부는 주택소비금융의 축소와 금리인상, 대출규제의 강화로 주택가격의 급격한 상승에 대처한다.

② 주택소비금융은 주택구입능력을 제고시켜 자가주택 소유를 촉진시킬 수 있다.

③ 주택자금대출의 확대는 주택거래를 활성화시킬 수 있다.

④ 주택금융은 주택과 같은 거주용 부동산을 매입 또는 임대하는 데 필요한 자금조달을 위한 금융상품을 포괄한다.

⑤ 주택도시기금은 국민주택규모를 초과하는 주택의 구입 및 건설에 출자 또는 융자할 수 있다.

해설 ⑤ 주택도시기금은 국민주택규모에 해당하는 주택만 지원한다(전용면적 85m² 이하). **A** 정답 ⑤

01

상중하

지분금융

부동산 금융의 자금조달방식 중 지분금융(equity financing)에 해당하는 것은 모두 몇 개인가?

ㄱ 부동산투자회사(REITs)
ㄴ 자산담보부기업어음(ABCP)
ㄷ 공모(public offering)에 의한 증자
ㄹ 프로젝트금융
ㅁ 주택상환사채

① 1개 ② 2개 ③ 3개
④ 4개 ⑤ 5개

02 다음 보기에는 지분금융, 메자닌금융(Mezzanine financing), 부채금융이 있다. 이 중 부채금융 (equity financing)을 모두 고른 것은?

상중하
부채금융

> ㉠ 저당금융   ㉡ 신탁증서금융
> ㉢ 부동산 신디케이트(syndicate)   ㉣ 자산유동화증권(ABS)
> ㉤ 신주인수권부사채

① ㉢   ② ㉡, ㉤
③ ㉠, ㉡, ㉣   ④ ㉠, ㉢, ㉤
⑤ ㉠, ㉣, ㉤

03 메자닌금융(mezzanine financing)에 해당하는 것을 모두 고른 것은?

상중하
메자닌금융

> ㉠ 후순위대출   ㉡ 전환사채
> ㉢ 주택상환사채   ㉣ 신주인수권부사채
> ㉤ 부동산 신디케이트(syndicate)

① ㉠, ㉡, ㉢   ② ㉠, ㉡, ㉣
③ ㉠, ㉢, ㉢   ④ ㉡, ㉢, ㉤
⑤ ㉡, ㉣, ㉤

04 부동산 금융에 관한 설명으로 틀린 것은?

상중하
부동산 금융

① 주택도시기금은 국민주택채권, 청약저축 등으로 자금을 조성하여 국민주택 및 임대주택 건설을 위한 주택사업자와 주택을 구입 또는 임차하고자 하는 개인수요자에게 자금을 지원하고자 한다.

② 주택을 구입하거나 개량하기 위해 필요한 자금을 주택 수요자에게 제공하는 금융을 주택소비금융이라고 한다.

③ 주택담보대출은 주택을 담보로 주택구입에 필요한 자금을 조달하는 제도이다.

④ 주택금융시장 중 금융기관이 수취한 예금 등으로 주택담보대출을 제공하는 시장을 주택자금 대출시장이라 하며, 투자자로부터 자금을 조달하여 주택자금을 대출기관에 공급해주는 시장을 주택자금 공급시장이라고 한다.

⑤ 자금을 필요로 하는 주택수요자와 자금을 공급하는 금융기관 등으로 구성된 저당시장은 2차 저당시장이다.

05

상중**하**
주택금융

주택금융과 관련된 다음의 설명 중 틀린 것은?

① 전세는 비공식적인 주택금융수단이라고 할 수 있다.

② 주택금융은 주택소요를 주택의 유효수요로 전환시켜 주는 역할을 한다.

③ 일반적으로 융자기간이 길고 융자비율이 낮을수록 금융기관의 대출 위험도는 높다.

④ 주택 선분양은 비공식적인 주택금융의 일종이다.

⑤ 주택금융은 주택자금조성, 자가주택 공급확대, 주거안정 등의 기능이 있다.

06

상중**하**
부동산 금융

부동산 금융에 관한 설명으로 틀린 것은?

① 한국주택금융공사는 주택저당채권을 기초로 하여 주택저당증권을 발행하고 있다.

② 시장이자율이 대출약정이자율보다 높아지면 차입자는 기존대출금을 조기상환하는 것이 유리하다.

③ 자금조달방법 중 부동산 신디케이트는 지분금융에 해당한다.

④ 부동산 금융은 부동산을 운용대상으로 하여 필요한 자금을 조달하는 일련의 과정이라 할 수 있다.

⑤ 프로젝트금융은 비소구 또는 제한적 소구 금융의 특징을 가지고 있다.

07

상중**하**
주택금융

주택금융에 관한 설명으로 틀린 것을 모두 고른 것은?

⊙ 주택금융은 주택 수요자에게 자금을 융자해 줌으로써 주택구매력을 높여준다.
ⓒ 주택소비금융은 주택을 구입하려는 사람이 신용을 담보로 제공하고, 자금을 제공받는 형태의 금융을 말한다.
ⓒ 주택개발금융은 서민에게 주택을 담보로 하고 자금을 융자해주는 실수요자 금융이다.
ⓔ 주택자금융자는 주로 장기융자 형태이므로, 대출기관의 유동성 제약이 발생할 우려가 있어 주택저당채권의 유동화 필요성이 있다.

① ⊙, ⓒ   ② ⊙, ⓒ
③ ⊙, ⓔ   ④ ⓒ, ⓒ
⑤ ⓒ, ⓔ

02 주택담보대출 규제비율

> **대표유형**
>
> **주택담보대출에 관한 설명으로 틀린 것은?**
>
> ① 담보인정비율(LTV)은 주택담보대출 취급시 담보가치에 대한 대출취급가능금액의 비율을 말한다.
> ② 총부채상환비율(DTI)은 차주의 상환능력을 중심으로 대출규모를 결정하는 기준이다.
> ③ 담보인정비율이나 총부채상환비율에 대한 구체적인 기준은 금융통화위원회의 결정에 따른다.
> ④ 총부채원리금상환비율(DSR)은 차주의 총 금융부채 상환부담을 판단하기 위하여 산정하는 차주의 연간 소득 대비 연간 금융부채 원리금 상환액 비율을 말한다.
> ⑤ 정부는 위축된 주택금융시장을 활성화하기 위하여 LTV(담보인정비율) 및 DSR(총부채원리금상환비율)의 비율을 하향조정한다.
>
> **해설** ⑤ 위축된 금융시장의 활성화(규제 완화)를 위해서는 LTV나 DSR을 상향조정한다. **Ⓐ** 정답 ⑤

01
상**중**하
추가대출액

A는 연소득이 7,000만원이고 시장가치가 5억원인 주택을 소유하고 있다. 현재 A가 이 주택을 담보로 5,000만원을 대출받고 있을 때, 추가로 대출 가능한 최대금액은?

> • 연간 저당상수 : 0.1
> • 대출승인조건
>   - 담보인정비율(LTV) : 시장가격기준 60% 이하
>   - 총부채상환비율(DTI) : 40% 이하
> ※ 두 가지 대출승인기준을 모두 충족하여야 함

① 5,000만원   ② 1억 7,500만원
③ 2억원   ④ 2억 3,000만원
⑤ 2억 8,000만원

02 담보인정비율(LTV)과 차주상환능력(DTI)이 상향조정되었다. 이 경우 A가 기존 주택담보대출금

상중하
추가대출액 액을 고려한 상태에서 추가로 대출가능한 최대금액은?

> • 담보인정비율(LTV) : 50% ⇨ 60%로 상향
> • 차주상환능력(DTI) : 40% ⇨ 50%로 상향
> • A소유 주택의 담보평가가격 : 3억원
> • A소유 주택의 기존 주택담보대출금액 : 1억원
> • A의 연간소득 : 3천만원
> • 연간 저당상수 : 0.1

① 2천만원   ② 3천만원

③ 4천만원   ④ 5천만원

⑤ 6천만원

03 시장가격이 7억원이고 순영업소득이 연 2억원인 상가를 보유하고 있는 A가 추가적으로 받을 수

상중하
추가대출액 있는 최대 대출가능금액은?

> • 연간 저당상수 : 0.2
> • 대출승인조건(모두 충족하여야 함)
>   − 담보인정비율(LTV) : 시장가격기준 50% 이하
>   − 부채감당률(DCR) : 2 이상
> • 상가의 기존 저당대출금 : 1억원

① 1억원   ② 1억 5천만원

③ 2억원   ④ 2억 5천만원

⑤ 3억원

04 대출기관에서 부동산의 담보평가시 자산가치와 현금흐름을 기준으로 최대 담보대출가능금액을
산정하는 경우, 다음 조건이 명시된 대상 부동산의 최대 담보대출가능금액은 각각 얼마인가?

상중하
대출가능액

- 대상 부동산의 자산가치: 10억원
- 순영업소득: 1억 4,000만원
- 대부비율: 60%
- 저당상수: 0.1
- 부채감당률: 1.4

	자산가치 기준	현금흐름 기준
①	1억원	8억원
②	3억원	9억원
③	6억원	10억원
④	6억원	11억원
⑤	6억원	12억원

03 대출금리 및 저당의 상환

대표유형

대출 상환방식에 관한 설명으로 틀린 것은? (다른 조건은 동일하다고 가정함)

① 원리금균등상환방식의 경우, 매기 상환하는 원금이 점차 증가한다.

② 원금균등상환방식의 경우, 매기 상환하는 원리금이 감소한다.

③ 원금균등상환방식이 원리금균등상환방식보다 중도상환시 대출잔금이 더 큰 편이다.

④ 점증(체증)상환방식이 장래 소득이 늘어날 것으로 예상되는 차입자에게 적합하다.

⑤ 만기일시상환방식의 경우, 원금균등상환방식에 비해 대출 금융기관의 이자수입이 늘어난다.

해설 ③ 원금균등상환방식이 중도상환시 상대적으로 원리금균등상환방식보다 대출잔금이 더 작은 편이다.

ⓐ 정답 ③

01 대출금리 중 변동금리에 대한 설명으로 틀린 것은?

변동금리
상중하

① 은행은 이자율 변화와 예상치 못한 인플레이션 변화에 대응하기 위해 고정금리보다 변동금리 대출을 더 선호하는 편이다.

② 변동금리는 기준금리에 가산금리를 결합한 구조이다.

③ 기준금리는 대출금리를 변동시키기 위해 선택된 지표이다.

④ 우리나라 변동금리상품은 양도성예금증서(CD) 유통수익률과 자본조달비용지수(코픽스, COFIX)를 기준금리로 활용하고 있다.

⑤ 변동금리의 기준금리는 대출기간, 차입자의 신용도 및 담보 유무 등에 따라 달라진다.

02 대출금리와 관련된 다음의 설명 중 옳은 것은? (단, 다른 조건은 일정하다고 가정함)

상중하
대출금리

① 변동금리대출 이자율의 조정주기가 짧을수록 이자율 변동의 위험은 차입자에서 대출자로 더욱 많이 전가된다.

② COFIX가 상승하면 COFIX를 기준금리로 하는 변동금리 주택담보대출의 금리는 하락한다.

③ 고정금리대출을 실행한 대출기관은 금리상승시 차입자의 조기상환으로 인한 위험이 커진다.

④ 고정금리 주택담보대출의 이자율은 기준금리에 가산금리를 합하여 결정된다.

⑤ 고정금리저당에서 시장이자율이 저당이자율보다 낮아질 경우 대출자들은 조기상환위험에 직면할 수 있다.

03 고정금리대출과 변동금리대출에 대한 다음의 설명 중 틀린 것은? (단, 다른 조건은 일정하다고 가정함)

상중하
대출금리

① 고정금리대출에서 시장이자율이 약정이자율보다 높아지면 차입자에게 조기상환할 유인(誘因)이 생긴다.

② 변동금리에서의 가산금리는 차입자의 신용도나 취업상태 등의 영향을 받는다.

③ 고정금리대출에서 대출자는 조기상환위험에 대비하기 위해서 대출계약시 조기상환수수료를 약정하기도 한다.

④ 대출자 입장에서 고정금리로 대출하였을 경우 금리가 상승하였을 때 발생하는 수익률 하락 위험을 인플레이션 위험이라고 한다.

⑤ 대출자들은 대부손실(loan loss)을 상쇄하기 위하여 채무불이행이 높은 차입자에게 더 높은 이자율을 부과한다.

04

상중하
저당의 상환

고정금리 대출방식인 원금균등분할상환과 원리금균등분할상환에 관한 설명으로 틀린 것은? (단, 대출금액, 대출금리 등 다른 조건은 동일하다)

① 대출기간 초기에는 원금균등분할상환방식의 원리금이 원리금균등분할상환방식의 원리금보다 많다.
② 대출금을 중도상환시 차입자가 상환해야 하는 저당잔금은 원리금균등분할상환방식이 원금균등분할상환방식보다 많다.
③ 대출기간 초기의 원금상환분은 원리금균등분할상환방식이 원금균등상환방식보다 많다.
④ 원리금균등분할상환방식은 원금균등분할상환방식에 비해 상환기간 전체의 누적이자액이 보다 많은 방식이다.
⑤ 대출기간 초기의 저당지불액은 원금균등분할상환방식이 원리금균등분할상환방식보다 많다.

05

상중하
대출상환방식

다음 (㉠)과 (㉡)에 해당되는 주택저당대출의 상환방식은?

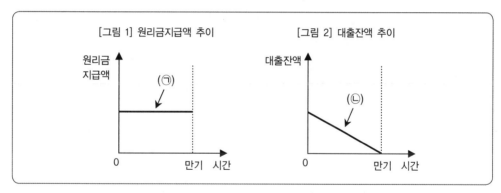

	㉠	㉡
①	원리금균등분할상환방식	원금균등분할상환방식
②	원금균등분할상환방식	원리금균등분할상환방식
③	원리금균등분할상환방식	점증상환방식
④	점증상환방식	원금균등분할상환방식
⑤	원금균등분할상환방식	점증상환방식

06
상중**하**
대출상환방식

대출상환방식에 관한 설명으로 틀린 것을 모두 고른 것은? (단, 대출금액과 기타 대출조건은 동일함)

> ㉠ 상환 첫 회의 원리금상환액은 원리금균등상환방식이 원금균등상환방식보다 크다.
> ㉡ 체증(점증)상환방식의 경우, 미래소득이 감소될 것으로 예상되는 은퇴예정자에게 적합하다.
> ㉢ 원금균등상환방식의 경우, 매기에 상환하는 원리금이 점차적으로 감소한다.
> ㉣ 원리금균등상환방식의 경우, 매기에 상환하는 원금액이 점차적으로 늘어난다.

① ㉠, ㉡   ② ㉠, ㉢
③ ㉠, ㉣   ④ ㉡, ㉣
⑤ ㉢, ㉣

07
상**중**하
대출상환방식

주택저당대출방식에 관한 설명으로 틀린 것은?

① 원금균등분할상환방식은 대출기간 동안 매기 원금을 균등하게 분할 상환하고 이자는 점차적으로 감소하는 방식이다.
② 원리금균등분할상환방식의 원리금은 대출금에 저당상수를 곱하여 산출한다.
③ 원리금균등분할상환방식은 원금이 상환됨에 따라 매기 이자액의 비중은 점차적으로 늘고 매기 원금상환액 비중은 점차적으로 감소한다.
④ 체증분할상환방식은 원리금상환액 부담을 초기에는 적게 하는 대신 시간이 경과할수록 원리금상환액 부담을 늘려가는 상환방식이다.
⑤ 만기일시상환방식은 만기 이전에는 이자만 상환하다가 만기에 일시로 원금을 상환하는 방식이다.

08
상**중**하
저당상환방법

저당상환방법에 관한 설명 중 틀린 것을 모두 고른 것은? (단, 대출금액과 기타 대출조건은 동일함)

> ㉠ 원금균등상환방식의 경우, 매기간에 상환하는 원리금상환액과 대출잔액이 점차적으로 감소한다.
> ㉡ 원리금균등상환방식의 경우, 매기간에 상환하는 원금상환액이 점차적으로 증가한다.
> ㉢ 원금균등분할상환방식은 대출채권의 가중평균상환기간(duration)이 원리금균등분할상환방식보다 긴 편이다.
> ㉣ 대출기간 만기까지 대출기관의 총이자수입 크기는 '원금균등상환방식 > 원리금균등상환방식 > 점증(체증)상환방식' 순이다.

① ㉠, ㉡   ② ㉠, ㉢   ③ ㉠, ㉣
④ ㉡, ㉣   ⑤ ㉢, ㉣

09 대출상환방식에 관한 설명으로 틀린 것은? (단, 대출금액과 기타 대출조건은 동일함)

상중하
대출상환방식

① 원리금균등상환방식은 매기 이자상환액이 감소하는 만큼 원금상환액이 증가한다.
② 원금균등상환방식은 원리금균등상환방식에 비해 전체 대출기간 만료시 누적 원리금상환액이 더 작다.
③ 대출실행시점에서 총부채상환비율(DTI)은 체증(점증)상환방식이 원금균등상환방식보다 작은 편이다.
④ 대출금을 조기상환하는 경우 원리금균등상환방식에 비해 원금균등상환방식의 상환액이 더 작다.
⑤ 체증(점증)상환방식은 대출잔액이 지속적으로 감소하므로 원금균등상환 및 원리금균등상환방식에 비해 이자부담이 작은 편이다.

10 대출조건이 동일할 경우 대출상환방식별 대출채권의 가중평균상환기간(duration)이 긴 기간에서 짧은 기간의 순서로 옳은 것은?

상중하
가중평균상환기간

㉠ 원금균등분할상환	㉡ 원리금균등분할상환	㉢ 만기일시상환

① ㉠ ⇨ ㉡ ⇨ ㉢   ② ㉠ ⇨ ㉢ ⇨ ㉡
③ ㉡ ⇨ ㉠ ⇨ ㉢   ④ ㉡ ⇨ ㉢ ⇨ ㉠
⑤ ㉢ ⇨ ㉡ ⇨ ㉠

11 주택 구입을 위해 은행으로부터 5억원을 대출받았다. 대출조건이 다음과 같을 때, 2회차에 상환해야 할 원리금은? (단, 주어진 조건에 한함)

상중하
대출상환액계산

- 대출금리 : 고정금리, 연 5%
- 대출기간 : 20년
- 원리금상환조건 : 원금균등상환방식으로 연 단위로 매기 말 상환

① 4,800만원   ② 4,850만원
③ 4,875만원   ④ 4,950만원
⑤ 5,000만원

12
상중하
대출상환액계산

A는 주택 구입을 위해 연초에 6억원을 대출받았다. A가 받은 대출 조건이 다음과 같을 때, (㉠) 대출금리와 3회차에 상환할 (㉡) 원리금은? (단, 주어진 조건에 한함)

- 대출금리 : 고정금리
- 대출기간 : 30년
- 1회차 원리금 상환액 : 4,400만원
- 원리금상환조건 : 원금균등상환방식, 매년 말 연단위 상환

① ㉠ 연 4%, ㉡ 4,240만원   ② ㉠ 연 4%, ㉡ 4,320만원

③ ㉠ 연 5%, ㉡ 4,240만원   ④ ㉠ 연 5%, ㉡ 4,320만원

⑤ ㉠ 연 6%, ㉡ 4,160만원

13
상중하
대출상환액계산

A씨는 주택을 구입하기 위해 은행으로부터 2억원을 대출받았다. 은행의 대출조건이 다음과 같을 때, 6회차에 상환할 원리금상환액과 11회차에 납부하는 이자납부액을 순서대로 나열한 것은? (단, 주어진 조건에 한함)

㉠ 대출금리 : 고정금리, 연 5%
㉡ 대출기간 : 20년
㉢ 원리금상환조건 : 원금균등상환이고, 연단위 매 기말 상환

① 1,750만원, 500만원   ② 1,700만원, 500만원

③ 1,750만원, 550만원   ④ 1,700만원, 550만원

⑤ 1,850만원, 500만원

14
상중하
대출상환액계산

A씨는 8억원의 아파트를 구입하기 위해 은행으로부터 2억원을 대출받았다. 은행의 대출조건이 다음과 같을 때, A씨가 2회차에 상환할 원금과 3회차에 납부할 이자액을 순서대로 나열한 것은? (단, 주어진 조건에 한함)

- 대출금리 : 고정금리, 연 6%
- 대출기간 : 20년
- 저당상수 : 0.087
- 원리금상환조건 : 원리금균등상환방식, 연 단위 매기간 말 상환

① 5,724,000원, 11,332,560원   ② 5,724,000원, 11,676,000원

③ 5,724,000원, 11,833,560원   ④ 6,067,440원, 11,332,560원

⑤ 6,067,440원, 11,676,000원

15

상<s>중</s>하
주택연금

주택금융과 관련된 설명으로 틀린 것은?

① 주택연금은 수령기간이 경과할수록 대출잔금이 증가한다.

② 주택연금은 주택소유자가 주택에 저당권을 설정하고 연금방식으로 노후생활자금을 대출받는 제도이다.

③ 담보주택의 대상으로 업무시설인 오피스텔도 포함된다.

④ 주택소유자(또는 배우자)가 생존하는 동안 노후생활자금을 매월 지급받는 방식으로 연금을 받을 수 있다.

⑤ 주택담보노후연금을 받을 권리는 양도하거나 압류할 수 없다.

16

상<s>중</s>하
주택연금

주택연금(주택담보노후연금) 관련 법령상 주택연금의 보증기관은?

① 한국부동산원   ② 신용보증기금

③ 주택도시보증공사   ④ 한국토지주택공사

⑤ 한국주택금융공사

PART

06

Chapter 02

자산의 유동화 및 저당유동화 증권

---

01 **자산유동화에 관한 법령상 부동산 프로젝트 파이낸싱(PF)의 유동화에 관한 설명으로 옳은 것은?**

상중하
PF의 유동화

제30회

① 프로젝트 파이낸싱의 유동화는 자산유동화에 관한 법령에 의해서만 가능하다.

② 유동화자산의 양도방식은 매매 또는 교환에 의한다.

③ 유동화전문회사는 상법상 주식회사로 한다.

④ 자산담보부 기업어음(ABCP)은 금융위원회에 등록한 유동화계획의 기재내용대로 유사자산을 반복적으로 유동화한다.

⑤ 자산보유자(양도인)는 유동화자산에 대한 양수인의 반환청구권을 보장해야 한다.

02 자산유동화에 관한 법령에 규정된 내용으로 틀린 것은?   제33회

상중하
자산유동화

① 유동화자산이라 함은 자산유동화의 대상이 되는 채권·부동산 기타의 재산권을 말한다.

② 양도인은 유동화자산에 대한 반환청구권을 가지지 아니한다.

③ 유동화자산의 양도는 매매 또는 교환에 의한다.

④ 유동화전문회사는 유한회사로 한다.

⑤ PF 자산담보부 기업어음(ABCP)의 반복적인 유동화는 금융감독원에 등록한 자산유동화 계획의 기재내용대로 수행하여야 한다.

03 저당담보부증권(MBS)에 관련된 설명으로 틀린 것은?

상중하
MBS의 종류

① MPTS는 지분형 증권이기 때문에 증권의 수익은 기초자산인 주택저당채권 집합물의 현금흐름(저당지불액)에 의존한다.

② MBB의 주택저당채권 집합물에 대한 소유권은 투자자에게 있다.

③ CMO의 발행자는 주택저당채권 집합물을 가지고 일정한 가공을 통해 위험 - 수익 구조가 다양한 트랜치의 증권을 발행한다.

④ MPTB는 MPTS와 MBB를 혼합한 특성을 지닌다.

⑤ CMBS란 금융기관이 보유한 상업용 부동산 모기지를 기초자산으로 하여 발생하는 증권이다.

04 부동산 금융에 관한 설명으로 옳은 것은?

상중하
MBS의 종류

① CMO(collateralized mortgage obligations)는 트랜치별로 적용되는 이자율과 만기가 모두 동일한 특징이 있다.

② MPTS(mortgage pass-through securities)는 채권형 증권으로 발행자는 초과담보를 제공하는 것이 일반적이다.

③ MPTS(mortgage pass-through securities)의 조기상환 위험은 발행자가 부담한다.

④ 고정금리대출을 실행한 대출기관은 금리상승시 차입자의 조기상환으로 인한 위험이 커진다.

⑤ 2차 저당시장은 1차 저당시장에 자금을 공급하는 역할을 한다.

05 저당담보부증권(MBS) 도입에 따른 부동산 시장의 효과에 관한 설명으로 **틀린** 것은? (단, 다른
조건은 동일함)

MBS의 효과

① 주택금융이 확대됨에 따라 대출기관의 자금이 풍부해져 궁극적으로 주택자금대출이 확
대될 수 있다.

② 주택금융의 대출이자율 하락과 다양한 상품설계에 따라 주택 구입시 융자받을 수 있는
금액이 증가될 수 있다.

③ 주택금융의 활성화로 주택건설이 촉진되어 주거안정에 기여할 수 있다.

④ 주택금융의 확대로 자가소유가구 비중이 증가한다.

⑤ 대출기관의 유동성 위험이 증대되어 소비자의 담보대출 접근성이 악화될 수 있다.

06 저당유동화에 대한 다음의 설명 중 **틀린** 것은? (단, 다른 조건은 동일함)

저당유동화

① CMO의 발행자는 주택저당채권 집합물을 가지고 일정한 가공을 통해 위험 − 수익 구조
가 다양한 트랜치의 증권을 발행한다.

② 주택저당채권이체채권(MPTB)은 주택저당채권이체증권(MPTS)과 주택저당채권담보부
채권(MBB)을 혼합한 특성을 지닌다.

③ 주택저당담보부채권(MBB)은 1차 저당시장에서 채무불이행이 발생하더라도 MBB에 대
한 원리금을 발행자가 투자자에게 지급하여야 한다.

④ MPTS는 채권형 MBS로서, 증권의 수익은 기초자산인 주택저당채권 집합물의 현금흐름
(저당지불액)에 의존한다.

⑤ MBB(mortgage backed bond)의 경우 투자자의 콜방어(call protection)가 인정된다.

07 저당담보부증권(MBS)의 가격변동에 관한 설명으로 **옳은** 것은? (단, 주어진 조건에 한함)

MBS의 가격변동

① 투자자들이 가까운 시일에 채권시장 수익률의 하락을 예상한다면, 가중평균상환기간
(duration)이 긴 저당담보부증권일수록 그 가격이 더 크게 하락한다.

② 채무불이행위험이 없는 저당담보부증권의 가격은 채권시장 수익률의 변동에 영향을 받
지 않는다.

③ 자본시장 내 다른 투자수단들과 경쟁하므로, 동일위험수준의 다른 투자수단들의 수익률
이 상승하면 저당담보부증권의 가격은 상승한다.

④ 채권시장 수익률이 상승할 때 가중평균상환기간이 긴 저당담보부증권일수록 그 가격의
변동 정도가 작다.

⑤ 고정이자를 지급하는 저당담보부증권은 채권시장 수익률이 상승하면 그 가격이 하락한다.

08 저당의 유동화에 대한 설명 중 틀리게 설명된 것을 모두 고르면 몇 개인가?

상중하
저당의 유동화

> ㉠ 제2차 저당대출시장은 저당대출을 원하는 수요자와 저당대출을 제공하는 금융기관으로 형성되는 시장을 말하며, 주택담보대출시장이 여기에 해당한다.
> ㉡ MBB의 발행자는 조기상환위험을 차입자에게 전가할 수 없다.
> ㉢ 일반적으로 CMO의 조기상환위험은 증권발행자가 부담한다.
> ㉣ MPTS(mortgage pass-through security)란 지분형 주택저당증권으로 관련 위험이 투자자에게 이전된다.
> ㉤ 한국주택금융공사(HF)는 1차 저당시장에서 활동할 목적으로 설립한 기관이다.

① 1개   ② 2개   ③ 3개
④ 4개   ⑤ 5개

09 다음 설명된 내용 중 한국주택금융공사의 업무와 가장 거리가 먼 것은?

상중하
한국주택금융공사

① 모기지(mortgage) 유동화중개기관으로서 2차 저당시장에서 MBS 발행
② 주택저당증권에 대한 지급보증, 채권유동화, 채권보유
③ 주택도시기금의 관리 및 운용업무
④ 서민과 중산층의 주거 안정을 위한 전세자금대출보증 등의 신용보증업무
⑤ 주택담보노후연금에 대한 공적 보증

부동산 간접투자제도

대표유형

부동산투자회사법령상 부동산투자회사에 관한 설명으로 틀린 것은?

① 부동산투자회사는 실체형 회사인 자기관리리츠와 명목형 회사인 위탁관리리츠 및 기업구조 조정리츠로 구분할 수 있다.

② 자기관리 부동산투자회사의 설립 자본금은 5억원 이상으로 한다.

③ 감정평가사 또는 공인중개사로서 해당 분야에 5년 이상 종사한 사람은 자기관리 부동산투자회사의 상근 자산운용 전문인력이 될 수 있다.

④ 위탁관리 부동산투자회사는 본점 외의 지점을 설치할 수 없으며, 직원을 고용하거나 상근 임원을 둘 수 없다.

⑤ 영업인가를 받거나 등록을 한 날부터 6개월이 지난 기업구조조정 부동산투자회사의 자본금은 70억원 이상이 되어야 한다.

해설 ⑤ 영업인가를 받거나 등록을 한 날부터 6개월이 지난 기업구조조정 부동산투자회사의 자본금은 50억원 이상이 되어야 한다.
Ⓐ **정답 ⑤**

01

상중하
부동산투자회사

부동산투자회사법과 관련된 설명으로 옳은 것은?

① 자기관리 부동산투자회사의 설립 자본금은 10억원 이상으로 한다.

② 위탁관리 부동산투자회사는 본점 외의 지점을 설치할 수 있으며, 직원을 고용하거나 상근 임원을 둘 수 있다.

③ 위탁관리 부동산투자회사 및 기업구조조정 부동산투자회사의 설립 자본금은 5억원 이상으로 한다.

④ 기업구조조정 부동산투자회사란 다수투자자의 자금을 받아 기업이 구조조정을 위해 매각하는 부동산 등을 매입하고, 개발·관리·운영하여 수익을 분배하는 뮤추얼펀드(Mutual Fund)이다.

⑤ 기업구조조정 부동산투자회사는 상법상의 실체회사인 주식회사로 자산운용 전문인력을 두고 자산의 투자·운용을 직접 수행하여 그 수익금을 투자자에게 배분하는 주식회사이다.

02 부동산투자회사와 관련된 설명으로 틀린 것은?

상중하
부동산투자회사

① 자기관리 부동산투자회사는 자산운용 전문인력을 포함한 임직원을 상근으로 두고 자산의 투자·운용을 직접 수행하는 회사를 말한다.

② 위탁관리 부동산투자회사의 경우 주주 1인과 그 특별관계자는 발행주식 총수의 50%를 초과하여 소유하지 못한다.

③ 자산관리회사란 위탁관리 부동산투자회사 또는 기업구조조정 부동산투자회사의 위탁을 받아 자산의 투자·운용업무를 수행하는 것을 목적으로 설립된 회사를 말한다.

④ 부동산투자회사는 특별히 정한 경우를 제외하고는 「상법」의 적용을 받는다.

⑤ 부동산투자회사는 현물출자에 의한 설립을 할 수 있다.

03 부동산투자회사법에 관한 설명으로 옳은 것은?

상중하
부동산투자회사

① 영업인가를 받거나 등록을 한 날부터 6개월이 지난 자기관리 부동산투자회사의 자본금은 50억원 이상이 되어야 한다.

② 위탁관리 부동산투자회사는 그 자산을 투자·운용할 때에는 전문성을 높이고 주주를 보호하기 위하여 자산운용 전문인력을 상근으로 두어야 한다.

③ 부동산 관련 분야의 석사학위 이상의 소지자로서 부동산의 투자·운용과 관련된 업무에 3년 이상 종사한 사람은 자기관리리츠에 소속되어 자산운용 전문인력으로 상근할 수 있다.

④ 자산관리회사의 설립 자본금은 50억원 이상이다.

⑤ 부동산투자회사는 부동산 등 자산의 운용에 관하여 회계처리를 할 때에는 국토교통부가 정하는 회계처리기준에 따라야 한다.

04 부동산투자회사와 관련된 설명으로 옳은 것을 모두 고르면?

상중하
부동산투자회사

> ㉠ 부동산 투자자 중 유동성을 선호하는 사람은 부동산 직접 투자보다 증권거래소에 상장되어 있는 부동산투자회사에 대한 투자를 선호한다.
> ㉡ 자기관리 부동산투자회사는 실체가 있는 회사이고, 기업구조조정 부동산투자회사는 명목회사(paper company)이다.
> ㉢ 자기관리 부동산투자회사와 기업구조조정 부동산투자회사는 모두 실체형 회사의 형태로 운영된다.
> ㉣ 기업구조조정 부동산투자회사는 회사의 실체가 없는 명목회사로 법인세 면제 혜택이 없다.
> ㉤ 부동산투자회사는 금융기관으로부터 자금을 차입할 수 없다.

① ㉠, ㉡

② ㉠, ㉡, ㉣

③ ㉠, ㉢, ㉣

④ ㉡, ㉣, ㉤

⑤ ㉡, ㉤

05 부동산투자회사법상 위탁관리 부동산투자회사(REITs)에 관한 설명으로 틀린 것은?

상중하
위탁관리
부동산투자회사

① 주주 1인당 주식소유의 한도가 제한된다.
② 회사가 보유한 주식의 일부를 일반의 청약에 제공해야 한다.
③ 자산의 투자·운용을 위해 회사 안에 자산운용 전문인력을 5인 이상 갖추고 있다.
④ 주요 주주의 대리인은 미공개 자산운용정보를 이용하여 부동산을 매매하거나 타인에게 이용하게 할 수 없다.
⑤ 설립 자본금은 3억원 이상으로 한다.

06 부동산투자회사법상 '자기관리 부동산투자회사(REITs, 이하 "회사"라 한다)에 관한 설명으로 틀린 것은?

상중하
자기관리
부동산투자회사

① 국토교통부장관은 회사가 최저자본금을 준비하였음을 확인한 때에는 지체 없이 주요 출자자(발행주식 총수의 100분의 5를 초과하여 주식을 소유하는 자)의 적격성을 심사하여야 한다.
② 회사는 그 자산을 투자·운용할 때에는 전문성을 높이고 주주를 보호하기 위하여 자산관리회사에 위탁하여야 한다.
③ 주요 주주는 미공개 자산운용정보를 이용하여 부동산을 매매하거나 타인에게 이용하게 하여서는 아니 된다.
④ 최저자본금준비기간이 지난 회사의 최저자본금은 70억원 이상이 되어야 한다.
⑤ 주주총회의 특별결의에 따른 경우, 회사는 해당 연도 이익배당한도의 100분의 50 이상 100분의 90 미만으로 이익배당을 정한다.

07 부동산투자회사법령상 (   )에 들어갈 내용으로 옳은 것은?

상중하
부동산투자회사

• (㉠) 부동산투자회사: 자산운용 전문인력을 포함한 임직원을 상근으로 두고 자산의 투자·운용을 직접 수행하는 회사
• 위탁관리 부동산투자회사: 자산의 투자·운용을 (㉡)에 위탁하는 회사

① ㉠: 자치관리, ㉡: 자산관리회사　　② ㉠: 자치관리, ㉡: 자기관리회사
③ ㉠: 자기관리, ㉡: 자산관리회사　　④ ㉠: 자기관리, ㉡: 직접관리회사
⑤ ㉠: 직접관리, ㉡: 자산관리회사

Chapter 04

부동산 개발금융

대표유형

프로젝트 금융에 관한 설명으로 틀린 것은?

① 프로젝트 금융의 자금은 건설회사 또는 시공회사가 자체계좌를 통해 직접 관리하는 것이 원칙이다.

② 일반적으로 기업대출보다 금리 등이 높아 사업이 성공할 경우 해당 금융기관은 높은 수익을 올릴 수 있다.

③ 특정 프로젝트로부터 향후 일정한 현금흐름이 예상되는 경우, 사전 계약에 따라 미래에 발생할 현금흐름과 사업자체자산을 담보로 자금을 조달하는 금융기법이다.

④ 프로젝트 금융이 부실화될 경우 해당 금융기관의 부실로 이어질 수 있다.

⑤ 비소구 또는 제한적 소구 금융의 특징을 가지고 있다.

해설 ① 프로젝트 금융의 자금은 건설회사 또는 시공회사가 자체계좌를 통해 직접 관리하는 것이 원칙이 아니라, 위탁계좌(에스크로)에 의해 관리되는 것이 원칙이다. **Ⓐ** 정답 ①

01 상중하
프로젝트 파이낸싱

프로젝트 파이낸싱에 대한 설명으로 옳은 것은?

① 프로젝트 파이낸싱은 사업자의 신용과 개발부동산을 담보로 자금을 조달하는 방식이다.

② 일반 기업대출의 차입자가 특수법인이라면, 부동산 프로젝트 금융의 차입자는 일반기업이다.

③ 부동산 프로젝트 금융에서는 대상 부동산을 담보로 제공받으며, 소구금융이 일반적이다.

④ 프로젝트 파이낸싱에서는 부동산 개발사업지를 부동산 신탁회사에 담보신탁하고 받은 수익권증서에 질권이 설정되기도 한다.

⑤ 대출자로서 금융기관은 프로젝트 파이낸싱을 통해 부외금융효과(off−balance effect)를 누릴 수 있어 채무수용능력이 제고된다.

02
상중하
프로젝트 파이낸싱

프로젝트 파이낸싱에 대한 설명으로 틀린 것은?

① 프로젝트 금융은 기업금융에 비해 금리, 수수료 등이 높아서 개발사업이 성공한다면 금융기관은 높은 수익을 올릴 수 있다.

② 개발사업주와 개발사업의 현금흐름을 분리시킬 수 없어, 개발사업주의 파산이 개발사업에 영향을 미치지 못하게 할 수 없다.

③ 프로젝트 파이낸싱(PF)은 프로젝트의 위험을 프로젝트 회사와 이해당사자 간에 적절하게 배분할 수 있다.

④ 부동산개발사업의 안정성을 강화시키기 위해서 대출기관은 시행사에게 자기자금의 투입비중의 확대를 요구하고, 당해 시행업무의 별도 법인화, 시행사의 주식에 대한 질권설정을 요구하기도 한다.

⑤ 개발사업의 현금흐름을 통제하기 위해서 에스크로우 계정(escrow account)을 운영한다.

03
상중하
프로젝트 파이낸싱

사업주(sponsor)가 특수목적회사인 프로젝트 회사를 설립하여 프로젝트 금융을 활용하는 경우에 관한 설명으로 틀린 것은? (단, 프로젝트 회사를 위한 별도의 보증이나 담보제공은 없음)

① 해당 프로젝트가 부실화된다면 대출기관의 채권회수에도 영향이 있다.

② 사업주의 재무상태표에 해당 부채가 표시되지 않는다.

③ 프로젝트 금융의 상환재원은 사업주의 모든 자산을 기반으로 한다.

④ 일정한 요건을 갖춘 프로젝트 회사는 법인세 감면을 받을 수 있다.

⑤ 프로젝트 사업의 자금은 위탁계좌(escrow account)에 의해 관리된다.

04
상중하
PF의 위험관리

PF(Project Financing)방식에 의한 부동산 개발사업시 금융기관이 위험을 줄이기 위해 취할 수 있는 조치가 아닌 것은? (단, 다른 조건은 동일함)

① 위탁관리계좌(Escrow Account)의 운영

② 시행사 개발이익의 선지급

③ 대출금 보증에 대한 시공사의 신용보강 요구

④ 시행사 · 시공사에 추가출자 요구

⑤ 시공사에 책임준공 의무 부담

05 부동산 금융 및 투자에 관한 설명으로 틀린 것은? (단, 다른 조건은 동일함)   제30회

상중하
부동산 금융

① 프로젝트의 채무불이행위험이 높아질수록 대출기관이 요구하는 금리가 높아진다.

② 자본환원율은 자본의 기회비용과 프로젝트의 투자위험을 반영한다.

③ 임대형 개발사업의 핵심 상환재원은 준공 이후 발생하는 임대료·관리비 등의 영업현금흐름이다.

④ 프로젝트는 자본시장 내 다른 투자수단들과 경쟁하므로 동일 위험수준의 투자수익률에 수렴하는 경향이 있다.

⑤ 자본환원율이 상승하면 부동산 자산의 가격이 상승하게 되어 신규개발사업 추진이 용이해진다.

06 다음 괄호 안에 들어갈 말로 적당한 것은?

상중하
PF의 위험관리

아파트를 선분양할 때 당해 토지에 권리상의 하자가 있으면 선분양을 할 수 없다. 이에 따라 금융기관은 시행사에게 프로젝트 파이낸싱을 통하여 자금을 제공할 때 토지에 대한 저당권을 설정할 수 없기에 (㉠)을 활용하게 된다.

① 관리신탁   ② 불특정금전신탁
③ 담보신탁   ④ 특정금전신탁
⑤ 대리사무업무

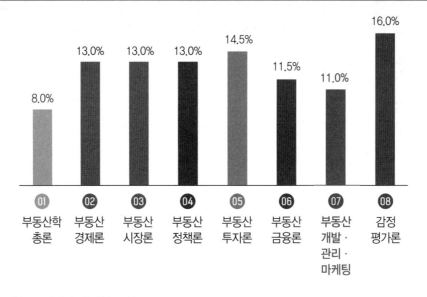

▌ 최근 5개년 출제경향 분석

상대적으로 난이도는 낮지만 꾸준히 문제가 출제되고 있으므로 기본적인 내용을 바탕으로 신문매체 등을 통하여 상식을 발전시키고 기출문제 등을 통한 문제풀이로 접근하도록 한다.

부동산 개발·관리·마케팅

부동산 개발

01 부동산 개발

대표유형

부동산 개발에 관한 설명으로 틀린 것은?

① 부동산 개발업의 관리 및 육성에 관한 법령상 부동산 개발업이란 타인에게 공급할 목적으로 부동산 개발을 수행하는 업을 말한다.

② 법률적 위험을 줄이는 하나의 방법은 이용계획이 확정된 토지를 구입하는 것이다.

③ 지역경제분석 단계에서는 향후 개발될 부동산이 현재나 미래의 시장상황에서 매매되거나 임대될 수 있는지에 대한 경쟁력을 분석한다.

④ 토지(개발)신탁방식은 신탁회사가 토지소유권을 이전받아 토지를 개발한 후 분양하거나 임대하여 그 수익을 신탁자에게 돌려주는 것이다.

⑤ BTL(Build-Transfer-Lease)방식은 민간이 개발한 시설의 소유권을 준공과 동시에 공공에 귀속시키고 민간은 시설관리운영권을 가지며, 공공은 그 시설을 임차하여 사용하는 민간 투자 사업방식이다.

해설 ③ 시장성 분석 단계에서는 향후 개발될 부동산이 현재나 미래의 시장상황에서 매매되거나 임대될 수 있는 지에 대한 경쟁력을 분석한다. **Ⓐ 정답 ③**

01
상중**하**
개발분석의 단계

부동산 개발이 다음과 같은 5단계만 진행된다고 가정할 때, 일반적인 진행순서로 적절한 것은?

㉠ 사업부지 확보	㉡ 예비적 타당성분석
㉢ 사업구상(아이디어)	㉣ 사업 타당성분석
㉤ 건설	

① ㉢ ⇨ ㉡ ⇨ ㉠ ⇨ ㉣ ⇨ ㉤   ② ㉢ ⇨ ㉠ ⇨ ㉡ ⇨ ㉤ ⇨ ㉣

③ ㉡ ⇨ ㉢ ⇨ ㉣ ⇨ ㉠ ⇨ ㉤   ④ ㉡ ⇨ ㉣ ⇨ ㉠ ⇨ ㉢ ⇨ ㉤

⑤ ㉡ ⇨ ㉠ ⇨ ㉣ ⇨ ㉢ ⇨ ㉤

02
상중하
부정적 영향

아파트 재건축사업시 조합의 사업성에 부정적인 영향을 주는 요인은 모두 몇 개인가? (단, 다른 조건은 동일함)

- 건설자재 가격의 하락
- 조합원 부담금 인상
- 이주비 대출금리의 하락
- 기부채납의 증가
- 일반분양분의 분양가 하락
- 용적률의 할증
- 공사기간의 연장

---

① 2개   ② 3개   ③ 4개
④ 5개   ⑤ 6개

03
상중하
긍정적 영향

다음 중 아파트 개발사업을 추진하고 있는 시행사의 사업성에 긍정적 영향을 주는 요인은 모두 몇 개인가? (단, 다른 조건은 동일함)

- 공사기간의 연장
- 초기 분양률의 저조
- 매수예정 사업부지가격의 하락
- 대출이자율의 하락
- 인·허가시 용적률의 축소

---

① 1개   ② 2개   ③ 3개
④ 4개   ⑤ 5개

04
상중하
개발의 위험

부동산 개발의 위험에 관한 설명으로 틀린 것은?

① 워포드는 부동산 개발위험을 법률위험, 시장위험, 비용위험으로 구분하고 있다.
② 부동산 개발사업의 추진에는 많은 시간이 소요되므로, 개발사업기간 동안 다양한 시장위험에 노출된다.
③ 예측하기 어려운 시장의 불확실성은 부동산 개발사업에 영향을 주는 시장위험요인이 된다.
④ 법률위험을 최소화하기 위해서는 이용계획이 확정된 토지를 구입하는 것이 유리하다.
⑤ 부동산 개발사업의 진행과정에서 행정의 변화에 의한 사업 인·허가의 지연위험은 시행사 또는 시공사가 스스로 관리할 수 있는 위험에 해당한다.

05 부동산 개발사업시 분석할 내용에 관한 설명으로 틀린 것은?

상중하
개발분석

① 흡수율분석은 시장에 공급된 부동산이 시장에서 일정기간 동안 소비되는 비율을 조사하여 해당 부동산 시장의 추세를 파악하는 것이다.
② 시장분석은 특정 부동산에 관련된 시장의 수요와 공급 상황을 분석하는 것이다.
③ 민감도분석은 부동산이 현재나 미래의 시장상황에서 매매 또는 임대될 수 있는 가능성을 조사하는 것이다.
④ 예비적 타당성분석은 개발사업으로 예상되는 수입과 비용을 개략적으로 계산하여 수익성을 검토하는 것이다.
⑤ 인근지역분석은 부동산 개발에 영향을 미치는 환경요소의 현황과 전망을 분석하는 것이다.

06 부동산 개발사업의 타당성분석과 관련하여 다음의 설명에 해당하는 (   )에 알맞은 용어는?

상중하
개발분석

- (㉠): 특정 부동산이 가진 경쟁력을 중심으로 해당 부동산이 분양될 수 있는 가능성을 분석하는 것
- (㉡): 특정 부동산이 일정기간 동안 일정 지역에서 얼마나 소비되었는가를 분석하는 것
- (㉢): 타당성분석에 활용된 투입요소의 변화가 그 결과치에 어떠한 영향을 주는가를 분석하는 기법

① ㉠ 경제성분석, ㉡ 흡수율분석, ㉢ 민감도분석
② ㉠ 경제성분석, ㉡ SWOT분석, ㉢ 흡수율분석
③ ㉠ 시장성분석, ㉡ 흡수율분석, ㉢ 민감도분석
④ ㉠ 시장성분석, ㉡ 흡수율분석, ㉢ 시장분석
⑤ ㉠ 시장성분석, ㉡ 민감도분석, ㉢ 흡수율분석

07 부동산 개발에 관한 설명으로 틀린 것은?

상중하
민감도분석

① 부동산 개발사업 진행시 행정의 변화에 따른 사업의 인·허가 지연위험은 사업시행자가 스스로 관리할 수 없는 위험이다.
② 흡수율분석은 재무적 사업 타당성 분석에서 사용했던 주요 변수들의 투입값을 낙관적, 비관적 상황으로 적용하여 수익성을 예측하는 것을 말한다.
③ 환지방식은 택지가 개발되기 전 토지의 위치·지목·면적 등을 고려하여 택지개발 후 개발된 토지를 토지소유자에게 재분배하는 방식을 말한다.
④ 부동산 개발은 미래의 불확실한 수익을 근거로 개발을 진행하기 때문에 위험성이 수반된다.
⑤ 공영(공공)개발은 공공성과 공익성을 위해 택지를 조성한 후 분양 또는 임대하는 토지개발방식을 말한다.

02 부동산 개발의 분류

대표유형

부동산 개발사업에 관한 설명으로 틀린 것은?

① 프로젝트 파이낸싱(PF)은 예상되는 제반 위험을 프로젝트회사와 이해당사자 간의 계약에 의해 적절하게 배분한다.

② 부동산소유자가 소유권을 신탁회사에 이전하고 신탁회사로부터 수익증권을 교부받아 수익증권을 담보로 금융기관에서 대출을 받는 상품을 개발신탁이라 한다.

③ 도시개발법령상 도시개발사업의 시행방식에는 환지방식, 수용 또는 사용방식, 혼용방식이 있다.

④ 지방자치단체와 민간기업이 합동으로 개발하는 방식은 제3섹터 개발에 해당한다.

⑤ 도시개발법령상 도시개발구역에서 주거, 상업, 산업, 유통 등의 기능이 있는 단지 또는 시가지를 조성하기 위하여 시행하는 사업을 도시개발사업이라 한다.

해설 ② 부동산소유자가 소유권을 신탁회사에 이전하고 신탁회사로부터 수익증권을 교부받아 수익증권을 담보로 금융기관에서 대출을 받는 상품을 담보신탁이라 한다. **A 정답 ②**

01
상중하
정비사업의 분류

부동산 개발과 관련하여 다음 설명에 해당하는 도시 및 주거환경정비법령상의 정비사업은?

단독주택 및 다세대주택 등이 밀집한 지역에서 정비기반시설과 공동이용시설의 확충을 통하여 주거환경을 보전·정비·개량하기 위하여 시행하는 사업

① 주거환경관리사업
② 주택재건축사업
③ 주택재개발사업
④ 주거환경개선사업
⑤ 주거환경개발사업

02
상중하
정비사업의 분류

주택정책과 관련하여 다음에서 설명하는 도시 및 주거환경정비법령상 정비사업은?

정비기반시설이 열악하고 노후·불량건축물이 밀집한 지역에서 주거환경을 개선하거나 상업지역·공업지역 등에서 도시기능의 회복 및 상권 활성화 등을 위하여 도시환경을 개선하기 위한 사업

① 도시환경사업
② 주거환경개선사업
③ 재개발사업
④ 재건축사업
⑤ 가로주택정비사업

03 토지 취득방식에 따라 개발방식을 분류할 때, 다음에서 설명하는 개발방식은?

상중하
도시개발사업방식

> • 택지가 개발되기 전 토지의 위치·지목·면적·등급·이용도 및 기타 사항을 고려하여, 택지가 개발된 후 개발된 토지를 토지소유자에게 재분배하는 방식이다.
> • 도시개발사업에서 이 방식을 많이 활용한다.
> • 이 방식에 따라 개발된 토지의 재분배 설계시 평가식이나 면적식을 적용할 수 있다.

① 혼합방식   ② 단순개발방식
③ 매수방식   ④ 환지방식
⑤ 수용방식

04 부동산 개발사업의 분류상 다음 ( )에 들어갈 내용으로 옳은 것은?

상중하
도시개발사업방식

> 토지소유자가 조합을 설립하여 농지를 택지로 개발한 후 보류지(체비지·공공시설 용지)를 제외한 개발토지 전체를 토지소유자에게 배분하는 방식
> • 개발 형태에 따른 분류: (㉠)
> • 토지취득방식에 따른 분류: (㉡)

① ㉠ 신개발방식, ㉡ 수용방식   ② ㉠ 신개발방식, ㉡ 환지방식
③ ㉠ 신개발방식, ㉡ 혼용방식   ④ ㉠ 재개발방식, ㉡ 수용방식
⑤ ㉠ 재개발방식, ㉡ 환지방식

05 민간의 부동산개발 사업방식에 관한 설명으로 틀린 것은?

상중하
민간개발사업

① 자체개발사업은 불확실하거나 위험도가 큰 부동산 개발사업에 대한 위험을 토지소유자와 개발업자 간에 분산할 수 없는 단점이 있다.
② 컨소시엄 구성방식은 출자회사 간 상호 이해조정이 필요하다.
③ 사업위탁방식은 토지소유자가 개발업자에게 사업시행을 의뢰하고, 개발업자는 투자지분에 맞게 개발지분을 배당받는 형식이다.
④ 지주공동사업은 토지소유자와 개발업자가 부동산 개발을 공동으로 시행하는 방식으로 일반적으로 토지소유자는 토지를 제공하고, 개발업자는 개발의 노하우를 제공하여 서로의 이익을 추구한다.
⑤ 토지신탁형은 토지소유자로부터 형식적인 소유권을 이전받은 신탁회사가 토지를 개발·관리·처분하여 그 수익을 수익자에게 돌려주는 방식이다.

06 민간의 부동산 개발방식에 관한 설명으로 틀린 것은?

상중하
민간개발사업

① 토지소유자가 제공한 토지에 개발업자가 공사비를 부담하여 부동산을 개발하고, 개발된 부동산을 제공된 토지가격과 공사비의 비율에 따라 나눈다면, 이는 등가교환방식에 해당된다.

② 토지신탁(개발)방식은 토지의 소유권 이전 없이 토지소유자가 사업주체가 되어 주체적으로 개발사업이 진행된다.

③ 사업위탁방식과 토지신탁방식의 공통점은 개발업자에게 수수료가 지급된다는 것이다.

④ 개발사업에 있어서 사업자금 조달 또는 상호 기술 보완 등 필요에 따라 법인 간에 컨소시엄을 구성하여 사업을 추진한다면, 이는 컨소시엄구성방식에 해당된다.

⑤ 토지소유자가 사업을 시행하면서 건설업체에 공사를 발주하고 공사비의 지급은 분양수입금으로 지급한다면, 이는 분양금 공사비 지급(청산)형 사업방식에 해당된다.

07 부동산 개발사업의 방식에 관한 설명 중 (㉠)과 (㉡)에 해당하는 것은?

상중하
민간개발사업

• ㉠ : 토지소유자가 토지소유권을 유지한 채 개발업자에게 사업시행을 맡기고 개발업자는 사업시행에 따른 수수료를 받는 방식
• ㉡ : 토지소유자로부터 형식적인 토지소유권을 이전받은 신탁회사가 사업주체가 되어 개발·공급하는 방식

① ㉠ : 사업위탁(수탁)방식, ㉡ : 등가교환방식
② ㉠ : 사업위탁(수탁)방식, ㉡ : 신탁개발방식
③ ㉠ : 등가교환방식, ㉡ : 합동개발방식
④ ㉠ : 자체개발방식, ㉡ : 신탁개발방식
⑤ ㉠ : 자체개발방식, ㉡ : 합동개발방식

08 부동산 신탁에 관한 설명으로 틀린 것은? 제30회

상중하
부동산 신탁

① 부동산 신탁에 있어서 당사자는 부동산 소유자인 위탁자와 부동산 신탁사인 수탁자 및 신탁재산의 수익권을 배당받는 수익자로 구성되어 있다.

② 관리신탁은 법률상 부동산 소유권의 이전 없이 신탁회사가 부동산의 관리업무를 단순하게 수행해주는 것이다.

③ 처분신탁은 처분방법이나 절차가 까다로운 부동산에 대한 처분업무 및 처분완료시까지의 관리업무를 신탁회사가 수행하는 것이다.

④ 부동산의 소유권관리, 건물수선 및 유지, 임대차관리 등 제반 부동산 관리업무를 신탁회사가 수행하는 것을 관리신탁이라 한다.

⑤ 분양관리신탁은 상가 등 건축물 분양의 투명성과 안정성을 확보하기 위하여 신탁회사에게 사업부지의 신탁과 분양에 따른 자금관리업무를 부담시키는 것이다.

PART 07

09 부동산 개발에 관한 설명으로 틀린 것은?

민간개발방식

① 공공개발: 제2섹터 개발이라고도 하며 민간이 자본과 기술을 제공하고 공공기관이 인·허가 등 행정적인 부분을 담당하는 상호 보완적인 개발을 말한다.

② BOT(Build Operate Transfer): 사업시행자가 시설을 준공하여 소유권을 보유하면서 시설의 수익을 가진 후 일정기간 경과 후 시설소유권을 국가 또는 지방자치단체에 귀속시키는 방식이다.

③ BTL(Build Transfer Lease): 사업시행자가 시설의 준공과 함께 소유권을 국가 또는 지방자치단체로 이전하고, 해당 시설을 국가나 지방자치단체에 임대하여 수익을 내는 방식

④ BTO(Build Transfer Operate): 시설의 준공과 함께 시설의 소유권이 국가 또는 지방자치단체에 귀속되지만 사업시행자가 정해진 기간 동안 시설에 대한 운영권을 가지고 수익을 내는 방식이다.

⑤ BOO(Build Own Operate): 시설의 준공과 함께 사업의 시행자가 소유권과 운영권을 갖는 방식이다.

10 다음에서 설명하는 민간투자사업방식은?

민간투자사업방식

- 시설의 준공과 함께 시설의 소유권이 정부 등에 귀속되지만, 사업시행자가 정해진 기간 동안 시설에 대한 운영권을 가지고 수익을 내는 방식이다.
- 도로, 터널 등 시설이용자로부터 이용료를 징수할 수 있는 사회기반시설 건설의 사업방식으로 활용되고 있다.

① BOT(build−operate−transfer) 방식
② BTO(build−transfer−operate) 방식
③ BLT(build−lease−transer) 방식
④ BTL(build−transfer−lease) 방식
⑤ BOO(build−own−operate) 방식

11 다음에서 설명하는 사회기반시설에 대한 민간투자방식을 보기에서 올바르게 고른 것은?

상중하
민간투자사업방식

> ㉠ 사회기반시설의 준공과 동시에 소유권이 국가 또는 지방자치단체에 귀속되며, 사업시행자에게 일정 기간의 시설관리운영권을 인정하되, 국가 또는 지방자치단체 등이 협약에서 정한 기간 동안 임차하여 사용·수익하는 방식으로, 학교시설 및 문화시설과 같이 사용료를 징수하기 어려운 시설에 주로 활용
>
> ㉡ 사회기반시설의 준공과 동시에 해당 시설의 소유권이 국가 또는 지자체에 귀속되며, 사업시행자에게 일정 기간의 시설관리운영권을 인정하는 방식

> (가) BOT(build-operate-transfer) 방식
> (나) BOO(build-own-operate) 방식
> (다) BLT(build-lease-transfer) 방식
> (라) BTL(build-transfer-lease) 방식
> (마) BTO(build-transfer-operate) 방식
> (바) BTOT(build-transfer-operate-transfer) 방식

① ㉠: 가, ㉡: 나   ② ㉠: 나, ㉡: 다   ③ ㉠: 다, ㉡: 라
④ ㉠: 라, ㉡: 마   ⑤ ㉠: 마, ㉡: 바

12 민간투자사업의 유형이 옳게 짝지어진 것은?

상중하
민간투자사업방식

> ㉠ 민간사업자가 자금을 조달하여 시설을 건설하고, 일정기간 소유 및 운영을 한 후 사업종료 후 국가 또는 지방자치단체 등에게 시설의 소유권을 이전하는 방식
>
> ㉡ 민간사업자가 자금을 조달하여 시설을 건설하고 일정기간 동안 타인에게 임대하고, 임대기간 종료 후 국가 또는 지방자치단체 등에게 시설의 소유권을 이전하는 방식
>
> ㉢ 민간사업자가 자금을 조달하여 시설을 건설하고, 준공과 함께 민간사업자가 당해 시설의 소유권과 운영권을 갖는 방식

① ㉠: BOT(build-operate-transfer)
  ㉡: BLT(build-lease-transfer)
  ㉢: BOO(build-own-operate)

② ㉠: BOT(build-operate-transfer)
  ㉡: BTL(build-transfer-lease)
  ㉢: BOO(build-own-operate)

③ ㉠: BOT(build-operate-transfer)
  ㉡: BLT(build-lease-transfer)
  ㉢: BTO(build-transfer-operate)

④ ㉠: BTO(build-transfer-operate)
  ㉡: BTL(build-transfer-lease)
  ㉢: BTO(build-transfer-operate)

⑤ ㉠: BTO(build-transfer-operate)
  ㉠: BTO(build-transfer-operate)
  ㉢: BOT(build-operate-transfer)

13
삼중하
민간투자사업방식

사회기반시설에 대한 민간투자법령상 BOO(Build Own Operate) 방식에 대한 내용이다. (   )
에 들어갈 내용을 〈보기〉에서 옳게 고른 것은?

> 사회기반시설의 (㉠) (㉡)가 (㉢)과 시설관리·운영권을 (㉣)가 갖는 방식을 의미
> 한다.

〈보기〉

a. 착공 후   b. 준공 후
c. 사업시행자   d. 국가 또는 지방자치단체
e. 시설소유권   f. 시설관리운영권

① ㉠ − a, ㉡ − c, ㉢ − e, ㉣ − c
② ㉠ − a, ㉡ − d, ㉢ − e, ㉣ − d
③ ㉠ − b, ㉡ − c, ㉢ − e, ㉣ − c
④ ㉠ − b, ㉡ − c, ㉢ − e, ㉣ − d
⑤ ㉠ − b, ㉡ − d, ㉢ − e, ㉣ − c

14
삼중하
입지계수

각 도시의 산업별 고용자 수가 다음과 같을 때 Y산업의 입지계수(locational quotient)가 1을 초
과하는 도시를 모두 고른 것은? (단, 주어진 조건에 한함)

구 분	A도시	B도시	C도시	D도시	전 국
X산업	400	1,200	650	1,100	3,350
Y산업	600	800	500	1,000	2,900
합 계	1,000	2,000	1,150	2,100	6,250

① A, B   ② A, D
③ B, C   ④ B, D
⑤ C, D

15
상중하
입지계수

각 지역과 산업별 고용지수가 다음과 같을 때, A지역과 B지역에서 입지계수(LQ)에 따른 기반산업의 개수는? (단, 주어진 조건에 한하며, 결과값은 소수점 셋째 자리에서 반올림함)

구 분		A지역	B지역	전 지역 고용자수
X산업	고용자수	30	50	80
	입지계수	0.79	?	
Y산업	고용자수	30	30	60
	입지계수	?	?	
Z산업	고용자수	30	20	50
	입지계수	?	0.76	
고용자수 합계		90	100	190

① A지역 : 0개, B지역 : 1개
② A지역 : 1개, B지역 : 0개
③ A지역 : 1개, B지역 : 1개
④ A지역 : 1개, B지역 : 2개
⑤ A지역 : 2개, B지역 : 1개

부동산 관리론

대표유형

부동산 관리에 관한 설명으로 틀린 것은?

① 법률적 측면의 부동산 관리는 부동산의 유용성을 보호하기 위하여 법률상의 제반조치를 취함으로써 법적인 보장을 확보하려는 것이다.

② 시설관리(facility management)는 부동산 시설을 운영하고 유지하는 것으로 시설사용자나 기업의 요구에 따르는 소극적 관리에 해당한다.

③ 전문(위탁)관리방식은 자기(직접)관리방식에 비해 기밀 유지에 유리하고 의사결정이 신속한 경향이 있다.

④ 임차부동산에서 발생하는 총수입(매상고)의 일정비율을 임대료로 지불한다면, 이는 임대차의 유형 중 비율임대차에 해당한다.

⑤ 기술적 측면의 부동산 관리는 대상 부동산의 물리적 · 기능적 하자의 유무를 판단하여 필요한 조치를 취하는 것이다.

해설 자기(직접)관리방식은 전문(위탁)관리방식에 비해 기밀 유지에 유리하고 의사결정이 신속한 경향이 있다.

A 정답 ③

01

상중**하**

부동산 관리

다음의 업무를 모두 수행하는 부동산 관리의 유형은?

- 포트폴리오 관리
- 매입 · 매각 관리
- 투자리스크 관리
- 임대마케팅 시장분석

① 자산관리

② 재산관리

③ 시설관리

④ 임대차관리

⑤ 건설사업관리

02 부동산 관리에 관한 설명으로 옳은 것은?

상중하
부동산 관리

① 자산관리는 건물의 설비, 기계운영 및 보수, 유지관리업무에 한한다.

② 부동산 관리에서 '유지'란 외부적인 관리행위로 부동산의 외형·형태를 변화시키면서 양호한 상태를 지속시키는 행위다.

③ 시설관리는 시장 및 지역경제분석, 경쟁요인 및 수요분석 등이 주요업무다.

④ 건물관리의 경우 생애주기비용(Life Cycle Cost)분석을 통해 초기투자비와 관리유지비의 비율을 조절하는 것이 중요하다.

⑤ 부동산의 법률관리는 부동산 자산의 포트폴리오 관점에서 자산 − 부채의 재무적 효율성을 최적화하는 것이다.

03 부동산 관리에 관한 설명으로 옳은 것은?

상중하
부동산 관리

① 자가관리방식은 건물관리의 전문성을 통하여 노후화의 최소화 및 효율적 관리가 가능하여 대형건물의 관리에 유용하다.

② 토지의 경계를 확인하기 위한 경계측량을 실시하는 등의 관리는 경제적 측면의 관리에 속한다.

③ 부동산 관리는 법·제도·경영·경제·기술적인 측면 중 경제적 측면의 관리만을 의미하는 개념이다.

④ 자치관리방식은 관리요원이 관리사무에 안일해지기 쉽고, 관리의 전문성이 결여될 수 있는 단점이 있다.

⑤ 혼합관리방식은 필요한 부분만 선별하여 위탁하기 때문에 관리의 책임소재가 분명해지는 장점이 있다.

04 다음 설명에 모두 해당하는 부동산 관리방식은?

상중하
부동산 관리

- 소유자의 의사능력 및 지휘통제력이 발휘된다.
- 업무의 기밀유지에 유리하다.
- 업무행위의 안일화를 초래하기 쉽다.
- 전문성이 낮은 경향이 있다.

① 간접관리
② 혼합관리
③ 신탁관리
④ 위탁관리
⑤ 직접(자가)관리

05 다음 설명에 모두 해당하는 부동산 관리방식은?

상중하
부동산 관리

> • 관리의 전문성과 효율성을 제고할 수 있다.
> • 건물설비의 고도화에 대응할 수 있다.
> • 전문업자의 관리서비스를 받을 수 있다.
> • 대형건물의 관리에 더 유용하다.
> • 기밀유지에 어려움이 있다.

① 직접관리방식　　　　　　　　　② 간접관리방식
③ 공공관리방식　　　　　　　　　④ 조합관리방식
⑤ 직영관리방식

06 부동산 관리방식에 따른 해당 내용을 옳게 묶은 것은?

상중하
부동산 관리방식

> ㉠ 소유자의 직접적인 통제권이 강화된다.
> ㉡ 관리의 전문성과 효율성이 높아질 수 있다.
> ㉢ 기밀 및 보안 유지가 유리하다.
> ㉣ 건물설비의 고도화에 대응할 수 있다.
> ㉤ 대형건물의 관리에는 부적합하다.
> ㉥ 소유와 경영의 분리가 불가능하다.

① 자기관리방식 － ㉠, ㉡, ㉢, ㉣　　② 자기관리방식 － ㉠, ㉢, ㉤, ㉥
③ 자기관리방식 － ㉡, ㉢, ㉣, ㉥　　④ 위탁관리방식 － ㉠, ㉢, ㉣, ㉤
⑤ 위탁관리방식 － ㉡, ㉣, ㉤, ㉥

07 민간임대주택에 관한 특별법상 위탁관리형 주택임대관리업으로 등록한 경우 주택임대관리업자

상중하
위탁관리형
주택임대관리업

가 임대를 목적으로 하는 주택에 대해 할 수 있는 업무에 해당하지 않는 것은?

① 임차인의 대출알선　　　　　　　② 임대차계약의 체결 · 갱신
③ 임차인의 입주 · 명도　　　　　　④ 임대료의 부과 · 징수
⑤ 시설물 유지 · 개량

08

심중하
건물의 내용연수

건물의 내용연수와 생애주기 및 관리방식에 관한 설명으로 틀린 것은?

① 건물의 관리에 있어서 재무·회계관리, 시설이용·임대차계약, 인력관리는 직접하고, 청소를 포함한 그 외 나머지를 위탁할 경우, 이는 혼합관리방식에 해당한다.

② 인근지역의 변화, 인근 환경과 건물의 부적합, 당해지역 건축물의 시장성 감퇴는 경제적 내용연수에 영향을 미치는 요인이다.

③ 건물의 생애주기 단계 중 안정단계에서 건물의 양호한 관리가 이루어진다면 안정단계의 국면이 연장될 수 있다.

④ 건물의 생애주기 단계 중 노후단계는 일반적으로 건물의 구조, 설비, 외관 등이 악화되는 단계이다.

⑤ 건물의 생애주기 단계 중 안정단계는 신축단계에 비해 건물의 물리적 유용성이 높은 편이다.

09

심중하
비율임대차

A회사는 분양면적 500m²의 매장을 손익분기점 매출액 이하이면 기본임대료만 부담하고, 손익분기점 매출액을 초과하는 매출액에 대하여 일정 임대료율을 적용한 추가임대료를 가산하는 비율임대차방식으로 임차하고자 한다. 향후 1년 동안 A회사가 지급할 것으로 예상되는 연임대료는? (단, 주어진 조건에 한하며, 연간 기준임)

- 예상매출액 : 분양면적 m²당 20만원
- 기본임대료 : 분양면적 m²당 8만원
- 손익분기점 매출액 : 6,000만원
- 손익분기점 매출액 초과 매출액에 대한 임대료율 : 10%

① 4,000만원   ② 4,100만원

③ 4,200만원   ④ 4,300만원

⑤ 4,400만원

PART 07

10 임차인 A는 작년 1년 동안 분양면적 1,000m²의 매장을 비율임대차(percentage lease)방식으로 임차하였다. 계약내용에 따르면, 매출액이 손익분기점 매출액 이하이면 기본임대료만 지급하고, 이를 초과하는 매출액에 대해서는 일정 임대료율을 적용한 추가임대료를 기본임대료에 가산하도록 하였다. 전년도 연임대료로 총 6,000만원을 지급한 경우, 해당 계약내용에 따른 손익분기점 매출액은? (단, 연간 기준이며, 주어진 조건에 한함)

> • 기본임대료: 분양면적 m²당 5만원
> • 손익분기점 매출액을 초과하는 매출액에 대한 임대료율: 10%
> • 매출액: 분양면적 m²당 20만원

① 1억원 ② 1억 3,000만원
③ 1억 5,000만원 ④ 1억 8,000만원
⑤ 2억원

11 A회사는 전년도에 임대면적 500m²의 매장을 비율임대차(percentage lease)방식으로 임차하였다. 계약내용에 따르면, 매출액이 손익분기점 매출액 이하이면 기본임대료만 지급하고, 이를 초과하는 매출액에 대해서는 일정 임대료율을 적용한 추가임대료를 기본임대료에 가산하도록 하였다. 전년도 연임대료로 총 6,000만원을 지급한 경우, 해당 계약내용에 따른 추가임대료율은? (단, 연간 기준이며, 주어진 조건에 한함)

> • 전년도 매출액: 임대면적 m²당 100만원
> • 손익분기점 매출액: 임대면적 m²당 50만원
> • 기본임대료: 임대면적 m²당 10만원

① 3% ② 4%
③ 5% ④ 8%
⑤ 10%

Chapter 03

부동산 마케팅

부동산 마케팅에 관한 설명으로 틀린 것은?

① 부동산 마케팅은 부동산 상품을 수요자의 욕구에 맞게 상품을 개발하고 가격을 결정한 후 시장에서 유통, 촉진, 판매를 관리하는 일련의 과정이다.

② STP전략은 대상 집단의 시장세분화(segmentation), 표적시장 선정(targeting), 포지셔닝 (positioning)으로 구성된다.

③ 위치화(positioning) 전략은 부동산 시장에서 마케팅 활동을 수행하기 위하여 수요자의 집 단을 세분하는 것이다.

④ 표적시장 전략은 세분화된 시장을 통해 선정된 표적 집단을 대상으로 적합한 마케팅 활동을 수행하는 것이다.

⑤ AIDA원리는 주의(attention), 관심(interest), 욕망(desire), 행동(action)의 단계를 통해 수요 자의 욕구를 파악하여 마케팅 효과를 극대화하는 고객점유마케팅 전략의 하나이다.

해설 ③ 부동산 시장에서 마케팅 활동을 수행하기 위하여 수요자의 집단을 세분하는 것을 시장세분화(segmentation) 전략이라고 한다. **A** 정답 ③

---

01 **부동산 마케팅 전략에 관한 설명으로 틀린 것은?**

상**중**하
마케팅 전략

① 4P에 의한 마케팅 믹스 전략의 구성요소는 제품, 유통경로, 판매촉진, 가격이다.

② 다른 아파트와 차별화되도록 혁신적인 내부구조로 설계된 아파트는 유통경로(place)전 략의 예가 될 수 있다.

③ 표적시장(target market)은 세분화된 시장 중 가장 좋은 시장기회를 제공해 줄 수 있는 특화된 시장을 의미한다.

④ 시장세분화(segmentation) 전략은 고객행동변수 및 고객특성변수에 따라 시장을 나누어 서 몇 개의 세분시장으로 구분하는 것이다.

⑤ 포지셔닝은 목표시장에서 고객의 욕구를 파악하여 경쟁 제품과 차별성을 가지도록 제품 개념을 정하고 소비자의 지각 속에 적절히 위치시키는 것이다.

02 부동산 마케팅 전략에 관한 설명으로 옳은 것은?

상중하
마케팅 전략

① 마케팅 믹스의 가격관리에서 시가정책은 위치, 방위, 층, 지역 등에 따라 다른 가격으로 판매하는 정책이다.

② 목표시장 선정(targeting)전략은 상품계획이나 광고 등 여러 판매촉진활동을 전개하기 위해 소비자를 몇 개의 다른 군집으로 나누는 전략이다.

③ 부동산 마케팅 믹스 전략은 4P(Price, Product, Place, Positioning)를 구성요소로 한다.

④ 마케팅 믹스는 기업이 표적시장에 도달하기 위해 이용하는 마케팅 요소의 조합이다.

⑤ 마케팅 믹스에서 제품전략은 판매유인과 직접적인 인적 판매 등이 있으며, 이러한 요소를 혼합하여 전략을 구사하는 것이 바람직하다.

03 부동산 마케팅에 관한 설명으로 틀린 것은?

상중하
마케팅 전략

① 포지셔닝(positioning)은 상품으로서 부동산이 지니는 여러 특징 중 구매자(고객)의 욕망을 만족시켜 주는 특징을 말한다.

② 시장점유 마케팅 전략이란 공급자 중심의 마케팅 전략으로 표적시장을 선정하거나 틈새시장을 점유하는 전략을 말한다.

③ 관계마케팅 전략에서는 공급자와 소비자의 관계를 일회적이 아닌 지속적인 관계로 유지하려 한다.

④ STP전략은 시장세분화(segmentation), 표적시장선정(targeting), 포지셔닝(positioning)으로 구성된다.

⑤ AIDA는 주의(attention), 관심(interesting), 욕망(desire), 행동(action)의 단계가 있다.

04 부동산 마케팅 4P(가격, 제품, 유통경로, 판매촉진) 전략과 다음 부동산 마케팅 활동의 연결이 옳은 것은?

상중하
4P mix

┌───┐
│ ㉠ 아파트 단지 내 자연친화적 실개천 설치   │
│ ㉡ 부동산 중개업소 적극 활용   │
│ ㉢ 시장분석을 통한 적정 분양가 책정   │
│ ㉣ 주택청약자 대상 경품추첨으로 가전제품 제공   │
└───┘

① ㉠ product, ㉡ promotion, ㉢ price,   ㉣ place

② ㉠ place,   ㉡ promotion, ㉢ price,   ㉣ product

③ ㉠ place,   ㉡ product,   ㉢ price,   ㉣ promotion

④ ㉠ product, ㉡ place,   ㉢ price,   ㉣ promotion

⑤ ㉠ product, ㉡ place,   ㉢ promotion, ㉣ price

05 부동산 마케팅 전략에 관한 설명으로 틀린 것은?

상**중**하
마케팅 전략

① 부동산 마케팅에서 시장세분화(market segmentation)란 부동산 시장에서 마케팅 활동을 수행하기 위하여 구매자의 집단을 세분화하는 것이다.
② 부동산 마케팅에서 표적시장(target market)이란 세분된 시장에서 부동산 기업이 표적으로 삼아 마케팅 활동을 수행하는 시장을 말한다.
③ 고객점유마케팅의 전략으로는 STP 전략과 4P(Place, Product, Price, Promotion) mix 전략이 있다.
④ 판매촉진(promotion)은 표적시장의 반응을 빠르고 강하게 자극·유인하는 전략을 말한다.
⑤ 부동산 마케팅의 가격전략 중 빠른 자금회수를 원하고 지역구매자의 구매력이 낮은 경우, 저가전략을 이용한다.

06 부동산 마케팅에서 4P 마케팅 믹스(Marketing Mix) 전략의 구성요소를 모두 고른 것은?

상중**하**
4P mix

㉠ Product(제품)	㉡ Place(유통경로)
㉢ Plan(계획)	㉣ Price(가격)
㉤ Propose(제안)	㉥ Promotion(판매촉진)

① ㉠, ㉡, ㉢, ㉥   ② ㉠, ㉡, ㉣, ㉤
③ ㉠, ㉡, ㉣, ㉥   ④ ㉡, ㉢, ㉣, ㉤
⑤ ㉢, ㉣, ㉤, ㉥

07 주택시장에서 시장세분화(market segmentation)에 관한 설명으로 옳은 것은?

상중**하**
시장세분화

① 주택 공급자의 신용도에 따라 소비자들의 공급자 선호를 구분하는 것이다.
② 시장세분화가 이루어지면 시장정보가 증가하여 거래비용이 항상 증가한다.
③ 주택의 수요가 공급보다 많은 매도자 우위의 시장을 의미한다.
④ 공급하고자 하는 주택이 가장 잘 팔릴 수 있는 시장을 의미한다.
⑤ 일정한 기준에 의해 주택 수요자를 보다 동질적인 소집단으로 구분하는 것이다.

08 부동산 마케팅에 관한 설명으로 틀린 것은?

상중하
부동산 마케팅

① 부동산 시장이 공급자 우위에서 수요자 우위의 시장으로 전환되면 마케팅의 중요성이 더욱 증대된다.

② STP 전략이란 고객집단을 세분화(Segmentation)하고 표적시장을 선정(Targeting)하여 효과적으로 차별화(positioning) 하는 전략이다.

③ 고객관계관리(CRIM) 전략은 장기적 관계형성에 초점을 두는 전략으로 대표적인 시장점유전략에 해당한다.

④ 관계마케팅 전략이란 고객과 공급자 간의 지속적인 관계를 유지하여 마케팅효과를 도모하는 전략이다.

⑤ 시장점유마케팅 전략이란 부동산 시장을 점유하기 위한 전략으로 4P Mix 전략, STP 전략이 있다.

09 부동산 마케팅 전략에 관한 설명으로 옳은 것은?

상중하
부동산 마케팅

① 노벨티(novelty) 전략은 SNS, 블로그 등 다양한 매체를 통해 해당 브랜드나 제품에 대해 입소문을 내게 하여 마케팅 효과를 극대화시키는 것이다.

② 분양 성공을 위해 아파트 브랜드를 고급스러운 이미지로 고객의 인식에 각인시키도록 하는 노력은 STP 전략 중 시장세분화(Segmentation) 전략에 해당한다.

③ 아파트 분양 모델하우스 방문고객 대상으로 추첨을 통해 자동차를 경품으로 제공하는 것은 4P Mix 전략 중 판매촉진(promotion) 전략에 해당한다.

④ 아파트의 차별화를 위해 커뮤니티 시설에 헬스장, 골프연습장을 설치하는 방안은 4P Mix 전략 중 가격(Price)전략에 해당한다.

⑤ 고객점유마케팅 전략에서 AIDA의 원리는 주의(Attention) – 관심(Interest) – 결정(Decision) – 행동(Action)의 과정을 말한다.

10 부동산 마케팅 전략에 관한 설명으로 틀린 것은?

상중하
부동산 마케팅

① 시장점유 전략은 공급자 측면의 접근으로 목표시장을 선점하거나 점유율을 높이는 것을 말한다.

② 적응가격 전략이란 동일하거나 유사한 제품으로 다양한 수요자들의 구매를 유입하고, 구매량을 늘리도록 유도하기 위하여 가격을 다르게 하여 판매하는 것을 말한다.

③ 마케팅 믹스란 기업의 부동산 상품이 표적시장에 도달하기 위해 이용하는 마케팅에 관련된 여러 요소들의 조합을 말한다.

④ 시장세분화 전략이란 수요자 집단을 인구·경제적 특성에 따라 세분하고, 세분된 시장에서 상품의 판매지향점을 분명히 하는 것을 말한다.

⑤ 시장점유 전략은 소비자의 구매의사결정 과정의 각 단계에서 소비자와의 심리적인 접점을 마련하고 전달하려는 정보의 취지와 강약을 조절하는 것을 말한다.

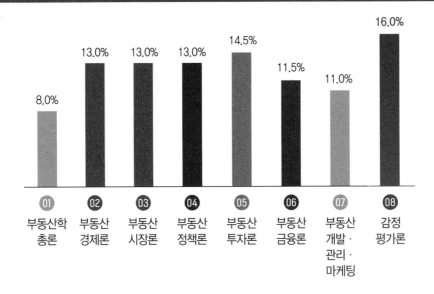

▌최근 5개년 출제경향 분석

부동산 가격이론은 출제비중은 높으나 어렵지 않은 부분이므로 이론적인 정리가 요구된다. 감정평가
방식은 암기 위주가 아닌 3방식의 이론적 체계와 각 방식의 논리적 차이점을 이해하여야 한다. 또한
계산문제의 출제 비중이 높은 단원이므로 계산문제에 대한 대비가 필요하다.

PART

08

감정평가론

부동산 가치와 가격의 기본이론

01 가치와 가격

대표유형

부동산의 가격(price)과 가치(value)에 관한 설명으로 옳은 것은?

① 가치(value)는 특정 부동산에 대한 교환의 대가로서 매수인이 지불한 금액이다.

② 가격(price)은 효용에 중점을 두며, 장래 기대되는 편익은 금전적인 것뿐만 아니라 비금전적인 것을 포함할 수 있다.

③ 가격(price)은 대상 부동산에 대한 과거의 값이지만, 가치(value)는 장래 기대되는 편익을 현가화한 현재의 값이다.

④ 가격(price)이란 주관적 판단이 반영된 것으로 각 개인에 따라 차이가 발생할 수 있다.

⑤ 주어진 시점에서 대상 부동산의 가격(price)은 다양하게 존재한다.

해설 ① 가격(price)은 특정 부동산에 대한 교환의 대가로서 매수인이 지불한 금액이다.
② 가치(value)는 효용에 중점을 두며, 장래 기대되는 편익은 금전적인 것뿐만 아니라 비금전적인 것을 포함할 수 있다.
④ 가치(value)는 주관적 판단이 반영된 것으로 각 개인에 따라 차이가 발생할 수 있다.
⑤ 주어진 시점에서 대상 부동산의 가치(value)는 다양하게 존재한다.　　　　　　　**A** 정답 ③

01
상중하
지역분석

감정평가 과정상 지역분석 및 개별분석에 관한 설명으로 옳은 것은?

① 동일수급권(同一需給圈)이란 대상 부동산과 대체·경쟁관계가 성립하고 가치형성에 서로 영향을 미치는 관계에 있는 다른 부동산이 존재하는 권역(圈域)을 말하며, 인근지역과 유사지역은 제외된다.

② 지역분석이란 대상 부동산이 속해 있는 지역의 지역요인을 분석하여 대상 부동산의 최유효이용을 판정하는 것을 말한다.

③ 인근지역이란 대상 부동산이 속한 지역으로서 부동산의 이용이 동질적이고 가치형성요인 중 개별요인을 공유하는 지역을 말한다.

④ 지역분석이란 대상 부동산이 속한 지역의 지역적 요인을 분석하여 해당 지역 내 부동산의 표준적이용과 가격수준을 판정하는 것을 말한다.

⑤ 지역분석보다 개별분석을 먼저 실시하는 것이 일반적이다.

02
상중**하**
지역분석

감정평가 과정상 지역분석과 개별분석에 관한 설명으로 틀린 것은?

① 지역분석보다 개별분석이 후행하는 것이 원칙이다.

② 지역분석에 있어서 중요한 대상은 인근지역, 유사지역 및 동일수급권이다.

③ 대상 부동산의 최유효이용을 판정하기 위해 개별분석이 필요하다.

④ 지역분석을 통해 해당 지역 내 부동산의 표준적이용과 가격수준을 파악할 수 있다.

⑤ 개별분석은 대상 지역에 대한 거시적인 분석인 반면, 지역분석은 대상 부동산에 대한 미시적인 분석이다.

03
상중**하**
지역분석

감정평가 과정상 지역분석과 개별분석에 관한 설명으로 틀린 것은?

① 해당 지역 내 부동산의 표준적이용과 가격수준 파악을 위해 지역분석이 필요하다.

② 개별분석은 대상 부동산 자체에 대한 국지적이고 부분적 분석이며, 지역분석은 대상 부동산이 속한 지역에 대한 전체적이며 광역적 분석의 성격이 강하다.

③ 유사지역이란 대상 부동산이 속한 지역으로서 부동산의 이용이 동질적이고 가치형성요인 중 지역요인을 공유하는 지역을 말한다.

④ 동일수급권이란 대상 부동산과 대체 · 경쟁 관계가 성립하고 가치 형성에 서로 영향을 미치는 관계에 있는 다른 부동산이 존재하는 권역을 말하며, 인근지역과 유사지역을 말한다.

⑤ 대상 부동산이 속한 지역분석을 통해 적합의 원칙을 판단할 수 있다.

04
상중**하**
지역분석

다음은 감정평가 과정상 지역분석 및 개별분석과 관련된 내용이다. (   )에 들어갈 용어는?

> 지역분석은 해당 지역의 (㉠) 및 그 지역 내 부동산의 가격수준을 판정하는 것이며, 개별분석은 대상 부동산의 (㉡)을 판정하는 것이다. 지역분석의 분석 대상 지역 중 (㉢)은 대상 부동산이 속한 지역으로서 부동산의 이용이 동질적이고 가치형성요인 중 지역요인을 공유하는 지역이다.

① ㉠ 표준적이용, ㉡ 최유효이용, ㉢ 유사지역

② ㉠ 표준적이용, ㉡ 최유효이용, ㉢ 인근지역

③ ㉠ 최유효이용, ㉡ 표준적이용, ㉢ 유사지역

④ ㉠ 최유효이용, ㉡ 표준적이용, ㉢ 인근지역

⑤ ㉠ 최유효이용, ㉡ 최유효이용, ㉢ 유사지역

02 부동산 가격제원칙

대표유형

부동산 가격원칙에 관한 설명으로 틀린 것은?

① 최유효이용은 대상 부동산의 물리적 채택가능성, 합리적이고 합법적인 이용, 최고 수익성을 기준으로 판정할 수 있다.

② 균형의 원칙은 구성요소의 결합에 대한 내용으로, 균형을 이루지 못하는 과잉부분은 원가법을 적용할 때 경제적 감가로 처리한다.

③ 적합의 원칙은 부동산의 입지와 인근 환경의 영향을 고려한다.

④ 대체의 원칙은 부동산의 가격이 대체관계의 유사 부동산으로부터 영향을 받는다는 점에서, 거래사례비교법의 토대가 될 수 있다.

⑤ 예측 및 변동의 원칙은 부동산은 현재보다 장래의 활용 및 변화 가능성을 고려한다는 점에서, 수익환원법의 토대가 될 수 있다.

해설 ② 균형의 원칙은 구성요소의 결합에 대한 내용으로, 균형을 이루지 못하는 과잉부분은 원가법을 적용할 때 기능적 감가로 처리한다.　　　　　　　　　　　　　　　　　　　　**A** 정답 ②

01

상중하
가격제원칙

부동산 감정평가에서 가격의 제원칙에 관한 설명으로 틀린 것은?

① 부동산 가격의 원칙은 부동산의 가격이 어떻게 형성되고 유지되는지 그 법칙성을 찾아내어 평가활동의 지침으로 삼으려는 행동기준이다.

② 변동의 원칙은 재화의 가격이 그 가격형성요인의 변화에 따라 달라지는 것으로, 부동산의 가격도 사회적·경제적·행정적 요인이나 부동산 자체가 가지는 개별적 요인에 따라 지속적으로 변동한다는 것을 강조하는 것이다.

③ 균형의 원칙은 적합의 원칙과는 대조적인 의미로, 부동산 구성요소의 결합에 따른 최유효이용을 강조하는 것이다.

④ 적합의 원칙을 판단하기 위해서 개별분석이 필요하고, 균형의 원칙을 판단하기 위해서는 지역분석이 필요하다.

⑤ 대체의 원칙은 대체성 있는 2개 이상의 재화가 존재할 때 그 재화의 가격은 서로 관련되어 이루어진다는 원칙으로, 소비자들은 유용성이 동일할 때는 가장 가격이 싼 것을 선택하게 된다.

02 다음 부동산 현상 및 부동산 활동을 설명하는 감정평가이론상 부동산 가격원칙을 순서대로 나열
한 것은?

상중하
가격제원칙

> • 도심지역의 공업용지가 동일한 효용을 가지고 있는 외곽지역의 공업용지보다 시장가격이
>   더 높다.
> • 복도의 천정 높이를 과대개량한 전원주택이 냉·난방비 문제로 시장에서 선호도가 떨어
>   진다.
> • 판매시설 입점부지 선택을 위해 후보지역분석을 통해 표준적 사용을 확인한다.

① 기회비용의 원칙, 균형의 원칙, 적합의 원칙
② 기회비용의 원칙, 적합의 원칙, 균형의 원칙
③ 기회비용의 원칙, 균형의 원칙, 기여의 원칙
④ 기여의 원칙, 균형의 원칙, 기회비용의 원칙
⑤ 기여의 원칙, 적합의 원칙, 균형의 원칙

03 가격제원칙과 관련하여 틀리게 설명된 것을 모두 고르면?

상중하
가격제원칙

> ㉠ 대체의 원칙이란 부동산이 가지는 제 특성은, 그것이 시장수요와 일치되거나 주변의 토
>   지 이용과 어울릴 수 있을 때 높은 가치를 창출하게 된다는 원리이다.
> ㉡ 비교방식의 평가기법은 대체의 원칙과 밀접한 관련을 갖는다.
> ㉢ 변동의 원칙으로 인해 감정평가에서는 기준시점이 중시되고, 시점수정의 필요성이 중시
>   된다.
> ㉣ 적합의 원칙에 위배된 부동산에는 기능적 감가가 발생하고, 균형의 원칙에 위배된 부동
>   산에는 경제적 감가가 발생한다.
> ㉤ 예측의 원칙에 의해 부동산의 가치(value)란 장래 기대되는 편익을 현재가치로 환원한
>   값이라고 정의할 수 있다.

① ㉠, ㉣, ㉤　　　　　　　　　　　② ㉠, ㉤
③ ㉡, ㉣　　　　　　　　　　　　　④ ㉢, ㉤
⑤ ㉠, ㉣

감정평가 3방식의 구성

01 감정평가 3방식

대표유형

감정평가에 관한 규칙상 (   )에 들어갈 내용으로 옳은 것은?

- 원가방식: 원가법 및 적산법 등 (㉠)의 원리에 기초한 감정평가방식
- 비교방식: 거래사례비교법, 임대사례비교법 등 (㉡)의 원리에 기초한 감정평가방식 및 (㉢)
- 수익방식: 수익환원법 및 수익(㉣)법 등 수익성의 원리에 기초한 감정평가방식

① ㉠ 비용성, ㉡ 시장성, ㉢ 공시지가기준법, ㉣ 분석
② ㉠ 비용성, ㉡ 시장성, ㉢ 공시지가기준법, ㉣ 할인
③ ㉠ 비교성, ㉡ 시장성, ㉢ 공시지가기준법, ㉣ 분석
④ ㉠ 시장성, ㉡ 비교성, ㉢ 공시지가비교법, ㉣ 할인
⑤ ㉠ 시장성, ㉡ 비교성, ㉢ 공시지가비교법, ㉣ 분석

해설 • 원가방식: 원가법 및 적산법 등 (비용성)의 원리에 기초한 감정평가방식
- 비교방식: 거래사례비교법, 임대사례비교법 등 (시장성)의 원리에 기초한 감정평가방식 및 (공시지가기준법)
- 수익방식: 수익환원법 및 수익(분석)법 등 수익성의 원리에 기초한 감정평가방식

ℹ️ 3방식 6방법

3면성	특 징	3방식	산 정	7방법	시산가액·임료
비용성	공급자	원가방식	가격	원가법	적산가액
			임료	적산법	적산임료
시장성	수요·공급	비교방식	가격	거래사례비교법	비준가액
			임료	임대사례비교법	비준임료
수익성	수요자	수익방식	가격	수익환원법	수익가액
			임료	수익분석법	수익임료

비교방식으로 토지를 평가하는 공시지가기준법도 존재함

🅐 정답 ①

01

상중하

시산가액조정

감정평가 3방식 및 시산가액 조정에 관한 설명으로 틀린 것은?

① 감정평가 3방식은 수익성, 비용성, 시장성에 기초하고 있다.

② 감정평가 3방식에 의하여 도출된 각각의 적산가액, 비준가액, 수익가액을 최종 평가액이라고 한다.

③ 시산가액 조정은 각 시산가액을 상호 관련시켜 재검토함으로써 시산가액 상호간의 격차를 합리적으로 조정하는 작업이다.

④ 시산가액 조정은 자료의 양, 정확성, 적절성 등을 고려하여 가중치를 두어 결정하는 것이 원칙이다.

⑤ 감정평가에 관한 규칙에서는 시산가액 조정에 대하여 규정하고 있다.

02

상중하

시산가액조정

다음 자료를 활용하여 시산가액 조정을 통해 구한 감정평가액은? (단, 주어진 조건에 한함)

• 거래사례를 통해 구한 시산가액(가치) : 1.5억원
• 조성비용을 통해 구한 시산가액(가치) : 1.2억원
• 임대료를 통해 구한 시산가액(가치) : 1.4억원
• 시산가액 조정 방법 : 가중치를 부여하는 방법
• 가중치 : 원가방식 40%, 비교방식 30%, 수익방식 30%를 적용함.

① 1.29억원   ② 1.31억원   ③ 1.33억원

④ 1.35억원   ⑤ 1.5억원

---

02 **원가방식**

◤ **대표유형** ▮

원가방식에 관련된 설명으로 틀린 것은?

① 원가법을 통해 적산가액을 산정할 때는 재조달원가에서 감가누계액을 차감하여 산정한다.

② 원가방식은 부동산 가격의 3면성 중 비용성에 근거하여 감정평가하는 방식이다.

③ 평가대상 부동산의 재조달원가는 기준시점 기준의 신축원가비용으로, 복제원가와 대치원가가 있다.

④ 건물의 재조달원가는 자가건설과 도급건설 구분 없이 도급건설 기준으로 산정한다.

⑤ 대상 부동산의 재조달원가에는 수급이윤이 포함되지 않는다.

해설 ⑤ 재조달원가는 도급건설을 기준으로 산정하되, 도급건설비에 수급이윤이 포함된다.   Ⓐ 정답 ⑤

01

상중하
재조달원가

다음 건물의 m²당 재조달원가는? (단, 주어진 조건에 한함)

- 20년 전 준공된 5층 건물(대지면적 500m², 연면적 1,500m²)
- 준공 당시의 공사비 내역

직접공사비	: 500,000,000원
간접공사비	: 40,000,000원
공사비 계	: 540,000,000원
개발업자의 이윤	: 60,000,000원
총계	: 600,000,000원

- 20년 전 건축비지수 : 100
- 기준시점 건축비지수 : 145

① 350,000원 ② 380,000원

③ 450,000원 ④ 520,000원

⑤ 580,000원

02

상중하
감가수정방법

원가법에서 사용하는 감가수정방법에 관한 설명으로 틀린 것은?

① 정률법에서는 매년 감가율이 일정함에 따라 감가액이 감소한다.

② 정액법에서는 감가누계액이 경과연수에 정비례하여 증가한다.

③ 정률법을 직선법 또는 균등상각법이라고도 한다.

④ 상환기금법은 건물 등의 내용연수가 만료될 때 감가누계상당액과 그에 대한 복리계산의 이자상당액분을 포함하여 당해 내용연수로 상환하는 방법이다.

⑤ 정액법, 정률법, 상환기금법은 모두 내용연수에 의한 감가수정방법이다.

03

상중하
감가수정

감가수정에 관한 설명으로 틀린 것을 모두 고른 것은?

㉠ 감가수정과 관련된 내용연수는 경제적 내용연수가 아닌 물리적 내용연수를 의미한다.

㉡ 대상 물건에 대한 재조달원가를 감액할 요인이 있는 경우에는 물리적 감가, 기능적 감가, 경제적 감가 등을 고려한다.

㉢ 감가수정방법에는 내용연수법, 관찰감가법, 분해법 등이 있다.

㉣ 내용연수법으로는 정액법, 정률법, 상환기금법이 있다.

㉤ 정률법은 매년 일정한 감가율을 곱하여 감가액을 구하는 방법으로 매년 감가액이 일정하다.

① ㉠, ㉡ ② ㉡, ㉢

③ ㉠, ㉤ ④ ㉡, ㉢, ㉣

⑤ ㉠, ㉣, ㉤

04

감가수정

원가법에 의한 대상 물건 기준시점의 감가수정액은?

- 준공시점 : 2019년 6월 30일
- 기준시점 : 2024년 6월 30일
- 기준시점 재조달원가 : 500,000,000원
- 경제적 내용연수 : 50년
- 감가수정은 정액법에 의하고, 내용연수 만료시 잔존가치율은 10%

① 20,000,000원 ② 25,000,000원 ③ 30,000,000원
④ 45,000,000원 ⑤ 50,000,000원

05

적산가액

원가법에 의한 공장건물의 적산가액은? (단, 주어진 조건에 한함)

- 신축공사비 : 5,000만원
- 준공시점 : 2021년 9월 30일
- 기준시점 : 2024년 9월 30일
- 건축비지수
  - 2021년 9월 : 100
  - 2024년 9월 : 135
- 전년대비 잔가율 : 80%
- 신축공사비는 준공 당시 재조달원가로 적정하며, 감가수정방법을 공장건물이 설비에 가까운 점을 고려하여 정률법을 적용함

① 3,456만원 ② 3,825만원 ③ 4,120만원
④ 4,250만원 ⑤ 4,700만원

06

적산가액

원가법에 의한 대상 물건의 적산가액은? (단, 주어진 조건에 한함)

- 신축에 의한 사용승인시점 : 2021. 9. 20.
- 기준시점 : 2023. 9. 20.
- 사용승인시점의 신축공사비 : 2억원(신축공사비는 적정함)
- 공사비 상승률 : 매년 전년대비 5% 상승
- 경제적 내용연수 : 50년
- 감가수정방법 : 정액법
- 내용연수 만료시 잔가율 : 10%

① 208,200,000원 ② 212,562,000원 ③ 232,330,000원
④ 287,520,000원 ⑤ 312,750,000원

07

상중하

적산가액

원가법으로 산정한 대상 물건의 적산가액은? (단, 주어진 조건에 한함)

- 사용승인일의 신축공사비 : 5천만원(신축공사비는 적정함)
- 사용승인일 : 2022. 9. 1.
- 기준시점 : 2024. 9. 1.
- 건축비지수
  - 2022. 9. 1. = 100
  - 2024. 9. 1. = 120
- 경제적 내용연수 : 50년
- 감가수정방법 : 정액법
- 내용연수 만료시 잔가율 : 10%

① 57,840,000원   ② 59,300,000원

③ 62,700,000원   ④ 63,030,000원

⑤ 72,600,000원

08

상중하

적산가액

다음 자료를 활용하여 원가법으로 산정한 대상 건물의 시산가액은? (단, 주어진 조건에 한함)

- 대상건물 현황 : 철근콘크리트조, 단독주택, 연면적 300m²
- 기준시점 : 2024.10.28.
- 사용승인일 : 2021.10.28.
- 사용승인일의 신축공사비 : 1,500,000원/m²(신축공사비는 적정함)
- 건축비지수(건설공사비지수)
  - 2021.10.28. : 100
  - 2024.10.28. : 120
- 경제적 내용연수 : 50년
- 감가수정방법 : 정액법
- 내용연수 만료시 잔존가치 없음

① 446,200,000원   ② 452,000,000원

③ 458,000,000원   ④ 469,000,000원

⑤ 507,600,000원

09 다음 ( )에 들어갈 숫자를 순서대로 나열한 것은?

참종하
비율 및 조정치

- 원가법 적용시, 경제적 내용연수 20년, 최종잔가율 20%, 정액법으로 감가수정할 경우, 재조달원가 대비 매년 감가액의 비율은 ( )%이다.
- 거래사례비교법 적용시, 거래사례에 인근 정상거래가격 대비 20% 저가에 매도된 것을 확인하고 사정보정치에 ( )를 적용했다.

① 4, 0.80 　　　　　　　　　② 4, 1.25

③ 4, 1.20 　　　　　　　　　④ 5, 1.20

⑤ 5, 1.25

---

03 비교방식

대표유형

감정평가의 대상이 되는 부동산(이하 대상 부동산이라 함)과 거래사례부동산의 개별요인 항목별 비교내용이 다음과 같은 경우 상승식으로 산정한 개별요인비교치는? (단, 주어진 조건에 한하며, 결과값은 소수점 넷째 자리에서 반올림함)

- 가로의 폭·구조 등의 상태에서 대상 부동산이 3% 우세함
- 고객의 유동성과의 적합성에서 대상 부동산이 4% 열세함
- 형상 및 고저는 동일함
- 행정상의 규제정도에서 대상 부동산이 5% 우세함

① 1.015 　　　　　　② 1.029 　　　　　　③ 1.038

④ 1.059 　　　　　　⑤ 1.060

해설 개별요인비교치

1. 3% 우세 = 1.03
2. 4% 열세 = 0.96
3. 5% 우세 = 1.05
4. 수정치 = 1.038 (넷째 자리에서 반올림)

Ⓐ 정답 ③

01 다음 자료를 활용하여 거래사례비교법으로 산정한 대상 토지의 감정평가액은? (단, 주어진 조건에 한함)

상중하
비준가액

- 대상 토지: A시 B동 150번지, 토지 110m², 제3종 일반주거지역
- 기준시점: 2024. 9. 1.
- 거래사례의 내역
  - 소재지 및 면적: A시 B동 123번지, 토지 100m²
  - 용도지역: 제3종일반주거지역
  - 거래사례가격: 5억원
  - 거래시점: 2024. 3. 1.
  - 거래사례의 사정보정 요인은 없음
- 지가변동률(2024. 3. 1.~9. 1.): A시 주거지역 5% 상승함
- 지역요인: 대상 토지는 거래사례의 인근지역에 위치함
- 개별요인: 대상 토지는 거래사례에 비해 10% 열세함
- 상승식으로 계산할 것

① 502,750,000원   ② 519,750,000원   ③ 543,250,000원
④ 588,752,000원   ⑤ 612,750,000원

02 다음 자료를 활용하여 거래사례비교법으로 산정한 대상토지의 비준가액은? (단, 주어진 조건에 한함)

상중하
비준가액

- 평가대상 토지: X시 Y동 210번지, 대, 110m², 일반상업지역
- 기준시점: 2024. 9. 1.
- 거래사례
  - 소재지: X시 Y동 250번지
  - 지목 및 면적: 대, 120m²
  - 용도지역: 일반상업지역
  - 거래가격: 3억 6천만원
  - 거래시점: 2024. 2. 1.
  - 거래사례는 정상적인 매매임
- 지가변동률(2024. 2. 1. ~ 9. 1.): X시 상업지역 4% 상승
- 지역요인: 대상 토지는 거래사례의 인근지역에 위치함
- 개별요인: 대상 토지는 거래사례에 비해 2% 우세함
- 상승식으로 계산할 것

① 306,600,000원   ② 312,930,000원   ③ 322,560,000원
④ 350,064,000원   ⑤ 362,516,000원

03

상중하

비준가액

다음 자료를 활용하여 거래사례비교법으로 산정한 토지의 비준가액은? (단, 주어진 조건에 한함)

- 대상 토지 : A시 B구 C동 350번지, 130m²(면적), 대(지목), 주상용(이용상황), 제2종일반주 거지역(용도지역)
- 기준시점 : 2024.10.29.
- 거래사례
  - 소재지 : A시 B구 C동 340번지
  - 100m²(면적), 대(지목), 주상용(이용상황)
  - 제2종일반주거지역(용도지역)
  - 거래가격 : 600,000,000원
  - 거래시점 : 2024.06.01.
- 사정보정치 : 0.8
- 지가변동률(A시 B구, 2024.06.01.~2024.10.29.) : 주거지역 6% 상승, 상업지역 5% 상승
- 지역요인 : 거래사례와 동일
- 개별요인 : 거래사례에 비해 4% 열세
- 상승식으로 계산

① 634,982,400원　　　　　　　　　② 638,650,000원
③ 692,800,000원　　　　　　　　　④ 695,350,000원
⑤ 698,500,000원

04

상중하

공시지가기준법

감정평가법인등이 감정평가에 관한 규칙에 의거하여 공시지가기준법으로 토지를 감정평가하는 경우 필요 항목을 순서대로 나열한 것은?

㉠ 비교표준지 선정	㉡ 감가수정	㉢ 감가상각
㉣ 사정보정	㉤ 시점수정	㉥ 지역요인비교
㉦ 개별요인비교	㉧ 면적요인비교	㉨ 그 밖의 요인보정

① ㉠ - ㉡ - ㉥ - ㉦ - ㉨
② ㉠ - ㉢ - ㉥ - ㉦ - ㉨
③ ㉠ - ㉣ - ㉤ - ㉥ - ㉨
④ ㉠ - ㉣ - ㉦ - ㉧ - ㉨
⑤ ㉠ - ㉤ - ㉥ - ㉦ - ㉨

05 공시지가기준법에 대한 다음의 설명 중 틀린 것은?

상**중**하
공시지가기준법

① 공시지가기준법은 평가의 대상이 된 토지와 유사한 표준지공시지가를 기준으로 대상 토지의 현황에 맞게 시점수정 지역요인 및 개별요인 비교 등을 거쳐 대상 토지의 가액을 산정하는 감정평가방법을 말한다.

② 인근지역의 표준지가 적절치 아니할 경우, 동일수급권 안의 유사지역에 있는 표준지를 선정하여 감정평가할 수 있다.

③ 시점수정은 비교표준지가 있는 시 · 군 · 구의 같은 용도지역의 지가변동률을 적용하는 것이 원칙이다.

④ 토지는 공시지가기준법으로 평가하는 것이 원칙이나 적정한 실거래가가 있는 경우에는 이를 기준으로 할 수 있다.

⑤ 적정한 실거래가란 거래시점이 도시지역은 5년 이내, 그 밖의 지역은 3년 이내인 거래가격 중에서 감정평가법인등이 적정하다고 판단하는 거래가격을 의미한다.

06 A군 B면 C리 자연녹지지역 내의 공업용 부동산을 비교방식으로 감정평가할 때 적용할 사항으로 옳은 것을 모두 고른 것은?

상**중**하
비교방식

> ㉠ C리에 자연녹지지역 내의 이용상황이 공업용인 표준지가 없어 동일수급권인 인근 D리의 자연녹지지역에 소재하는 공업용 표준지를 비교표준지로 선정하였다.
> ㉡ 공시지가기준법 적용에 따른 시점수정시 지가변동률을 적용하는 것이 적절하지 아니하여 통계청이 조사 · 발표하는 소비자 물가지수에 따라 산정된 소비자 물가상승률을 적용하였다.
> ㉢ C리에 소재하는 유사물건이 급매로 인해 시세보다 저가로 최근에 거래되었는데, 어느 정도 저가로 거래되었는지는 알 수 없어 비교사례로 선정하지 않았다.

① ㉠

② ㉠, ㉡

③ ㉠, ㉢

④ ㉡, ㉢

⑤ ㉠, ㉡, ㉢

07
상중하
공시지가기준법

제시된 자료를 활용해 감정평가에 관한 규칙에서 정한 공시지가기준법으로 평가한 토지 평가액 (원/m²)은?

- 기준시점 : 2024.10.24.
- 소재지 등 : A시 B구 C동 177, 제2종일반주거지역, 면적 200m²
- 비교표준지 : A시 B구 C동 123, 제2종일반주거지역, 2024.1.1. 공시지가 3,000,000원/m²
- 지가변동률(2024.1.1.~2024.10.24.) : A시 B구 주거지역 4% 상승
- 지역요인 : 대상 토지가 비교표준지의 인근지역에 위치하여 동일
- 개별요인 : 대상 토지가 비교표준지에 비해 가로조건은 4% 열세, 환경조건은 10% 우세하고, 다른 조건은 동일(상승식으로 계산할 것)
- 그 밖의 요인으로 보정할 사항 없음

① 3,195,000원/m²
② 3,200,000원/m²
③ 3,294,720원/m²
④ 3,394,000원/m²
⑤ 3,520,000원/m²

08
상중하
공시지가기준법

다음 자료를 활용하여 공시지가기준법으로 평가한 대상토지의 가액(원/m²)은? (다음 주어진 조건에 한함)

- 소재지 등 : A시 B구 C동 100, 일반공업지역, 상업용
- 기준시점 : 2024.10.31
- 표준지공시지가(A시 B구 C동. 2024.01.01.기준)

기 호	소재지	용도지역	이용상황	공시지가(원/m²)
1	C동 90	일반공업지역	상업용	1,000,000
2	C동 110	일반상업지역	상업용	2,000,000

- 지가변동(A시 B구, 2024.01.01.~2024.10.31.)
  - 공업지역 : 4% 상승
  - 상업지역 : 5% 상승
- 지역요인 : 표준지와 대상 토지는 인근지역에 위치하여 지역요인은 동일함
- 개별요인 : 대상 토지는 표준지 기호 1, 2에 비해 각각 가로조건에서 10% 우세하고, 다른 조건은 동일함(상승식으로 계산할 것)
- 그 밖의 요인보정치 : 1.50

① 1,144,000
② 1,155,000
③ 1,716,000
④ 2,288,000
⑤ 2,310,000

09 다음 자료를 활용하여 공시지가기준법으로 산정한 대상 토지의 단위면적당 시산가액은? (단, 주어진 조건에 한함)

상중하
공시지가기준법

- 대상 토지 현황: A시 B구 C동 120번지, 준주거지역, 상업용
- 기준시점: 2024.10.28.
- 표준지공시지가(A시 B구 C동, 2024.01.01. 기준)

기 호	소재지	용도지역	이용상황	공시지가(원/m²)
1	C동 110	준주거지역	상업용	6,000,000
2	C동 130	일반상업지역	상업용	8,000,000

- 지가변동률(A시 B구, 2024.01.01.~2024.10.28.)
  - 상업지역: 5% 상승
  - 준주거지역: 3% 상승
- 지역요인: 표준지와 대상 토지는 인근지역에 위치하여 지역요인 동일함
- 개별요인: 대상 토지는 표준지 기호 1에 비해 개별요인 10% 우세하고, 표준지 기호 2에 비해 개별요인 3% 열세함
- 그 밖의 요인 보정: 대상 토지 인근지역의 가치형성 요인이 유사한 정상적인 거래사례 및 평가사례 등을 고려하여 그 밖의 요인으로 50% 증액 보정함
- 상승식으로 계산할 것

① 6,798,000원/m²
② 8,148,000원/m²
③ 10,197,000원/m²
④ 12,222,000원/m²
⑤ 13,860,000원/m²

04 수익방식

다음 자료를 활용하여 직접환원법으로 평가한 대상 부동산의 수익가액은? (단, 주어진 조건에 한하며, 연간 기준임)

- 가능총소득(PGI) : 50,000,000원
- 공실상당액 및 대손충당금 : 가능총소득 5%
- 영업경비(OE) : 유효총소득(EGI)의 40%
- 환원율 : 10%

① 245,000,000원
② 285,000,000원
③ 385,000,000원
④ 399,000,000원
⑤ 420,000,000원

해설 1. 직접환원법에 의한 수익가액 = $\dfrac{순영업소득}{환원이율}$

가능총소득	5,000만원
공실 및 대손충당금	× 0.95
유효총소득	= 4,750만원
영업경비	× 0.6
= 순영업소득	= 2,850만원
÷ 환원이율	÷ 0.1
= 수익가액	2억 8,500만원

2. 수익가액 = $\dfrac{2,850만원}{0.1}$ = 2억 8,500만원

A 정답 ②

01 수익방식의 평가기법에 대한 설명으로 틀린 것은?

상중하
수익방식

① 소득을 많이 창출하는 부동산일수록 가치가 크고, 그렇지 못한 부동산일수록 가치가 작다는 논리에 근거한다.

② 장래 수익을 기반으로 감정평가가 이루어진다는 점에서 부동산의 특성 중 영속성과 관련이 있다.

③ 장래수익의 예측을 통해 감정평가가 이루어지므로 가격제원칙 중 예측의 원칙과 밀접한 관련이 있다.

④ 전통적 소득접근법이란 세후현금흐름을 적정한 환원율로 환원하여 대상 부동산의 가치를 평가하는 방법이다.

⑤ 자본환원율이란 대상 부동산이 장래 산출할 것으로 기대되는 표준적인 순영업소득을 부동산 가격으로 나눈 비율이다.

02 다음과 같은 조건에서 수익환원법에 의해 평가한 대상 부동산의 가치는?

상중하
수익가액

> • 유효총소득 : 45,000,000원
> • 영업경비 : 5,000,000원
> • 토지가액 : 건물가액 = 40% : 60%
> • 토지환원이율 : 5%
> • 건물환원이율 : 10%

① 325,000,000원   ② 375,000,000원
③ 425,000,000원   ④ 475,000,000원
⑤ 500,000,000원

03 다음 자료를 활용하여 수익환원법을 적용한 평가대상 근린생활시설의 수익가액은? (단, 주어진 조건에 한하며 연간 기준임)

상중하
수익가액

> • 가능총소득 : 8,000만원
> • 공실손실상당액 : 가능총소득의 5%
> • 유지관리비 : 가능총소득의 5%
> • 부채서비스액 : 1,000만원
> • 화재보험료 : 200만원
> • 개인업무비 : 가능총소득의 10%
> • 기대이율 : 4%, 환원율 : 5%

① 8억원   ② 9억 2,000만원
③ 11억 2,000만원   ④ 12억원
⑤ 14억원

04 다음 자료를 활용하여 직접환원법으로 평가한 대상 부동산의 수익가액은? (단, 주어진 조건에 한하며, 연간 기준임)

상중하
수익가액

- 가능총소득: 6,000만원
- 공실손실상당액 및 대손충당금: 가능총소득의 10%
- 수선유지비: 400만원
- 화재보험료: 300만원
- 재산세: 200만원
- 영업소득세: 300만원
- 부채서비스액: 500만원
- 환원율: 10%

---

① 4억 5천만원　　　　　　　　　② 5억원

③ 5억 5천만원　　　　　　　　　④ 5억 7천만원

⑤ 5억 8천만원

05 다음 자료를 활용하여 산정한 대상 부동산의 수익가액은? (단, 연간 기준이며, 주어진 조건에 한함)

상중하
수익가액

- 가능총소득(PGI): 80,000,000원
- 공실손실상당액 및 대손충당금: 가능총소득의 10%
- 운영경비(OE): 가능총소득의 5%
- 대상 부동산의 가치구성비율: 토지(40%), 건물(60%)
- 토지환원율: 5%, 건물환원율: 10%
- 환원방법: 직접환원법
- 환원율 산정방법: 물리적 투자결합법

---

① 450,000,000원　　　　　　　② 500,000,000원

③ 550,000,000원　　　　　　　④ 660,000,000원

⑤ 850,000,000원

06 자본환원율에 관한 설명으로 틀린 것을 모두 고른 것은? (단, 다른 조건은 동일함)

자본환원율

> ㉠ 자본의 기회비용을 반영하므로, 자본시장에서 시장금리가 상승하면 함께 상승한다.
> ㉡ 부동산 자산이 창출하는 순영업소득에 해당 자산의 가격을 곱한 값이다.
> ㉢ 자산가격 상승에 대한 투자자들의 기대를 반영한다.
> ㉣ 자본환원율이 상승하면 자산가격이 상승한다.
> ㉤ 프로젝트의 위험이 높아지면 자본환원율도 상승한다.

① ㉡, ㉣
② ㉠, ㉢, ㉤
③ ㉡, ㉢, ㉣
④ ㉡, ㉣, ㉤
⑤ ㉠, ㉢, ㉣, ㉤

07 자본환원율에 관한 설명으로 틀린 것은? (단, 다른 조건은 동일함)

자본환원율

① 순영업소득을 총투자액으로 나누어 산정한 비율이다.
② 순영업소득이 일정하다면 부동산 가치가 상승할수록 자본환원율도 높아진다.
③ 투자 위험이 낮아지면 자본환원율도 낮아진다.
④ 자본의 기회비용이 반영되어 있으므로, 금리가 상승하면 환원율도 높아진다.
⑤ 시장추출법, 조성법, 투자결합법, 엘우드법, 부채감당법 등으로 구할 수 있다.

08 다음과 같은 조건에서 대상 부동산의 수익가치 산정시 적용할 환원이율은? (단, 주어진 조건만을 고려함)

환원이율

> • 순영업소득 : 연 20,000,000원
> • 세전현금흐름 : 연 12,000,000원
> • 지분비율 : 대부비율 = 40% : 60%
> • 대출조건 : 이자율 연 12%로 10년간 매년 원리금균등
> • 저당상수(이자율 연 12%, 기간 10년) : 0.177

① 3.54
② 5.31
③ 14.16
④ 20.40
⑤ 26.55

감정평가에 관한 규칙

대표유형

감정평가에 관한 규칙상의 용어의 정의로 옳은 것은?

① 기준시점이란 대상 물건의 감정평가액을 결정하기 위해 현장조사를 완료한 날짜를 말한다.

② 유사지역이란 대상 부동산이 속한 지역으로서 부동산의 이용이 동질적이고 가치형성요인 중 지역요인을 공유하는 지역을 의미한다.

③ 적산법이란 대상 물건의 재조달원가에 감가수정을 하여 대상 물건의 가액을 산정하는 감정 평가방법을 말한다.

④ 수익환원법이란 대상 물건이 장래 산출할 것이라 기대되는 순수익이나 미래의 현금흐름을 환원하거나 할인하여 대상 물건의 가액을 산정하는 감정평가방법을 말한다.

⑤ 가치형성요인이란 대상 물건의 시장가치에 영향을 미치는 일반요인, 지역요인 및 개별요인 등을 말한다.

해설 ① 기준시점이란 대상 물건의 감정평가액을 결정하기 위해 가격조사를 완료한 날짜를 말한다.
② 인근지역이란 대상 부동산이 속한 지역으로서 부동산의 이용이 동질적이고 가치형성요인 중 지역요인을 공유하는 지역을 의미한다.
③ 원가법이란 대상 물건의 재조달원가에 감가수정을 하여 대상 물건의 가액을 산정하는 감정평가방법을 말한다.
⑤ 가치형성요인이란 대상 물건의 경제적 가치에 영향을 미치는 일반요인, 지역요인 및 개별요인 등을 말한다.

Ａ 정답 ④

01 감정평가에 관한 규칙상 용어 정의로 틀린 것은?

상중하
감정평가에 관한 규칙

① 시장가치는 감정평가의 대상이 되는 토지 등이 통상적인 시장에서 충분한 기간 동안 거래를 위하여 공개된 후 그 대상 물건의 내용에 정통한 당사자 사이에 신중하고 자발적인 거래가 있을 경우 성립될 가능성이 가장 높다고 인정되는 대상 물건의 가액을 말한다.

② 감가수정이란 대상 물건에 대한 재조달원가를 감액하여야 할 요인이 있는 경우에 물리적 감가, 기능적 감가 또는 경제적 감가 등을 고려하여 그에 해당하는 금액을 재조달원가에 가산하여 기준시점에 있어서의 대상 물건의 가액을 적정화하는 작업을 말한다.

③ 기준시점은 대상 물건의 감정평가액을 결정하는 기준이 되는 날짜를 말한다.

④ 적산법은 대상 물건의 기초가액에 기대이율을 곱하여 산정된 기대수익에 대상 물건을 계속하여 임대하는 데에 필요한 경비를 더하여 대상 물건의 임대료를 산정하는 감정평가방법을 말한다.

⑤ 동일수급권은 대상 부동산과 대체·경쟁 관계가 성립하고 가치형성에 영향을 미치는 관계에 있는 다른 부동산이 존재하는 권역을 말하며, 인근지역과 유사지역을 포함한다.

02 감정평가에 관한 규칙에 규정된 내용이 아닌 것은?

상중하
감정평가에 관한 규칙

① 감정평가법인등은 감정평가 의뢰인이 요청하는 경우에는 대상 물건의 감정평가액을 시장가치 외의 가치를 기준으로 결정할 수 있다.

② 시장가치란 한정된 시장에서 성립될 가능성이 있는 대상 물건의 최고가액을 말한다.

③ 감정평가는 기준시점에서의 대상 물건의 이용상황(불법적이거나 일시적인 이용은 제외한다) 및 공법상 제한을 받는 상태를 기준으로 한다.

④ 둘 이상의 대상 물건이 일체로 거래되거나 대상 물건 상호간에 용도상 불가분의 관계가 있는 경우에는 일괄하여 감정평가할 수 있다.

⑤ 하나의 대상 물건이라도 가치를 달리하는 부분은 이를 구분하여 감정평가할 수 있다.

03 감정평가에 관한 규칙에 규정된 내용으로 틀린 것은?

상중하
감정평가에 관한 규칙

① 감정평가법인등은 법령에 다른 규정이 있는 경우에는 대상 물건의 감정평가액을 시장가치 외의 가치를 기준으로 결정할 수 있다.

② 감정평가법인등은 법령에 다른 규정이 있는 경우에는 기준시점의 가치형성요인 등을 실제와 다르게 가정하거나 특수한 경우로 한정하는 조건(감정평가조건)을 붙여 감정평가할 수 있다.

③ 기준시점은 대상 물건의 가격조사를 개시한 날짜로 한다. 다만, 기준시점을 미리 정하였을 때에는 그 날짜에 가격조사가 가능한 경우에만 기준시점으로 할 수 있다.

④ 하나의 대상 물건이라도 가치를 달리하는 부분은 이를 구분하여 감정평가할 수 있다.

⑤ 둘 이상의 대상 물건이 일체로 거래되거나 대상 물건 상호간에 용도상 불가분의 관계가 있는 경우에는 일괄하여 감정평가할 수 있다.

04
상중하
감정평가에 관한
규칙
감정평가에 관한 규칙상 시장가치기준에 관한 설명으로 틀린 것은?

① 대상 물건에 대한 감정평가액은 원칙적으로 투자가치를 기준으로 결정한다.

② 감정평가법인등은 법령에 다른 규정이 있는 경우에는 대상 물건의 감정평가액을 시장가치 외의 가치를 기준으로 결정할 수 있다.

③ 감정평가법인등은 대상 물건의 특성에 비추어 사회통념상 필요하다고 인정되는 경우에는 대상 물건의 감정평가액을 시장가치 외의 가치를 기준으로 결정할 수 있다.

④ 감정평가법인등은 감정평가 의뢰인이 요청하여 시장가치 외의 가치를 기준으로 감정평가할 때에는 해당 시장가치 외의 가치의 성격과 특징을 검토하여 평가가 이루어진다.

⑤ 감정평가법인등은 시장가치 외의 가치를 기준으로 하는 감정평가의 합리성 및 적법성이 결여(缺如)되었다고 판단할 때에는 의뢰를 거부하거나 수임(受任)을 철회할 수 있다.

05
상중하
감정평가에 관한
규칙
감정평가에 관한 규칙에 규정된 내용으로 틀린 것은?

① 기준시점이란 대상 물건의 감정평가액을 결정하는 기준이 되는 날짜를 말한다.

② 하나의 대상 물건이라도 가치를 달리하는 부분은 이를 구분하여 감정평가할 수 있다.

③ 공시지가기준법은 수익방식으로 토지의 가액을 평가하는 방법이다.

④ 감정평가법인등은 대상 물건별로 정한 감정평가방법(이하 "주된 방법"이라 함)을 적용하여 감정평가하되, 주된 방법을 적용하는 것이 곤란하거나 부적절한 경우에는 다른 감정평가방법을 적용할 수 있다.

⑤ 감정평가법인등은 감정평가서를 감정평가 의뢰인과 이해관계자가 이해할 수 있도록 명확하고 일관성 있게 작성해야 한다.

06
상중하
감정평가에 관한
규칙
다음은 감정평가방법에 관한 설명이다. (   )에 들어갈 내용으로 옳은 것은?

• 원가법은 대상 물건의 (㉠)원가에 감가수정을 하여 대상 물건의 가액을 산정하는 감정평가방법이다.
• 거래사례비교법을 적용할 때는 사정보정, (㉡), 가치형성요인 비교 등의 과정을 거친다.
• 수익환원법에서는 장래 산출할 것으로 기대되는 순수익이나 미래의 현금흐름을 환원하거나 (㉢)하여 가액을 산정한다.

① ㉠: 재조달, ㉡: 시점보정, ㉢: 할인
② ㉠: 재조달, ㉡: 시점수정, ㉢: 할인
③ ㉠: 재조달, ㉡: 감가수정, ㉢: 할인
④ ㉠: 취득,   ㉡: 시점수정, ㉢: 공제
⑤ ㉠: 취득,   ㉡: 감가수정, ㉢: 공제

07

상중**하**
감정평가에 관한
규칙

다음은 임대료 감정평가방법의 종류와 산식이다. (   )에 들어갈 내용으로 옳은 것은?

- 적산법 : 적산임료 = 기초가액 × (㉠) + 필요제경비
- 임대사례비교법 : (㉡) = 임대사례의   임대료 × 사정보정치 × 시점수정치 × 지역요인
  비교치 × 개별요인비교치
- (㉢) : 수익임료 = 순수익 + 필요제경비

① ㉠: 기대이율, ㉡: 비준임료, ㉢: 수익분석법
② ㉠: 환원이율, ㉡: 지불임료, ㉢: 수익분석법
③ ㉠: 환원이율, ㉡: 지불임료, ㉢: 수익환원법
④ ㉠: 기대이율, ㉡: 비준임료, ㉢: 수익환원법
⑤ ㉠: 환원이율, ㉡: 실질임료, ㉢: 수익환원법

08

상중**하**
감정평가에 관한
규칙

다음은 감정평가방법에 관한 설명이다. (   )에 들어갈 내용으로 옳은 것은?

- 공시지가기준법을 적용할 때 비교표준지 공시지가를 기준으로 (㉠), 지역요인 및 개별
  요인비교, 그 밖의 요인의 보정 과정을 거친다.
- 수익환원법에서는 대상 물건이 장래 산출할 것으로 기대되는 순수익이나 미래의 (㉡)을
  (를) 환원하거나 할인하여 가액을 산정한다.

① ㉠ 시점수정, ㉡ 현금흐름
② ㉠ 시점수정, ㉡ 투자가치
③ ㉠ 사정보정, ㉡ 복귀가치
④ ㉠ 사정보정, ㉡ 현금흐름
⑤ ㉠ 사정보정, ㉡ 투자가치

09 감정평가에 관한 규칙에 규정된 내용으로 틀린 것은?

상중**하**
감정평가에 관한
규칙

① 원가법이란 대상 물건의 기초가액에 기대이율을 곱하여 산정된 기대수익에 대상 물건을 계속하여 임대하는 데에 필요한 경비를 더하여 대상 물건의 임대료를 산정하는 감정평가방법을 말한다.

② 가치형성요인이란 대상 물건의 경제적 가치에 영향을 미치는 일반요인, 지역요인 및 개별요인 등을 말한다.

③ 감정평가법인등은 법령에 다른 규정이 있는 경우에는 기준시점의 가치형성요인 등을 실제와 다르게 가정하거나 특수한 경우로 한정하는 조건을 붙여 감정평가할 수 있다.

④ 일체로 이용되고 있는 대상 물건의 일부분에 대하여 감정평가하여야 할 특수한 목적이나 합리적인 이유가 있는 경우에는 그 부분에 대하여 감정평가할 수 있다.

⑤ 감정평가법인등은 법령에 다른 규정이 있는 경우에는 대상 물건의 감정평가액을 시장가치 외의 가치를 기준으로 결정할 수 있다.

10 감정평가법인등이 대상 물건의 감정평가시 적용해야 할 주된 감정평가방법으로 틀린 것은?

상중**하**
감정평가에 관한
규칙

① 건물 – 원가법
② 과수원 – 수익환원법
③ 자동차 – 거래사례비교법
④ 항공기 – 원가법
⑤ 동산 – 거래사례비교법

11 감정평가에 관한 규칙상 대상 물건과 주된 감정평가방법의 연결이 틀린 것은?

상중**하**
감정평가에 관한
규칙

① 과수원 – 거래사례비교법
② 광업재단 – 원가법
③ 임대료 – 임대사례비교법
④ 자동차 – 거래사례비교법
⑤ 건물 – 원가법

12
상중하
감정평가에 관한
규칙

감정평가에 관한 규칙상 대상 물건별로 정한 감정평가방법(주된 방법)이 거래사례비교법인 대상 물건은 모두 몇 개인가?

• 자동차	• 임대료	• 저작권
• 특허권	• 과수원	• 기업가치
• 광업재단	• 실용신안권	

① 2개   ② 3개   ③ 4개
④ 5개   ⑤ 6개

13
상중하
감정평가에 관한
규칙

감정평가에 관한 규칙에서 직접 규정하고 있는 사항이 아닌 것은?

① 시장가치기준 원칙   ② 현황기준 원칙
③ 개별물건기준 원칙   ④ 원가방식, 비교방식, 수익방식
⑤ 최유효이용 원칙

14
상중하
감정평가에 관한
규칙

감정평가에 관한 규칙 제8조에 규정된 감정평가의 절차에 해당하지 않는 것은?

① 감정평가 의뢰
② 처리계획 수립
③ 대상 물건 확인
④ 감정평가방법의 선정 및 적용
⑤ 감정평가액의 결정 및 표시

Chapter 04 부동산 가격공시제도

부동산 가격공시에 관한 법령에 규정된 내용으로 틀린 것은?

① 표준지공시지가는 토지시장에 지가정보를 제공하고 일반적인 토지거래의 지표가 되며, 국가·지방자치단체 등이 그 업무와 관련하여 지가를 산정하거나 감정평가법인등이 개별적으로 토지를 감정평가하는 경우에 기준이 된다.

② 국토교통부장관이 표준주택가격을 조사·산정할 때에는 「한국부동산원법」에 따른 한국부동산원에게 이를 의뢰하여야 한다.

③ 표준지공시지가에 이의가 있는 자는 그 공시일부터 30일 이내에 서면(전자문서를 포함한다)으로 국토교통부장관에게 이의를 신청할 수 있다.

④ 시장·군수 또는 구청장이 개별공시지가를 결정·공시하는 경우에는 해당 토지와 유사한 이용가치를 지닌다고 인정되는 하나 또는 둘 이상의 표준지의 공시지가를 기준으로 토지가격비준표를 사용하여 지가를 산정하되, 해당 토지의 가격과 표준지공시지가가 균형을 유지하도록 하여야 한다.

⑤ 표준지로 선정된 토지에 대하여도 반드시 개별공시지가를 결정·공시하여야 한다.

해설 ⑤ 표준지로 선정된 토지에 대하여는 개별공시지가를 결정·공시하지 아니할 수 있다. 이 경우 표준지로 선정된 토지에 대하여는 해당 토지의 표준지공시지가를 개별공시지가로 본다.   **Ⓐ 정답 ⑤**

---

01 **부동산 가격공시에 관한 법률에 규정된 내용으로 틀린 것은?**

상중하
가격공시제도

① 국토교통부장관은 표준주택가격을 조사·산정하고자 할 때에는 한국부동산원에 의뢰한다.

② 표준주택가격은 국가·지방자치단체 등이 그 업무와 관련하여 개별주택가격을 산정하는 경우에 그 기준이 된다.

③ 표준주택으로 선정된 단독주택, 그 밖에 대통령령으로 정하는 단독주택에 대하여는 개별주택가격을 결정·공시하지 아니할 수 있다.

④ 표준주택가격 및 공동주택가격은 주택시장의 가격정보를 제공하고, 국가·지방자치단체 등이 과세 등의 업무와 관련하여 주택의 가격을 산정하는 경우에 그 기준으로 활용될 수 있다.

⑤ 공동주택가격에 이의가 있는 자는 그 결정·공시일부터 30일 이내에 서면(전자문서를 포함한다)으로 국토교통부장관에게 이의를 신청할 수 있다.

02

상중하
가격공시제도

부동산 가격공시에 관한 법령에 규정된 내용으로 옳은 것은?

① 표준공동주택가격은 개별공동주택가격을 산정하는 경우에 그 기준이 된다.

② 표준지공시지가의 공시에는 표준지의 지번, 표준지의 단위면적당 가격, 표준지의 면적 및 형상, 표준지 및 주변토지의 이용상황, 그 밖에 대통령령으로 정하는 사항이 포함되어야 한다.

③ 국토교통부장관은 표준주택가격을 조사·산정하고자 할 때에는 감정평가법인등 또는 한국부동산원에 의뢰한다.

④ 국토교통부장관은 표준주택에 대하여 매년 공시기준일 현재 적정가격을 조사·산정하고, 시·군·구 부동산가격공시위원회의 심의를 거쳐 이를 공시하여야 한다.

⑤ 국토교통부장관이 표준지공시지가를 조사·평가할 때에는 반드시 둘 이상의 감정평가법인등에게 의뢰하여야 한다.

03

상중하
가격공시제도

부동산 가격공시에 관한 법령상 공시가격에 관한 설명으로 틀린 것은?

① 표준지공시지가의 공시기준일은 원칙적으로 매년 1월 1일이다.

② 표준주택은 단독주택과 공동주택 중에서 각각 대표성 있는 주택을 선정한다.

③ 개별공시지가를 결정하기 위해 토지가격비준표가 활용된다.

④ 토지를 평가하는 공시지가기준법은 표준지공시지가를 기준으로 하는 것이 원칙이다.

⑤ 표준지공시지가와 표준주택가격 모두 이의신청 절차가 있다.

04

상중하
가격공시제도

부동산 가격공시에 관한 법률상의 규정에 관한 설명으로 틀린 것은?

① 표준지공시지가는 국가·지방자치단체 등의 기관이 그 업무와 관련하여 지가를 산정하거나 감정평가법인등이 개별적으로 토지를 감정평가하는 경우에 그 기준이 된다.

② 표준주택가격의 공시사항에는 표준주택의 용도, 연면적, 구조 및 사용승인일, 표준주택의 대지면적 및 형상이 포함된다.

③ 표준주택가격은 국가·지방자치단체 등의 기관이 그 업무와 관련하여 개별공시지가를 산정하는 경우에 그 기준이 된다.

④ 개별공시지가에 대하여 이의가 있는 자는 개별공시지가의 결정·공시일로부터 30일 이내에 서면으로 시장·군수·구청장에게 이의를 신청할 수 있다.

⑤ 국토교통부장관이 공동주택의 적정가격을 조사·산정하는 경우에는 인근 유사 공동주택의 거래가격·임대료 및 당해 공동주택과 유사한 이용가치를 지닌다고 인정되는 공동주택의 건설에 필요한 비용추정액 등을 종합적으로 참작하여야 한다.

05 부동산 가격공시에 관한 법령상 표준지공시지가를 적용하는 경우가 아닌 것은?
상중하
표준지공시지가

① 국가·지방자치단체 등의 기관이 그 업무와 관련한 개별주택가격의 산정
② 국유·공유 토지의 취득 또는 처분
③ 농어촌정비법에 따른 농업생산기반 정비사업을 위한 환지·체비지의 매각 또는 환지신청
④ 공공용지의 매수 및 토지의 수용·사용에 대한 보상
⑤ 토지의 관리·매입·매각·경매·재평가

06 단독주택가격의 공시에 관한 설명으로 옳은 것은?
상중하
단독주택가격

① 국토교통부장관은 용도지역, 건물구조 등이 일반적으로 유사하다고 인정되는 일단의 단독주택 중에서 선정한 표준주택에 대하여 매년 공시기준일 현재의 적정가격을 조사·평가하고, 시·군·구부동산평가위원회의 심의를 거쳐 이를 공시하여야 한다.
② 개별주택가격의 공시사항은 지목, 용도지역, 도로상황 등에 대한 내용이 포함된다.
③ 표준주택으로 선정된 주택에 대하여는 당해 표준주택가격을 개별주택가격으로 본다.
④ 국토교통부장관은 공시기준일 이후에 토지의 분할·합병이나 건물의 신축 등이 발생한 경우에는 대통령령이 정하는 날을 기준으로 하여 개별주택가격을 결정·공시하여야 한다.
⑤ 표준주택은 최근 1년 동안 주택가격의 평균변동률이 2퍼센트 이상인 시·군 또는 구의 주택을 말한다.

07 부동산 가격공시에 관한 법령에 규정된 내용으로 옳은 것은?
상중하
가격공시제도

① 개별공시지가에 대하여 이의가 있는 자는 개별공시지가의 결정·공시일부터 60일 이내에 이의를 신청할 수 있다.
② 시장·군수·구청장은 표준지공시지가를 공시하기 위하여 표준지의 가격을 조사·평가할 때에는 대통령령으로 정하는 바에 따라 해당 토지 소유자의 의견을 들어야 한다.
③ 시장·군수·구청장은 일단의 단독주택 중에서 선정한 표준주택에 대하여 매년 공시기준일 현재의 적정가격을 조사·평가한다.
④ 시장·군수 또는 구청장이 개별주택가격을 결정·공시하는 경우에는 해당 주택과 유사한 이용가치를 지닌다고 인정되는 표준주택가격을 기준으로 주택가격비준표를 사용하여 가격을 산정하되, 해당 주택의 가격과 표준주택가격이 균형을 유지하도록 하여야 한다.
⑤ 표준주택가격은 주택시장의 가격정보를 제공하고, 국가·지방자치단체 등의 기관이 과세 등의 업무와 관련하여 주택의 가격을 산정하는 경우에 그 기준으로 활용될 수 있다.

08 부동산 가격공시에 관한 설명으로 틀린 것은?

상중하
가격공시제도

① 표준지의 도로상황은 표준지공시지가의 공시사항에 포함될 항목이다.
② 표준지공시지가에 대한 이의신청의 내용이 타당하다고 인정될 때에는 해당 표준지공시지가를 조정하여 다시 공시하여야 한다.
③ 시장·군수·구청장은 표준지로 선정된 토지에 대해서는 개별공시지가를 결정·공시하지 아니할 수 있다.
④ 시장·군수 또는 구청장은 개별공시지가의 산정을 위하여 필요하다고 인정하는 경우에는 표준지와 산정대상 개별 토지의 가격형성요인에 관한 표준적인 비교표를 작성하여 국토교통부장관에게 제공하여야 한다.
⑤ 국토교통부장관은 공동주택에 대하여 매년 공시기준일 현재의 적정가격을 조사·산정하여 중앙부동산가격공시위원회의 심의를 거쳐 공시한다.

09 부동산 가격공시에 관한 법률상 표준지공시지가의 효력으로 옳은 것을 모두 고른 것은?

상중하
표준지공시지가

> ㉠ 토지시장에 지가정보를 제공
> ㉡ 국유지·공유지의 취득 또는 처분
> ㉢ 국가·지방자치단체 등이 과세 등의 업무와 관련하여 주택의 가격을 산정하는 경우에 기준
> ㉣ 감정평가법인등이 지가변동률을 산정하는 경우에 기준

① ㉠, ㉡   ② ㉠, ㉣   ③ ㉡, ㉢
④ ㉠, ㉢, ㉣   ⑤ ㉠, ㉡, ㉢, ㉣

10 부동산 가격공시에 관한 법령상 시장·군수 또는 구청장이 개별공시지가를 결정·공시하지 아니할 수 있는 토지는 모두 몇 개인가?

상중하
개별공시지가

> ㉠ 표준지로 선정된 토지
> ㉡ 농지보전부담금의 부과대상이 아닌 토지
> ㉢ 개발부담금의 부과대상이 아닌 토지
> ㉣ 도시·군계획시설로서 공원이 지정된 토지
> ㉤ 국세 부과대상이 아닌 토지(국공유지의 경우에는 공공용 토지에만 해당한다)

① 1개   ② 2개   ③ 3개
④ 4개   ⑤ 5개

MEMO

부 록

제34회 기출문제

* 제34회 공인중개사 문제와 정답 원안입니다(출제 당시 법령 기준).

01 토지의 특성에 관한 설명으로 틀린 것은?

① 용도의 다양성으로 인해 두 개 이상의 용도가 동시에 경합할 수 없고 용도의 전환 및 합병·분할을 어렵게 한다.

② 부증성으로 인해 토지의 물리적 공급이 어려우므로 토지이용의 집약화가 요구된다.

③ 부동성으로 인해 주변 환경의 변화에 따른 외부효과가 나타날 수 있다.

④ 영속성으로 인해 재화의 소모를 전제로 하는 재생산이론과 물리적 감가상각이 적용되지 않는다.

⑤ 개별성으로 인해 토지별 완전한 대체 관계가 제약된다.

02 부동산의 개념에 관한 설명으로 틀린 것은?

① 「민법」상 부동산은 토지 및 그 정착물이다.

② 경제적 측면의 부동산은 부동산 가치에 영향을 미치는 수익성, 수급조절, 시장정보를 포함한다.

③ 물리적 측면의 부동산에는 생산요소, 자산, 공간, 자연이 포함된다.

④ 등기·등록의 공시방법을 갖춤으로써 부동산에 준하여 취급되는 동산은 준부동산으로 간주한다.

⑤ 공간적 측면의 부동산에는 지하, 지표, 공중공간이 포함된다.

03 토지 관련 용어의 설명으로 옳게 연결된 것은?

> ㉠ 소유권이 인정되지 않는 바다와 육지 사이의 해변 토지
> ㉡ 택지경계와 인접한 경사된 토지로 사실상 사용이 불가능한 토지
> ㉢ 택지지역 내에서 공업지역이 상업지역으로 용도가 전환되고 있는 토지
> ㉣ 임지지역·농지지역·택지지역 상호간에 다른 지역으로 전환되고 있는 일단의 토지

① ㉠: 공지, ㉡: 빈지, ㉢: 후보지, ㉣: 이행지

② ㉠: 법지, ㉡: 빈지, ㉢: 이행지, ㉣: 후보지

③ ㉠: 법지, ㉡: 공지, ㉢: 후보지, ㉣: 이행지

④ ㉠: 빈지, ㉡: 법지, ㉢: 이행지, ㉣: 후보지

⑤ ㉠: 빈지, ㉡: 법지, ㉢: 후보지, ㉣: 이행지

04 해당 부동산 시장의 수요곡선을 우측(우상향)으로 이동하게 하는 수요변화의 요인에 해당하는 것은? (단, 수요곡선은 우하향하고, 해당 부동산은 정상재이며, 다른 조건은 동일함)

① 대출금리의 상승
② 보완재 가격의 하락
③ 대체재 수요량의 증가
④ 해당 부동산 가격의 상승
⑤ 해당 부동산 선호도의 감소

05 거미집모형에 관한 설명으로 옳은 것은? (단, 다른 조건은 동일함)

① 수요의 가격탄력성이 공급의 가격탄력성보다 크면 발산형이다.
② 가격이 변동하면 수요와 공급은 모두 즉각적으로 반응한다는 가정을 전제하고 있다.
③ 수요곡선의 기울기 절댓값이 공급곡선의 기울기 절댓값보다 작으면 수렴형이다.
④ 수요와 공급의 동시적 관계로 가정하여 균형의 변화를 정태적으로 분석한 모형이다.
⑤ 공급자는 현재와 미래의 가격을 동시에 고려해 미래의 공급을 결정한다는 가정을 전제하고 있다.

06 A지역의 기존 아파트 시장의 수요함수는 $P = -Qd + 40$, 공급함수는 $P = \frac{2}{3} Qs + 20$이었다. 이후 수요함수는 변하지 않고 공급함수가 $P = \frac{2}{3} Qs + 10$으로 변하였다. 다음 설명으로 옳은 것은? [단, X축은 수량, Y축은 가격, P는 가격(단위는 만원/m²), Qd는 수요량(단위는 m²), Qs는 공급량(단위는 m²)이며, 다른 조건은 동일함]

① 아파트 공급량의 증가에 따른 공급량의 변화로 공급곡선이 좌측(좌상향)으로 이동하였다.
② 기존 아파트 시장 균형가격은 22만원/m²이다.
③ 공급함수 변화 이후의 아파트 시장 균형량은 12m²이다.
④ 기존 아파트 시장에서 공급함수 변화로 인한 아파트 시장 균형가격은 6만원/m² 만큼 하락하였다.
⑤ 기존 아파트 시장에서 공급함수 변화로 인한 아파트 시장 균형량은 8m² 만큼 증가하였다.

07 **수요와 공급의 가격탄력성에 관한 설명으로 옳은 것은?** (단, X축은 수량, Y축은 가격, 수요의 가격탄력성은 절댓값을 의미하며, 다른 조건은 동일함)

① 가격이 변화하여도 수요량이 전혀 변화하지 않는다면, 수요의 가격탄력성은 완전탄력적이다.

② 가격변화율보다 공급량의 변화율이 커서 1보다 큰 값을 가진다면, 공급의 가격탄력성은 비탄력적이다.

③ 공급의 가격탄력성이 0이라면, 완전탄력적이다.

④ 수요의 가격탄력성이 1보다 작은 값을 가진다면, 수요의 가격탄력성은 탄력적이다.

⑤ 공급곡선이 수직선이면, 공급의 가격탄력성은 완전비탄력적이다.

08 **부동산의 수요와 공급에 관한 설명으로 틀린 것은?** (단, 부동산은 정상재이며, 다른 조건은 동일함)

① 수요곡선상의 수요량은 주어진 가격에서 수요자들이 구입 또는 임차하고자 하는 부동산의 최대수량이다.

② 부동산의 공급량과 그 공급량에 영향을 주는 요인들과의 관계를 나타낸 것이 공급함수이다.

③ 공급의 법칙에 따르면 가격(임대료)과 공급량은 비례관계이다.

④ 부동산 시장수요곡선은 개별수요곡선을 수직으로 합하여 도출한다.

⑤ 건축원자재의 가격 상승은 부동산의 공급을 축소시켜 공급곡선을 좌측(좌상향)으로 이동하게 한다.

09 **지대이론에 관한 설명으로 옳은 것은?**

① 튀넨(J. H. von Thünen)의 위치지대설에 따르면, 비옥도 차이에 기초한 지대에 의한 비농업적 토지이용이 결정된다.

② 마샬(A. Marshall)의 준지대설에 따르면, 생산을 위하여 사람이 만든 기계나 기구들로부터 얻은 일시적인 소득은 준지대에 속한다.

③ 리카도(D. Ricardo)의 차액지대설에서 지대는 토지의 생산성과 운송비의 차이에 의해 결정된다.

④ 마르크스(K. Marx)의 절대지대설에 따르면, 최열등지에서는 지대가 발생하지 않는다.

⑤ 헤이그(R. Haig)의 마찰비용이론에서 지대는 마찰비용과 교통비의 합으로 산정된다.

10 도시공간구조이론 및 입지이론에 관한 설명으로 옳은 것은?

① 버제스(E. Burgess)의 동심원이론에서 통근자지대는 가장 외곽에 위치한다.

② 호이트(H. Hoyt)의 선형이론에 따르면, 도시공간구조의 성장과 분화는 점이지대를 향해 직선으로 확대되면서 나타난다.

③ 해리스(C. Harris)와 울만(E. Ullman)의 다핵심이론에는 중심업무지구와 점이지대가 존재하지 않는다.

④ 뢰쉬(A. Lösch)의 최대수요이론은 운송비와 집적이익을 고려한 특정 사업의 팔각형 상권체계 과정을 보여준다.

⑤ 레일리(W. Reilly)의 소매인력법칙은 특정 점포가 최대이익을 확보하기 위해 어떤 장소에 입지하는가에 대한 8원칙을 제시한다.

11 X와 Y지역의 산업별 고용자수가 다음과 같을 때, X지역의 입지계수(LQ)에 따른 기반산업의 개수는? (단, 주어진 조건에 한함)

구 분	X지역	Y지역	전지역
A산업	30	50	80
B산업	50	40	90
C산업	60	50	110
D산업	100	20	120
E산업	80	60	140
전산업 고용자수	320	220	540

① 0개   ② 1개   ③ 2개

④ 3개   ⑤ 4개

12 허프(D. Huff)모형을 활용하여 점포 A의 월 매출액을 추정하였는데, 착오에 의해 공간(거리) 마찰계수가 잘못 적용된 것을 확인하였다. 올바르게 추정한 점포 A의 월 매출액은 잘못 추정한 점포 A의 월 매출액보다 얼마나 증가하는가? (단, 주어진 조건에 한함)

- X지역의 현재 주민: 10,000명
- 1인당 월 점포 소비액: 30만원
- 올바른 공간(거리)마찰계수: 2
- 잘못 적용된 공간(거리)마찰계수: 1
- X지역의 주민은 모두 구매자이고, 점포(A, B, C)에서만 구매한다고 가정함
- 각 점포의 매출액은 X지역 주민에 의해서만 창출됨

구 분	점포 A	점포 B	점포 C
면 적	$750m^2$	$2,500m^2$	$500m^2$
X지역 거주지로부터의 거리	5km	10km	5km

① 1억원 ② 2억원 ③ 3억원
④ 4억원 ⑤ 5억원

13 베버(A. Weber)의 최소비용이론에 관한 설명으로 틀린 것은? (단, 기업은 단일 입지 공장이고, 다른 조건은 동일함)

① 최소비용지점은 최소운송비 지점, 최소노동비 지점, 집적이익이 발생하는 구역을 종합적으로 고려해서 결정한다.

② 등비용선(isodapane)은 최소운송비 지점으로부터 기업이 입지를 바꿀 경우, 운송비와 노동비가 동일한 지점을 연결한 곡선을 의미한다.

③ 원료지수(material index)가 1보다 큰 공장은 원료지향적 입지를 선호한다.

④ 제품 중량이 국지원료 중량보다 큰 제품을 생산하는 공장은 시장지향적 입지를 선호한다.

⑤ 운송비는 원료와 제품의 무게, 원료와 제품이 수송되는 거리에 의해 결정된다.

14 크리스탈러(W. Christaller)의 중심지이론에 관한 설명으로 옳은 것은?

① 최소요구범위 – 중심지 기능이 유지되기 위한 최소한의 수요 요구 규모

② 최소요구치 – 중심지로부터 어느 기능에 대한 수요가 0이 되는 곳까지의 거리

③ 배후지 – 중심지에 의해 재화와 서비스를 제공 받는 주변지역

④ 도달범위 – 판매자가 정상이윤을 얻을 만큼의 충분한 소비자들을 포함하는 경계까지의 거리

⑤ 중심지 재화 및 서비스 – 배후지에서 중심지로 제공되는 재화 및 서비스

15 우리나라 부동산 관련 조세에 관한 설명으로 옳은 것은?

> ㉠ 지방세 　　　　　　　　　　　㉡ 국세
> ㉢ 취득단계 　　　　　　　　　　㉣ 처분단계
> ㉤ 보유단계 　　　　　　　　　　㉥ 물건별 과세표준에 대한 과세
> ㉦ 납세의무자별로 합산한 과세표준에 대한 과세

① 취득세와 재산세는 (㉠, ㉤, ㉦)에 해당한다.
② 취득세는 (㉠, ㉢)에, 종합부동산세는 (㉡, ㉤)에 해당하고, 공통점은 (㉥)에 해당한다.
③ 재산세는 (㉠, ㉥)에, 종합부동산세는 (㉡, ㉦)에 해당하고, 공통점은 (㉤)에 해당한다.
④ 양도소득세는 (㉡)에, 재산세는 (㉠)에 해당하고, 공통점은 (㉤, ㉦)에 해당한다.
⑤ 양도소득세와 종합부동산세는 (㉡, ㉤, ㉥)에 해당한다.

16 현재 우리나라에서 시행되고 있지 않는 부동산 정책수단을 모두 고른 것은?

> ㉠ 택지소유상한제 　　　　　　　㉡ 부동산거래신고제
> ㉢ 토지초과이득세 　　　　　　　㉣ 주택의 전매제한
> ㉤ 부동산실명제 　　　　　　　　㉥ 토지거래허가구역
> ㉦ 종합부동산세 　　　　　　　　㉧ 공한지세

① ㉠, ㉧
② ㉠, ㉢, ㉧
③ ㉠, ㉣, ㉤, ㉥
④ ㉡, ㉢, ㉣, ㉤, ㉦
⑤ ㉡, ㉣, ㉤, ㉥, ㉦, ㉧

17 부동산 시장에 대한 정부의 개입에 관한 설명으로 틀린 것은?

① 부동산투기, 저소득층 주거문제, 부동산자원배분의 비효율성은 정부가 부동산 시장에 개입하는 근거가 된다.
② 부동산 시장실패의 대표적인 원인으로 공공재, 외부효과, 정보의 비대칭성이 있다.
③ 토지비축제도는 공익사업용지의 원활한 공급과 토지시장 안정을 위해 정부가 직접적으로 개입하는 방식이다.
④ 토지수용, 종합부동산세, 담보인정비율, 개발부담금은 부동산 시장에 대한 직접개입수단이다.
⑤ 정부가 주택시장에 개입하여 민간분양주택 분양가를 규제할 경우 주택산업의 채산성·수익성을 저하시켜 신축민간주택의 공급을 축소시킨다.

18 다음과 같은 투자안에서 부동산의 투자가치는? (단, 연간 기준이며, 주어진 조건에 한함)

> • 무위험률 : 3%
> • 위험할증률 : 4%
> • 예상인플레이션율 : 2%
> • 예상순이익 : 4,500만원

① 4억원   ② 4억 5천만원   ③ 5억원
④ 5억 5천만원   ⑤ 6억원

19 주거정책에 관한 설명으로 틀린 것을 모두 고른 것은?

> ㉠ 우리나라는 주거에 대한 권리를 인정하고 있지 않다.
> ㉡ 공공임대주택, 주거급여제도, 주택청약종합저축제도는 현재 우리나라에서 시행되고 있다.
> ㉢ 주택바우처는 저소득임차가구에 주택임대료를 일부 지원해주는 소비자보조방식의 일종으로 임차인의 주거지 선택을 용이하게 할 수 있다.
> ㉣ 임대료 보조정책은 민간임대주택의 공급을 장기적으로 감소시키고 시장임대료를 높인다.
> ㉤ 임대료를 균형가격 이하로 통제하면 민간임대주택의 공급량은 증가하고 질적 수준은 저하된다.

① ㉠, ㉡, ㉤   ② ㉠, ㉢, ㉤   ③ ㉠, ㉣, ㉤
④ ㉡, ㉢, ㉣   ⑤ ㉢, ㉣, ㉤

20 다음 (   )에 들어갈 알맞은 내용은?

> • (㉠)은 공공주택특별법 시행령에 따른 국가나 지방자치단체의 재정이나 주택도시기금의 자금을 지원받아 전세계약의 방식으로 공급하는 공공임대주택이다.
> • (㉡)은 민간임대주택에 관한 특별법에 따른 임대사업자가 매매 등으로 소유권을 취득하여 임대하는 민간임대주택을 말한다.

	㉠	㉡
①	국민임대주택	장기전세주택
②	장기전세주택	기존주택전세임대주택
③	기존주택전세임대주택	국민임대주택
④	국민임대주택	민간매입임대주택
⑤	장기전세주택	민간매입임대주택

21 부동산 투자 위험에 관한 설명으로 옳은 것을 모두 고른 것은?

> ㉠ 표준편차가 작을수록 투자에 수반되는 위험은 커진다.
> ㉡ 위험회피형 투자자는 변이계수(변동계수)가 작은 투자안을 더 선호한다.
> ㉢ 경기침체, 인플레이션 심화는 비체계적 위험에 해당한다.
> ㉣ 부동산 투자자가 대상 부동산을 원하는 시기와 가격에 현금화하지 못하는 경우는 유동성 위험에 해당한다.

① ㉠, ㉡   ② ㉠, ㉢   ③ ㉡, ㉢
④ ㉡, ㉣   ⑤ ㉢, ㉣

22 甲은 시장가치 5억원의 부동산을 인수하고자 한다. 해당 부동산의 부채감당률(DCR)은? (단, 모든 현금유출입은 연말에만 발생하며, 주어진 조건에 한함)

> • 담보인정비율(LTV) : 시장가치의 50%
> • 연간 저당상수 : 0.12
> • 가능총소득(PGI) : 5,000만원
> • 공실손실상당액 및 대손충당금 : 가능총소득의 10%
> • 영업경비비율 : 유효총소득의 28%

① 1.08   ② 1.20   ③ 1.50
④ 1.67   ⑤ 1.80

23 다음 자료는 A부동산의 1년간 운영수지이다. A부동산의 세후현금흐름승수는? (단, 주어진 조건에 한함)

> • 총투자액 : 50,000만원   • 지분투자액 : 36,000만원
> • 가능총소득(PGI) : 6,000만원   • 공실률 : 15%
> • 재산세 : 500만원   • 원리금상환액 : 600만원
> • 영업소득세 : 400만원

① 8   ② 10   ③ 12
④ 15   ⑤ 20

부록

24 부동산 투자에 관한 설명으로 틀린 것은? (단, 주어진 조건에 한함)

① 시중금리 상승은 부동산 투자자의 요구수익률을 하락시키는 요인이다.

② 기대수익률은 투자로 인해 기대되는 예상수입과 예상지출로부터 계산되는 수익률이다.

③ 정(+)의 레버리지효과는 자기자본수익률이 총자본수익률(종합수익률)보다 높을 때 발생한다.

④ 요구수익률은 투자에 대한 위험이 주어졌을 때, 투자자가 대상 부동산에 자금을 투자하기 위해 충족되어야 할 최소한의 수익률이다.

⑤ 부동산 투자자는 담보대출과 전세를 통해 레버리지를 활용할 수 있다.

25 甲은 아래 조건으로 부동산에 10억원을 투자하였다. 이에 관한 투자분석의 산출값으로 틀린 것은? (단, 주어진 조건에 한함)

- 순영업소득(NOI) : 2억원/년
- 원리금상환액 : 2,000만원/년
- 유효총소득승수 : 4
- 지분투자액 : 8억원

① 유효총소득은 2억 5천만원   ② 부채비율은 25%

③ 지분환원율은 25%   ④ 순소득승수는 5

⑤ 종합환원율은 20%

26 부동산 투자분석에 관한 설명으로 틀린 것은?

① 내부수익률은 수익성지수를 0으로, 순현재가치를 1로 만드는 할인율이다.

② 회계적 이익률법은 현금흐름의 시간적 가치를 고려하지 않는다.

③ 내부수익률법에서는 내부수익률과 요구수익률을 비교하여 투자여부를 결정한다.

④ 순현재가치법, 내부수익률법은 할인현금수지분석법에 해당한다.

⑤ 담보인정비율(LTV)은 부동산 가치에 대한 융자액의 비율이다.

27 PF(Project Financing)대출을 유동화하는 자산유동화증권(ABS)과 자산담보부 기업어음(ABCP)에 관한 설명으로 옳은 것은?

① ABS는 유치권의 방법으로, ABCP는 근저당의 방법으로 사업부지를 피담보채무의 담보로 확보하여야 한다.

② ABS는 금융위원회에 등록한 이전 회차의 유동화계획을 따를 경우, 금융위원회에 등록 없이 금번 회차에도 동일하게 재발행할 수 있다.

③ ABS는 유동화 도관체(Conduit)가 개발업체에 직접 PF대출을 제공한 후 해당 대출채권을 유동화할 수 있다.

④ 공사대금 재원이 필요한 경우, 시행사는 공사대금채권을 담보로 ABCP를 발행하고 이를 통해 조달한 재원을 시공사에 지급한다.

⑤ 채권형 ABS와 ABCP에서 수령하는 이자에 대하여 모든 개인투자자는 소득세 납세의무를 가진다.

28 A회사는 전년도에 임대면적 $750m^2$의 매장을 비율임대차(percentage lease)방식으로 임차하였다. 계약내용에 따르면, 매출액이 손익분기점 매출액 이하이면 기본임대료만 지급하고, 이를 초과하는 매출액에 대해서는 일정 임대료율을 적용한 추가임대료를 기본임대료에 가산하도록 하였다. 전년도 연임대료로 총 12,000만원을 지급한 경우, 해당 계약내용에 따른 추가임대료율은? (단, 연간 기준이며, 주어진 조건에 한함)

- 전년도 매출액 : 임대면적 m^2당 100만원
- 손익분기점 매출액 : 임대면적 m^2당 60만원
- 기본임대료 : 임대면적 m^2당 10만원

---

① 15% ② 20%
③ 25% ④ 30%
⑤ 35%

29 부동산투자회사법상 '자기관리 부동산투자회사(REITs, 이하 "회사"라 한다)에 관한 설명으로 틀린 것은?

① 국토교통부장관은 회사가 최저자본금을 준비하였음을 확인한 때에는 지체 없이 주요 출자자(발행주식 총수의 100분의 5를 초과하여 주식을 소유하는 자)의 적격성을 심사하여야 한다.

② 최저자본금준비기간이 지난 회사의 최저자본금은 70억원 이상이 되어야 한다.

③ 주요 주주는 미공개 자산운용정보를 이용하여 부동산을 매매하거나 타인에게 이용하게 하여서는 아니 된다.

④ 회사는 그 자산을 투자 · 운용할 때에는 전문성을 높이고 주주를 보호하기 위하여 자산관리회사에 위탁하여야 한다.

⑤ 주주총회의 특별결의에 따른 경우, 회사는 해당 연도 이익배당한도의 100분의 50 이상 100분의 90 미만으로 이익배당을 정한다.

30 저당담보부증권(MBS)의 가격변동에 관한 설명으로 옳은 것은? (단, 주어진 조건에 한함)

① 투자자들이 가까운 시일에 채권시장 수익률의 하락을 예상한다면, 가중평균상환기간(duration)이 긴 저당담보부증권일수록 그 가격이 더 크게 하락한다.

② 채무불이행위험이 없는 저당담보부증권의 가격은 채권시장 수익률의 변동에 영향을 받지 않는다.

③ 자본시장 내 다른 투자수단들과 경쟁하므로, 동일위험수준의 다른 투자수단들의 수익률이 상승하면 저당담보부증권의 가격은 상승한다.

④ 채권시장 수익률이 상승할 때 가중평균상환기간이 긴 저당담보부증권일수록 그 가격의 변동 정도가 작다.

⑤ 고정이자를 지급하는 저당담보부증권은 채권시장 수익률이 상승하면 그 가격이 하락한다.

31 부동산 투자의 분석기법 및 위험에 관한 설명으로 옳은 것을 모두 고른 것은? (단, 주어진 조건에 한함)

> ㉠ 경기침체로 부동산 수익성 악화가 야기하는 위험은 사업위험(business risk)에 해당한다.
> ㉡ 공실률, 부채서비스액은 유효총소득을 산정하는데 필요한 항목이다.
> ㉢ 위험회피형 투자자의 최적 포트폴리오는 투자자의 무차별곡선과 효율적 프론티어의 접점에서 선택된다.
> ㉣ 포트폴리오를 통해 제거 가능한 체계적인 위험은 부동산의 개별성에 기인한다.
> ㉤ 민감도분석을 통해 투입요소의 변화가 그 투자안의 내부수익률에 미치는 영향을 분석할 수 있다.

① ㉠, ㉡, ㉢   ② ㉠, ㉢, ㉤
③ ㉠, ㉣, ㉤
④ ㉡, ㉢, ㉣, ㉤
⑤ ㉠, ㉡, ㉢, ㉣, ㉤

32 부동산 관리방식에 따른 해당 내용을 옳게 묶은 것은?

> ㉠ 소유자의 직접적인 통제권이 강화된다.
> ㉡ 관리의 전문성과 효율성을 높일 수 있다.
> ㉢ 기밀 및 보안 유지가 유리하다.
> ㉣ 건물설비의 고도화에 대응할 수 있다.
> ㉤ 대형건물의 관리에 더 유용하다.
> ㉥ 소유와 경영의 분리가 가능하다.

① 자기관리방식 − ㉠, ㉡, ㉢, ㉣
② 자기관리방식 − ㉠, ㉢, ㉤, ㉥
③ 자기관리방식 − ㉡, ㉢, ㉣, ㉥
④ 위탁관리방식 − ㉠, ㉢, ㉣, ㉤
⑤ 위탁관리방식 − ㉡, ㉣, ㉤, ㉥

33 부동산 마케팅에 관한 설명으로 틀린 것은?

① 부동산 마케팅은 부동산 상품을 수요자의 욕구에 맞게 상품을 개발하고 가격을 결정한 후 시장에서 유통, 촉진, 판매를 관리하는 일련의 과정이다.

② STP전략은 대상 집단의 시장세분화(segmentation), 표적시장 선정(targeting), 포지셔닝 (positioning)으로 구성된다.

③ 시장세분화 전략은 부동산 시장에서 마케팅 활동을 수행하기 위하여 수요자의 집단을 세분하는 것이다.

④ 표적시장 전략은 세분화된 시장을 통해 선정된 표적 집단을 대상으로 적합한 마케팅 활동을 수행하는 것이다.

⑤ AIDA원리는 주의(attention), 관심(interest), 욕망(desire), 행동(action)의 단계를 통해 공급자의 욕구를 파악하여 마케팅 효과를 극대화하는 시장점유마케팅 전략의 하나이다.

34 사회기반시설에 대한 민간투자법령상 BOT(build-operate-transfer) 방식에 대한 내용이다. ( )에 들어갈 내용을 〈보기〉에서 옳게 고른 것은?

사회기반시설의 (㉠)에 일정 기간 동안 (㉡)에게 해당 시설의 소유권이 인정되며 그 기간이 만료되면 (㉢)이 (㉣)에 귀속되는 방식이다.

〈보기〉

a. 착공 후	b. 준공 후	c. 사업시행자
d. 국가 또는 지방자치단체	e. 시설소유권	f. 시설관리운영권

① ㉠ - a, ㉡ - c, ㉢ - e, ㉣ - d

② ㉠ - a, ㉡ - c, ㉢ - e, ㉣ - c

③ ㉠ - a, ㉡ - d, ㉢ - f, ㉣ - c

④ ㉠ - b, ㉡ - c, ㉢ - e, ㉣ - d

⑤ ㉠ - b, ㉡ - d, ㉢ - f, ㉣ - c

35 다음 자료를 활용하여 공시지가기준법으로 산정한 대상 토지의 단위면적당 시산가액은? (단, 주어진 조건에 한함)

- 대상 토지 현황: A시 B구 C동 120번지, 일반상업지역, 상업용
- 기준시점: 2023.10.28.
- 표준지공시지가(A시 B구 C동, 2023.01.01. 기준)

기 호	소재지	용도지역	이용상황	공시지가(원/m²)
1	C동 110	준주거지역	상업용	6,000,000
2	C동 130	일반상업지역	상업용	8,000,000

- 지가변동률(A시 B구, 2023.01.01.~2023.10.28.)
  - 주거지역: 3% 상승
  - 상업지역: 5% 상승
- 지역요인: 표준지와 대상 토지는 인근지역에 위치하여 지역요인 동일함.
- 개별요인: 대상 토지는 표준지 기호 1에 비해 개별요인 10% 우세하고, 표준지 기호 2에 비해 개별요인 3% 열세함.
- 그 밖의 요인 보정: 대상 토지 인근지역의 가치형성요인이 유사한 정상적인 거래사례 및 평가사례 등을 고려하여 그 밖의 요인으로 50% 증액 보정함.
- 상승식으로 계산할 것

① 6,798,000원/m² ② 8,148,000원/m² ③ 10,197,000원/m²
④ 12,222,000원/m² ⑤ 13,860,000원/m²

36 다음 자료를 활용하여 원가법으로 산정한 대상 건물의 시산가액은? (단, 주어진 조건에 한함)

- 대상 건물 현황: 철근콘크리트조, 단독주택, 연면적 250m²
- 기준시점: 2023.10.28.
- 사용승인일: 2015.10.28.
- 사용승인일의 신축공사비: 1,200,000원/m²(신축공사비는 적정함)
- 건축비지수(건설공사비지수)
  - 2015.10.28.: 100
  - 2023.10.28.: 150
- 경제적 내용연수: 50년
- 감가수정방법: 정액법
- 내용연수 만료시 잔존가치 없음.

① 246,000,000원 ② 252,000,000원 ③ 258,000,000원
④ 369,000,000원 ⑤ 378,000,000원

37 감정평가에 관한 규칙상 대상 물건별로 정한 감정평가방법(주된 방법)이 수익환원법인 대상
물건은 모두 몇 개인가?

> • 상표권   • 임대료
> • 저작권   • 특허권
> • 과수원   • 기업가치
> • 광업재단   • 실용신안권

① 2개   ② 3개
③ 4개   ④ 5개
⑤ 6개

38 감정평가에 관한 규칙에 규정된 내용으로 틀린 것은?

① 수익분석법이란 대상 물건의 기초가액에 기대이율을 곱하여 산정된 기대수익에 대상 물
건을 계속하여 임대하는 데에 필요한 경비를 더하여 대상 물건의 임대료를 산정하는 감
정평가방법을 말한다.

② 가치형성요인이란 대상 물건의 경제적 가치에 영향을 미치는 일반요인, 지역요인 및 개
별요인 등을 말한다.

③ 감정평가법인등은 법령에 다른 규정이 있는 경우에는 기준시점의 가치형성요인 등을 실제와
다르게 가정하거나 특수한 경우로 한정하는 조건을 붙여 감정평가할 수 있다.

④ 일체로 이용되고 있는 대상 물건의 일부분에 대하여 감정평가하여야 할 특수한 목적이나 합
리적인 이유가 있는 경우에는 그 부분에 대하여 감정평가할 수 있다.

⑤ 감정평가법인등은 법령에 다른 규정이 있는 경우에는 대상 물건의 감정평가액을 시장가
치 외의 가치를 기준으로 결정할 수 있다.

39 부동산 가격공시에 관한 법령에 규정된 내용으로 틀린 것은?

① 표준지공시지가는 토지시장에 지가정보를 제공하고 일반적인 토지거래의 지표가 되며, 국가·지방자치단체 등이 그 업무와 관련하여 지가를 산정하거나 감정평가법인등이 개별적으로 토지를 감정평가하는 경우에 기준이 된다.

② 국토교통부장관이 표준지공시지가를 조사·산정할 때에는 「한국부동산원법」에 따른 한국부동산원에게 이를 의뢰하여야 한다.

③ 표준지공시지가에 이의가 있는 자는 그 공시일부터 30일 이내에 서면(전자문서를 포함한다)으로 국토교통부장관에게 이의를 신청할 수 있다.

④ 시장·군수 또는 구청장이 개별공시지가를 결정·공시하는 경우에는 해당 토지와 유사한 이용가치를 지난다고 인정되는 하나 또는 둘 이상의 표준지의 공시지가를 기준으로 토지가격비준표를 사용하여 지가를 산정하되, 해당 토지의 가격과 표준지공시지가가 균형을 유지하도록 하여야 한다.

⑤ 표준지로 선정된 토지에 대하여는 개별공시지가를 결정·공시하지 아니할 수 있다. 이 경우 표준지로 선정된 토지에 대하여는 해당 토지의 표준지공시지가를 개별공시지가로 본다.

40 감정평가 과정상 지역분석 및 개별분석에 관한 설명으로 옳은 것은?

① 동일수급권(同一需給圈)이란 대상 부동산과 대체·경쟁관계가 성립하고 가치 형성에 서로 영향을 미치는 관계에 있는 다른 부동산이 존재하는 권역(圈域)을 말하며, 인근지역과 유사지역을 포함한다.

② 지역분석이란 대상 부동산이 속해 있는 지역의 지역요인을 분석하여 대상 부동산의 최유효이용을 판정하는 것을 말한다.

③ 인근지역이란 대상 부동산이 속한 지역으로서 부동산의 이용이 동질적이고 가치형성요인 중 개별요인을 공유하는 지역을 말한다.

④ 개별분석이란 대상 부동산의 개별적 요인을 분석하여 해당 지역 내 부동산의 표준적 이용과 가격수준을 판정하는 것을 말한다.

⑤ 지역분석보다 개별분석을 먼저 실시하는 것이 일반적이다.

Answer

01 ①	02 ③	03 ④	04 ②	05 ③	06 ④	07 ⑤	08 ④	09 ②	10 ①
11 ②	12 ③	13 ②	14 ③	15 모두정답	16 ②	17 ④	18 ③	19 ③	20 ⑤
21 ④	22 ①	23 ②	24 ①	25 ③	26 ①	27 모두정답	28 ①	29 ④	30 ⑤
31 ②	32 ⑤	33 ⑤	34 ④	35 ④	36 ⑤	37 ⑤	38 ①	39 ②	40 ①

부록

방송
시간표

방송대학TV

▶ 기본이론 방송
▶ 문제풀이 방송
▶ 모의고사 방송

※ 본 방송기간 및 방송시간은 사정에
　의해 변동될 수 있습니다.

TV방송 편성표

기본이론 방송 (1강 30분, 총 75강)

순서	날짜	요일	과목	순서	날짜	요일	과목
1	1. 15	월	부동산학개론 1강	39	4. 10	수	부동산공시법령 7강
2	1. 16	화	민법·민사특별법 1강	40	4. 15	월	부동산세법 5강
3	1. 17	수	공인중개사법·중개실무 1강	41	4. 16	화	부동산학개론 8강
4	1. 22	월	부동산공법 1강	42	4. 17	수	민법·민사특별법 8강
5	1. 23	화	부동산공시법령 1강	43	4. 22	월	공인중개사법·중개실무 8강
6	1. 24	수	부동산학개론 2강	44	4. 23	화	부동산공법 8강
7	1. 29	월	민법·민사특별법 2강	45	4. 24	수	부동산공시법령 8강
8	1. 30	화	공인중개사법·중개실무 2강	46	4. 29	월	부동산세법 6강
9	1. 31	수	부동산공법 2강	47	4. 30	화	부동산학개론 9강
10	2. 5	월	부동산공시법령 2강	48	5. 1	수	민법·민사특별법 9강
11	2. 6	화	부동산학개론 3강	49	5. 6	월	공인중개사법·중개실무 9강
12	2. 7	수	민법·민사특별법 3강	50	5. 7	화	부동산공법 9강
13	2. 12	월	공인중개사법·중개실무 3강	51	5. 8	수	부동산공시법령 9강
14	2. 13	화	부동산공법 3강	52	5. 13	월	부동산세법 7강
15	2. 14	수	부동산공시법령 3강	53	5. 14	화	부동산학개론 10강
16	2. 19	월	부동산세법 1강	54	5. 15	수	민법·민사특별법 10강
17	2. 20	화	부동산학개론 4강	55	5. 20	월	공인중개사법·중개실무 10강
18	2. 21	수	민법·민사특별법 4강	56	5. 21	화	부동산공법 10강
19	2. 26	월	공인중개사법·중개실무 4강	57	5. 22	수	부동산공시법령 10강
20	2. 27	화	부동산공법 4강	58	5. 27	월	부동산세법 8강
21	2. 28	수	부동산공시법령 4강	59	5. 28	화	부동산학개론 11강
22	3. 4	월	부동산세법 2강	60	5. 29	수	민법·민사특별법 11강
23	3. 5	화	부동산학개론 5강	61	6. 3	월	부동산공법 11강
24	3. 6	수	민법·민사특별법 5강	62	6. 4	화	부동산세법 9강
25	3. 11	월	공인중개사법·중개실무 5강	63	6. 5	수	부동산학개론 12강
26	3. 12	화	부동산공법 5강	64	6. 10	월	민법·민사특별법 12강
27	3. 13	수	부동산공시법령 5강	65	6. 11	화	부동산공법 12강
28	3. 18	월	부동산세법 3강	66	6. 12	수	부동산세법 10강
29	3. 19	화	부동산학개론 6강	67	6. 17	월	부동산학개론 13강
30	3. 20	수	민법·민사특별법 6강	68	6. 18	화	민법·민사특별법 13강
31	3. 25	월	공인중개사법·중개실무 6강	69	6. 19	수	부동산공법 13강
32	3. 26	화	부동산공법 6강	70	6. 24	월	부동산학개론 14강
33	3. 27	수	부동산공시법령 6강	71	6. 25	화	민법·민사특별법 14강
34	4. 1	월	부동산세법 4강	72	6. 26	수	부동산공법 14강
35	4. 2	화	부동산학개론 7강	73	7. 1	월	부동산학개론 15강
36	4. 3	수	민법·민사특별법 7강	74	7. 2	화	민법·민사특별법 15강
37	4. 8	월	공인중개사법·중개실무 7강	75	7. 3	수	부동산공법 15강
38	4. 9	화	부동산공법 7강				

과목별 강의 수 부동산학개론: 15강 / 민법·민사특별법: 15강
공인중개사법·중개실무: 10강 / 부동산공법: 15강 / 부동산공시법령: 10강 / 부동산세법: 10강

TV방송 편성표

문제풀이 방송(1강 30분, 총 21강)

순 서	날 짜	요 일	과 목	순 서	날 짜	요 일	과 목
1	7. 8	월	부동산학개론 1강	12	7. 31	수	부동산세법 2강
2	7. 9	화	민법·민사특별법 1강	13	8. 5	월	부동산학개론 3강
3	7. 10	수	공인중개사법·중개실무 1강	14	8. 6	화	민법·민사특별법 3강
4	7. 15	월	부동산공법 1강	15	8. 7	수	공인중개사법·중개실무 3강
5	7. 16	화	부동산공시법령 1강	16	8. 12	월	부동산공법 3강
6	7. 17	수	부동산세법 1강	17	8. 13	화	부동산공시법령 3강
7	7. 22	월	부동산학개론 2강	18	8. 14	수	부동산세법 3강
8	7. 23	화	민법·민사특별법 2강	19	8. 19	월	부동산학개론 4강
9	7. 24	수	공인중개사법·중개실무 2강	20	8. 20	화	민법·민사특별법 4강
10	7. 29	월	부동산공법 2강	21	8. 21	수	부동산공법 4강
11	7. 30	화	부동산공시법령 2강				

과목별 강의 수	부동산학개론: 4강 / 민법·민사특별법: 4강 공인중개사법·중개실무: 3강 / 부동산공법: 4강 / 부동산공시법령: 3강 / 부동산세법: 3강

모의고사 방송(1강 30분, 총 18강)

순 서	날 짜	요 일	과 목	순 서	날 짜	요 일	과 목
1	8. 26	월	부동산학개론 1강	10	9. 16	월	부동산공법 2강
2	8. 27	화	민법·민사특별법 1강	11	9. 17	화	부동산공시법령 2강
3	8. 28	수	공인중개사법·중개실무 1강	12	9. 18	수	부동산세법 2강
4	9. 2	월	부동산공법 1강	13	9. 23	월	부동산학개론 3강
5	9. 3	화	부동산공시법령 1강	14	9. 24	화	민법·민사특별법 3강
6	9. 4	수	부동산세법 1강	15	9. 25	수	공인중개사법·중개실무 3강
7	9. 9	월	부동산학개론 2강	16	9. 30	월	부동산공법 3강
8	9. 10	화	민법·민사특별법 2강	17	10. 1	화	부동산공시법령 3강
9	9. 11	수	공인중개사법·중개실무 2강	18	10. 2	수	부동산세법 3강

과목별 강의 수	부동산학개론: 3강 / 민법·민사특별법: 3강 공인중개사법·중개실무: 3강 / 부동산공법: 3강 / 부동산공시법령: 3강 / 부동산세법: 3강

연구 집필위원

이영섭	피영주	김백중	국승옥	박상우
홍진선	송우석	신교찬	정백기	홍남기
고 일	정길영	정윤찬	김하선	김덕기

제35회 공인중개사 시험대비 **전면개정판**

2024 박문각 공인중개사
합격예상문제 1차 부동산학개론

초판인쇄 | 2024. 4. 1. **초판발행** | 2024. 4. 5. **편저** | 박문각 부동산교육연구소
발행인 | 박 용 **발행처** | (주)박문각출판 **등록** | 2015년 4월 29일 제2015-000104호
주소 | 06654 서울시 서초구 효령로 283 서경 B/D 4층 **팩스** | (02)584-2927
전화 | 교재 주문 (02)6466-7202, 동영상문의 (02)6466-7201

판 권
본 사
소 유

정가 28,000원
ISBN 979-11-6987-920-0 | ISBN 979-11-6987-919-4(1차 세트)

박문각 출판 홈페이지에서
공인중개사 정오표를 활용하세요!

보다 빠르고, 편리하게 법령의 제·개정 내용을 확인하실 수 있습니다.

[클릭]

박문각 공인중개사 정오표의 장점

✓ 공인중개사 1회부터 함께한 박문각 공인중개사 전문 교수진의 철저한 제·개정 법령 감수

✓ 과목별 정오표 업데이트 서비스 실시! (해당 연도 시험 전까지)

✓ 박문각 공인중개사 온라인 "교수학습 Q&A"에서 박문각 공인중개사 교수진에게 직접 문의·답변

박문각 공인중개사

2024 합격 로드맵

합격을 향한 가장 확실한 선택

박문각 공인중개사 수험서 시리즈는 공인중개사 합격을 위한 가장 확실한 선택입니다.

---

01 기초입문 과정

합격을 향해
기초부터 차근차근!

―
기초입문서 총 2권

| 합격설명서 | 민법 판례 | 핵심용어집 | 기출문제해설 |

---

02 기본이론 과정

기본 개념을
체계적으로 탄탄하게!

―
기본서 총 6권

---

03 기출문제풀이 과정

기출문제 풀이로
출제경향 체크!

―
핵심기출문제 총 2권
회차별 기출문제집 총 2권
저자기출문제

| 핵심기출문제 | | 회차별 기출문제집 | | 저자기출문제 |

제35회 공인중개사 시험대비 **전면개정판**

박문각 공인중개사

합격예상문제 **1차**

부동산학개론
정답해설집

박문각 부동산교육연구소 편

합격까지 박문각
합격 노하우가 다르다!

박문각

박문각
공인중개사

성공을 위한 가장 확실한 선택

박문각은 1972년부터의 노하우와 교육에 대한 끊임없는 열정으로 공인중개사 합격의 기준을 제시하며
경매 및 중개실무 연계교육과 합격자 네트워크를 통해 공인중개사 합격자들의 성공을 보장합니다.

01

공인중개사의 시작 박문각

공인중개사 시험이 도입된 제1회부터
제34회 시험까지 수험생들의 합격을
이끌어 온 대한민국 유일의 교육기업입니다.

02

오랜시간 축적된 데이터

1회부터 지금까지 축적된 방대한 데이터로
박문각 공인중개사는 빠른 합격 & 최다
합격률을 자랑합니다.

03

업계 최고&최다 교수진 보유

공인중개사 업계 최다 교수진이
최고의 강의로 수험생 여러분의
합격을 위해 끊임없이 연구하고 있습니다.

04

전국 학원 수 규모 1위

전국 30여 개 학원을 보유하고 있는
박문각 공인중개사는 업계 최대 규모로서
전국 학원 수 규모 1위 입니다.

박문각 공인중개사

제35회 공인중개사 시험대비 **전면개정판**

박문각
공인중개사

합격예상문제 1차
부동산학개론

정답해설집

박문각 부동산교육연구소 편

브랜드만족
1위
박문각

근거자료
후면표기

2024

동영상강의
www.pmg.co.kr

합격까지 박문각
합격 노하우가 다르다!

박문각

이 책의 차례

PART
05

부동산 투자론

PART
06

부동산 금융론

PART
07

부동산
개발 · 관리 · 마케팅

PART
08

감정평가론

제1장 부동산의 학문적 성격

Answer

01 부동산학의 본질
01 ⑤   02 ⑤

02 부동산업 및 부동산 활동
01 ④   02 ③   03 ⑤

01 부동산학의 본질

01 ⑤ 부동산학은 추상적인 학문이 아니라 구체적인 경험과학이다.

02 ⑤ 민간부문에서 부동산 활동은 형평성보다는 효율성이 강조된다.

02 부동산업 및 부동산 활동

01 ④ 기타 금융 지원 서비스업은 금융 및 보험관련 서비스업에 해당한다.
부동산 관리업은 주거용 부동산(아파트) 관리업과 비주거용 부동산(사무용) 관리업으로 구성된다.

02 ③ 주거용 건물 건설업은 종합 건설업 중 건물 건설업에 포함된다.

03 ⑤ 틀린 것은 ㄹ, ㅁ이다.
ㄹ 안전성의 원칙이 아닌 경제성의 원칙에 대한 설명이다.
ㅁ 부동산 활동을 임장활동으로 규정하는 근거는 부동성이라는 특성과 대물활동이라는 속성 때문이다.

제2장 | 부동산의 개념

01 복합개념의 부동산

01 ⑤   02 ③   03 ④

02 법률적 개념의 부동산

01 ②   02 ④   03 ①   04 ⑤

01 복합개념의 부동산

01 ⑤ 자본은 경제적 개념에 해당한다.

02 ③ 경제적 개념은 ㉡, ㉦, ㉧이다.

㉠ **소유권**: 법률적   ㉡ **자산**: 경제적

㉢ **위치**: 기술적   ㉣ **준부동산**: 법률적

㉤ **협의의 부동산**: 법률적   ㉥ **공간**: 기술적

㉦ **상품**: 경제적   ㉧ **자본**: 경제적

∷ 부동산의 복합개념

1. 물리적 개념: 공간, 위치, 환경, 자연
2. 경제적 개념: 자산, 자본, 상품, 소비재, 생산재(생산요소)
3. 법률적 개념
   ㉠ 협의: 민법상의 부동산(토지 및 그 정착물)
   ㉡ 광의: 협의 + 준부동산

03 ④ 틀린 것은 ㉡, ㉣이다.

㉡ 토지는 생산요소, 자본, 소비재의 성격을 모두 갖추고 있다.

㉣ 절대적 위치는 부동성과 관련이 있고, 상대적 위치는 인접성과 관련이 있다.

02 법률적 개념의 부동산

01 ② 의제 부동산은 법적 부동산의 개념으로서, 이는 복합개념 중 법률적 개념에 해당한다.

02 ④ 토지의 정착물은 ㉠, ㉢, ㉣, ㉤이다.

㉠ 구거는 종속정착물이다(토지의 일부).

㉢ 다년생 식물은 종속정착물이다(토지의 일부).

㉣ 명인방법을 구비한 수목은 독립정착물이다(토지와 서로 다른).

㉤ 교량은 종속정착물이다(토지의 일부).

㉡ 가식중인 수목은 정착물이 아닌 동산으로 간주된다.

03 ① 임대인이 설치한 물건은 정착물로 간주되고, 임차인이 설치한 물건은 동산으로 간주되는 것이 원칙이다.

04 옳게 설명된 지문은 ⑤번이다.
　① 권원에 의하여 타인토지에 재배되고 있는 농작물은 독립정착물로 간주된다.
　② 좁은 의미의 부동산과 준부동산을 합쳐 광의의 부동산이라 하며 자본, 자산 등과 함께 법률적 측면의 부동산의 개념에 해당한다.
　③ 동산의 경우에는 점유로써 공시의 효과를 가지지만 부동산은 등기로써 공시의 효과를 가진다.
　④ 입목에 관한 법령에 의해 소유권 보존등기된 입목은 독립정착물이다.

제3장 | 부동산의 구분

Answer

01 토지의 분류

01 ②	02 ②	03 ③	04 ③	05 ①	06 ③	07 ⑤	08 ④

02 주택의 분류

01 ①	02 ②	03 ③	04 ④	05 ⑤	06 ④

---

01 토지의 분류

01 ① 토지 소유자에게 재분배하는 토지를 환지라고 한다.
　③ 고압송전선로 아래의 토지를 선하지라고 한다.
　④ 소유권이 인정되지 않는 바다와 육지 사이의 해변 토지를 빈지라고 한다.
　⑤ 도시개발사업에 필요한 경비에 충당하기 위해 환지로 정하지 아니한 토지를 체비지라고 한다.

02 ① 필지에 대한 설명이다.
　③ 소지에 대한 설명이다.
　④ 나지는 공법상 제한이 없는 토지가 아니라 사법상 제한이 없는 토지이다.
　⑤ 이행지에 대한 설명이다.

03 ③ 가격수준이 비슷한 일단의 토지를 획지라고 한다.

04 ① 바다나 하천으로 변한 포락지에 대한 설명이다.
　② 부지에 대한 설명이다.
　④ 필지는 하나의 등록단위로 표시하는 토지이다.
　⑤ 비어있는 토지를 공지라고 한다.

05 ① 법지는 소유권은 인정되나, 활용실익이 거의 없는 경사, 경계부분의 토지를 의미한다.

06 ③ 틀린 것은 ㉠, ㉣이다.
㉠ 택지에 대한 설명이다.
㉣ 후보지에 대한 설명이다.
㉡ 용도상 불가분의 관계에 있는 2필지 이상의 일단의 토지를 일단지라고 한다.
㉢ 지가공시목적의 표준지에 대한 설명이다.

07 ⑤ 건부지 가격은 나지 가격보다 낮게 평가되는 것이 일반적 원칙인데, 이를 건부감가라고 한다.

08 ④ 공간정보의 구축 및 관리 등에 관한 법률상 지목(28가지)에 해당하는 것은 제방이다.
① **사찰용지**: 지목에 해당하지 않으며, 지목이 지정될 때에는 종교용지로 지정된다.
② **저수지**: 지목에 해당하지 않으며, 지목이 지정될 때에는 유지로 지정된다.
③ 나지는 지목의 개념이 아닌 토지이용상의 개념으로 건물 및 기타의 정착물이 없고 사법상의 제한이 없는 토지이다.
⑤ 필지는 토지이용상의 개념으로, 법률적 개념의 토지구분 단위이다.

▨ 02 주택의 분류

01 ① 주택법상 기숙사에 대한 설명이다.

02 ② 다가구주택은 주택으로 쓰이는 층수가 3개 층 이하로, 1개동의 주택으로 쓰이는 바닥면적의 합계가 660제곱미터 이하이며, 19세대 이하의 단독주택이다.

03 ③ 도시형 생활주택이 아닌 준주택에 대한 설명이다.
∷ 도시형 생활주택

> 1. 도시형 생활주택이란 300세대 미만의 국민주택규모에 해당하는 주택으로서 대통령령으로 정하는 주택을 말한다.
> 2. 대통령령으로 정하는 주택: 단지형 연립주택, 단지형 다세대주택, 소형주택

04 ④ **연립주택**: 주택으로 쓰는 1개 동의 바닥면적(2개 이상의 동을 지하주차장으로 연결하는 경우는 각각의 동으로 본다) 합계가 $660m^2$를 초과하고, 층수가 4개 층 이하인 주택을 말한다.

05 ⑤ 다세대주택은 층수가 3개 층 이하가 아닌 4개 층 이하이다.

06 ④ 다가구주택은 단독주택의 유형에 해당한다.

제4장 부동산의 특성

| 01 ② | 02 ① | 03 ② | 04 ③ | 05 ④ | 06 ③ | 07 ⑤ | 08 ③ | 09 ⑤ |

01 ① 토지는 영속성으로 인해 물리적 감가가 발생하지 않는다.
③ 토지는 부증성으로 인해 물리적 공급이 장·단기적으로 모두 완전비탄력적이다.
④ 토지는 부증성으로 인하여 독점 소유욕이 발생하며 양적 공급이 제한된다.
⑤ 토지는 개별성으로 인해 물리적 관점에서 공급을 늘릴 수 없다.

02 ① 부동성으로 인해 동산과 부동산이 구분되고, 일반 재화와 부동산 재화의 특성이 다르게 나타난다.

03 ② 영속성에 해당하는 것은 ⓛ, ⓜ 2개이다.
ⓐ **부증성**: 집약적 이용, 토지부족
ⓛ **영속성**: 소모전제 이론×, 감가상각×
ⓒ **부동성**: 임장활동, 지역분석
ⓔ **개별성**: 일물일가의 법칙×, 완전한 대체 제약
ⓜ **영속성**: 장기배려, 가치보존력 우수

04 ③ 매립이나 산지개간을 통한 농지나 택지의 확대는 부증성의 예외가 아닌 토지의 용도전환(용도적 공급)에 해당한다(부증성은 예외가 존재하지 아니한다).

05 ④ 옳은 것은 ⓐ, ⓒ, ⓔ이다.
ⓛ **영속성**(×): 감가상각 배제

06 ③ 부증성은 집약적 토지이용과 가격급등현상(지가고)을 일으키기도 한다.

07 ⑤ 부동성으로 인해 부동산 활동은 국지화되고 임장활동의 필요성의 근거가 된다.

08 ③ 영속성은 원가방식이 아닌 수익방식의 이론적 근거가 된다.

09 ⑤ 인근지역에 공원이 조성되어 아파트 가격이 상승하였다.
1. **외부효과**: 부동성, 인접성
2. **공원 및 대형마트**: 주변의 변화: 상대적 위치의 가변성

제1장 | 부동산의 수요와 공급

Answer

01 부동산 수요와 공급일반

01 ⑤   02 ⑤   03 ②   04 ③   05 ②   06 ④

02 부동산 수요 및 공급의 변화

01 ③   02 ②   03 ⑤   04 ③   05 ④   06 ②   07 ⑤   08 ①   09 ②

01 부동산 수요와 공급일반

01 ⑤ 부동산 수요는 일반적으로 일정기간에 걸쳐 측정되는 유량(flow)의 개념을 갖는다.

02 ⑤ 가격 이외의 요인이 변화하면 수요곡선 자체의 변화가 나타난다.

03 ② 유량변수는 ㉡, ㉣, ㉺ 3개이다.
- 유량변수: ㉡, ㉣, ㉺
- 저량변수: ㉠, ㉢, ㉤

04 ③ 아파트 가격 하락에 대한 기대는 가격 이외 요인이므로, 이를 수요의 변화라고 한다.

■■ 수요량의 변화와 수요의 변화

> 1. 수요량의 변화
>   ① 의미: 해당 재화의 가격변화로 인한 수요량의 변화
>   ② 형태: 수요곡선상 점의 이동
> 2. 수요의 변화
>   ① 의미: 가격 이외 요인의 변화로 인한 수요량의 변화
>   ② 형태: 수요곡선 자체의 이동

05 ② 대출금리의 하락은 가격 이외 요인의 변화이며 이는 수요곡선 자체를 이동시키는 요인이 된다.

06 ④ "아파트"의 공급량 변화요인은 "아파트의 가격" 자체밖에는 없다. 원자재 가격의 변화는 가격 이외 요인으로 해석하여야 한다.

02 부동산 수요 및 공급의 변화

01 ③ 대체재 수요감소: 수요곡선 우측이동(해당 부동산 수요증가요인)
　① 대출금리의 상승: 수요곡선 좌측이동
　② 보완재 수요감소: 수요곡선 좌측이동(해당 부동산 수요감소요인)
　④ 해당 부동산 가격의 상승: 수요곡선상의 변화
　⑤ 해당 부동산 선호도의 감소: 수요곡선 좌측이동

02 ② 수요곡선을 우측으로 이동시킬 수 있는 요인은 실질소득 증가, 대출금리의 하락, 대체주택 가격의 상승이다.
- **실질소득 증가**: 수요증가
- **인구감소**: 수요감소
- **선호도 감소**: 수요감소
- **대출금리의 하락**: 수요증가
- **원자재 가격하락**: 공급증가
- **아파트 가격의 하락**: 수요곡선상의 변화(곡선이동 없음)
- **대체주택 가격의 상승**: 수요증가

03 ⑤ 수요증가요인은 ㉠, ㉢, ㉣이다.
　㉡, ㉤은 부동산 수요감소요인이다.

04 ③ A와 B는 보완관계, A와 C는 대체관계이다.
　1. **A가격상승 ⇨ B수요감소**: 보완재
　2. **A가격상승 ⇨ C수요증가**: 대체재

05 ④ 오피스텔 가격의 상승 − 대체재 가격상승: 수요증가(우측)
　① **주택거래규제의 강화**: 수요감소(좌측)
　② **수요자의 소득감소**: 수요감소(좌측)
　③ **모기지대출(mortgage loan) 금리의 상승**: 수요감소(좌측)
　⑤ **빌라 수요의 감소 = 보완재 수요감소**: 수요감소(좌측)

06 1. $P = 100 - 4Qd$이므로 $4Qd = 100 - P$이고, $Qd = 25 - \dfrac{1}{4}P$
　2. 수요자수가 4배로 증가한다면 새로운 시장수요함수 $Qm = (25 - \dfrac{1}{4}P) \times 4 = 100 - P$가 된다.
　3. 다시 P로 정리하면 $P = 100 - Qm$이 된다.

07 ⑤ 공급증가요인은 ㉡, ㉣, ㉤이다.
　㉠ **주택건설노동자의 임금상승**: 공급감소

ⓒ 주택건설업체수의 증가: 공급증가

ⓒ 주택건설용 토지의 가격상승: 공급감소

ⓔ 주택건설에 대한 정부 보조금 확대: 공급증가

ⓜ 주택건설기술 개발에 따른 원가절감: 공급증가

08 ① 개별성은 공급을 독점적으로 만드는 성질이 있다.

09 ② 주택가격이 상승하면 주택의 공급량이 증가하게 되며, 주거용지의 공급도 증가하게 된다.

제2장 | 부동산 시장의 균형

Answer

01 균형가격과 균형거래량의 산정
01 ②　　02 ③　　03 ④　　04 ①

02 균형의 이동
01 ③　　02 ④　　03 ③

01 균형가격과 균형거래량의 산정

01 1. t시점의 균형가격과 균형거래량

ⓐ $900 - P = 5P$, $900 = 6P$, $P = 150$이 된다.

ⓑ $P = 150$을 대입하면 $Q = 5 \times 150 = 750$이므로 균형거래량은 750이 된다.

[균형가격: 150, 균형거래량: 750]

2. (t + 1)시점의 균형가격과 균형거래량

ⓐ $1,500 - P = 5P$, $1,500 = 6P$, $P = 250$이 된다.

ⓑ $P = 250$을 대입하면, $Q = 5 \times 250 = 1,250$이므로 균형거래량은 1,250이 된다.

[균형가격: 250, 균형거래량: 1,250]

3. 결국 가격은 150에서 250으로 100 상승하고, 거래량은 750에서 1,250으로 500 증가한다.

02 1. 균형임대료 관련

• **변경 전**: $800 - 2P = 200$이 되고, $600 = 2P$가 되고, $P = 300$이 된다.

• **변경 후**: $800 - 2P = 300$이 되고, $500 = 2P$가 되고, $P = 250$이 된다.

따라서 가격은 300에서 250으로 50 하락한다.

2. 탄력성 관련

$Qs = 0$라는 표현은 공급량이 일정하다는 표현(균형거래량 불변)으로서, 이는 공급이 완전비탄력적이라는 의미이다.

03 1. 균형가격의 산정

(1) **변경 전**: $30 + P = 270 - 2P$이고, $3P = 240$이므로 $P = 80$

(2) **변경 후**: $30 + 2P = 270 - 2P$이고, $4P = 240$이므로 $P = 60$

(3) 균형가격은 80에서 60으로 20 감소

2. 기울기 산정

(1) 최초 공급 기울기 $= \dfrac{1}{1} = 1$

(2) 변경 후 공급 기울기 $= \dfrac{1}{2}$

(3) 기울기는 1에서 $\dfrac{1}{2}$로 $\dfrac{1}{2}$만큼 감소함

04 1. 기존 시장의 균형

(1) $-Q + 40 = \dfrac{2}{3}Q + 20$이 되고, 각 변에 3을 곱하여 식을 변경하면,

(2) $-3Q + 120 = 2Q + 60$이 되고, $60 = 5Q$가 되므로 $Q = 12$가 된다.

(3) $Q = 12$를 대입하면 $P = 28$이 된다.

2. 변경된 시장의 균형

(1) $-Q + 40 = \dfrac{2}{3}Q + 10$이 되고, 각 변에 3을 곱하여 식을 변경하면,

(2) $-3Q + 120 = 2Q + 30$이 되고, $90 = 5Q$가 되므로 $Q = 18$이 된다.

(3) $Q = 18$을 대입하면 $P = -18 + 40$, $P = 22$가 된다.

3. 변경사항

가격은 28에서 22로 6만큼 하락하고, 균형거래량은 12에서 18로 6만큼 증가한다.

02 균형의 이동

01 ① 균형상태의 시장에서 수요가 감소하면 균형가격은 하락하고 균형량은 감소한다.
② 균형상태의 시장에서 공급이 증가하면 균형가격은 하락하게 된다.
④ 수요자의 소득이 증가하면 정상재인 아파트의 균형가격은 상승하게 된다.
⑤ 균형상태의 시장에서 공급이 감소하면 균형가격은 상승하고, 균형거래량은 감소한다.

02 ④ 균형가격을 상승시키는 요인은 건설노동자 임금상승, 대체주택에 대한 수요감소, 가구의 실질소득 증가, 아파트건설용 토지가격의 상승으로 4개이다.
• **건설노동자 임금상승**: 공급감소 ⇨ 균형가격 상승
• **대체주택에 대한 수요감소**: 수요증가 ⇨ 균형가격 상승
• **가구의 실질소득 증가**: 수요증가 ⇨ 균형가격 상승
• **아파트 건설업체수 증가**: 공급증가 ⇨ 균형가격 하락
• **아파트건설용 토지가격의 상승**: 공급감소 ⇨ 균형가격 상승
• **아파트 선호도 감소**: 수요감소 ⇨ 균형가격 하락

03 ③ 신축 원자재 가격의 변화에는 단기에는 아무런 영향을 주지 못하며(단기불변), 장기적으로 원자재 가격의 상승은 아파트 가격(임대료)의 상승을 초래한다.

제3장 │ 수요와 공급의 탄력성

Answer

01 수요와 공급의 가격탄력성
01 ③   02 ⑤   03 ③   04 ①   05 ⑤   06 ②   07 ③   08 ④

02 가격탄력성과 균형의 변화
01 ②

03 탄력성 계산
01 ①   02 ④   03 ②   04 ⑤   05 ④   06 ②

01 수요와 공급의 가격탄력성

01 ③ 수요의 가격탄력성이 비탄력적이면 가격변화율보다 수요량의 변화율이 더 작다.

02 ① 수요의 가격탄력성은 가격변화율에 대한 수요량의 변화율을 측정한 것이다.
② 수요의 가격탄력성이 완전비탄력적이면 가격이 변화할 때 수요량이 변하지 않는다.
③ 수요의 가격탄력성이 탄력적이면 수요량의 변화율이 가격의 변화율보다 더 크다.
④ 공급의 가격탄력성이 탄력적이면 가격의 변화율이 공급량의 변화율보다 더 작다.

03 ③ 수요에 대한 관찰기간이 길어질수록 수요의 가격탄력성은 커진다.

04 ① 부동산 수요의 가격탄력성은 주거용 부동산에 비해 공업용 부동산이 더 비탄력적이다.

05 ① 임대 수요가 탄력적일 때, 임대료가 하락하면 임대사업자의 임대수입은 증가한다.
② 수요가 탄력적이므로 전체 수입은 임대료가 상승함에 따라 감소한다.
③ 수요가 비탄력적일 때, 임대료가 상승하면 임대사업자의 임대수입은 증가한다.
④ 수요의 가격탄력성이 비탄력적일 때, 임대료가 하락하면 임대사업자의 임대수입은 감소한다.

06 ② 생산에 소요되는 기간이 길수록(소요기간이 길어질수록) 공급은 비탄력적이 된다.

07 ① 공급의 가격탄력성이 0이면 완전비탄력적이다.

② 물리적 토지공급량이 불변이라면 토지의 물리적 공급은 토지가격 변화에 대해 완전비탄력적이다.

④ 부동산의 물리적인 공급은 단기적으로 비탄력적이라고 할 수 있다.

⑤ 주택의 단기공급곡선은 가용생산요소의 제약으로 장기공급곡선에 비해 더 비탄력적이다.

08 ④ 임대주택을 건축하여 공급하는 기간은 소요기간을 의미하며, 소요기간이 짧을수록 공급의 가격탄력성은 커진다.

02 가격탄력성과 균형의 변화

01 ① 수요의 가격탄력성이 완전탄력적인 경우, 공급이 감소하면 균형임대료는 불변하고, 균형거래량은 감소한다.

③ 공급이 증가할 때 수요의 가격탄력성이 탄력적일수록 가격은 더 작게 하락한다.

④ 수요가 감소할 때 공급의 가격탄력성이 비탄력적일수록 가격은 더 많이 하락한다.

⑤ 공급의 탄력성이 0일 때, 수요가 증가하면 균형가격은 상승하고, 균형거래량은 불변이다.

03 탄력성 계산

01

가격탄력성	교차탄력성	교차탄력성
$\dfrac{\text{아파트 수요량변화율}}{\text{아파트 가격변화율}}$	$\dfrac{\text{다세대 수요량변화율}}{\text{아파트 가격변화율}}$	양수 : 대체재, 음수 : 보완재
$\left\lvert \dfrac{-6}{+10} \right\rvert = 0.6$ (비탄력)	$\dfrac{+5}{+10} = 0.5$	대체재의 관계

02 1. 가격탄력성 $= \left\lvert \dfrac{\text{오피스텔 수요량변화율}(x)}{\text{오피스텔 가격변화율}} \right\rvert = \left\lvert \dfrac{-x}{+5} \right\rvert = 2$

2. $x = 10\%$인데, 가격이 올랐으므로 수요량은 " $-$ "가 된다.

03

	가격탄력성	소득탄력성	전체
	가격탄력성 × 가격변화율	소득탄력성 × 소득변화율	$-4+2 = -2$
수요량	$0.8 \times 5\!\uparrow = -4$	$0.5 \times 4 = 2$	

04

	가격탄력성	소득탄력성	전체
	가격탄력성 × 가격변화율	소득탄력성 × 소득변화율	$-2 + 0.8x = 2$
수요량	$0.4 \times 5\!\uparrow = -2$	$0.8 \times x = 0.8x$	$0.8x = 4,\ x = 5\%\!\uparrow$

05

	가격탄력성	소득탄력성	교차탄력성
	가격탄력성 × 가격변화율	소득탄력성 × 소득변화율	교차탄력성 × A가격변화율
수요량	$0.6 \times 5\uparrow = -3$	$0.4 \times 5\uparrow = 2$	$0.8 \times 5\uparrow = 4$

④ 전체 수요량변화율: $-3 + 2 + 4 = 3\%$ 증가

06

	가격탄력성	소득탄력성	교차탄력성
	가격탄력성 × 가격변화율	소득탄력성 × 소득변화율	교차탄력성 × A가격변화율
수요량	$0.6 \times 5\uparrow = -3$	$x \times 5\uparrow = 5x$	$0.8 \times 5\uparrow = 4$

② 전체 수요량변화율: $-3 + 5x + 4 = 3\%$이므로, $5x = 2$가 되고 소득탄력성은 0.4가 된다.

제**4**장 부동산 경기변동

Answer

01 부동산의 경기변동

01 ③   02 ②   03 ①   04 ⑤   05 ②   06 ②   07 ②

02 거미집이론

01 ②   02 ④   03 ②   04 ①

01 부동산의 경기변동

01 ③ 일정치 않은 주기와 동일하지 않은 진폭으로 불규칙하게 순환한다.

02 ② 부동산 경기는 회복기간이 길고, 후퇴는 짧은 편이다.

03 ① 후퇴시장 국면에서는 매도자가 주도하는 시장에서 매수자가 주도하는 시장으로 바뀌는 경향이 있다.

04 ⑤ 하향시장에서 직전국면 저점의 거래사례가격은 현재 시점에서 새로운 거래가격의 상한이 되는 경향이 있다.

05 ② 하향국면은 매수자가 중시되고, 과거의 사례가격은 새로운 가격의 상한이 되는 경향이 있다.

06 ② 상향시장에서 매도자는 가격상승을 기대하여 거래의 성립을 뒤로 미루려는 반면, 매수자는 거래 성립을 앞으로 당기려 하는 경향이 있다.

07 ② 불황 속 물가상승 현상을 스태그 플레이션이라고 한다.

02 거미집이론

01 ① 공급의 가격탄력성 > 수요의 가격탄력성 : 발산형
③ 수요곡선의 기울기(절댓값) < 공급곡선의 기울기(절댓값) : 수렴형
④ 수요와 공급의 시차를 인정하여, 균형의 변화를 동태적으로 분석한 모형이다.
⑤ 공급자는 현재의 가격에만 반응할 뿐 합리적인 미래예측을 하지 않는다고 가정한다.

02 절댓값을 기준으로,
• A시장 : 공급 기울기가 큼 : 수렴형
• B시장 : 기울기가 같음 : 순환형
• C시장 : 공급 기울기가 작음 : 발산형

03 ㉠ 공급의 탄력성이 작다 : 수렴형
㉡ 공급의 기울기의 절댓값이 작다 : 발산형

04 ㉠ 수요의 가격탄력성이 상대적으로 클 때 : 수렴형
㉡ 공급곡선의 기울기의 절댓값이 상대적으로 클 때 : 수렴형

부동산 시장론

제1장 | **부동산 시장**

01 부동산 시장의 기능과 특성
01 ⑤   02 ②   03 ③   04 ①   05 ⑤

02 주택시장분석
01 ⑤   02 ③   03 ④

03 부동산 시장과 정보의 효율성
01 ⑤   02 ⑤   03 ①   04 ②   05 ①   06 ⑤

---

01 부동산 시장의 기능과 특성

01 ⑤ 할당 효율적 시장은 과소평가, 과대평가 같은 왜곡이 나타나지 않는 시장이다.

02 ② 부동산은 개별성으로 인해 상품별 표준화가 어려운 편이다.

03 ③ 부동산 매매는 장기성을 갖으며, 부동산은 유동성과 환금성이 좋지 않다.
① 부동산 시장은 비조직성의 특성을 갖는다.
② 개별성으로 인해 부동산 상품은 대체성이 매우 낮다(용도적 대체만 가능).
④ 부동산 시장은 정보의 비대칭성으로 인하여 정보수집이 어렵고 은밀성이 확대된다.
⑤ 토지의 자연적 특성인 지리적 위치의 고정성으로 인하여 개별화된다.

04 ① 부동산 거래의 비공개성은 비가역성이 아닌 거래의 사적 경향 때문에 발생하는 문제이다.

05 ⑤ 부동산은 개별성(비대체성) 및 거래의 장기성이 존재하므로 주식과 달리 공매(short selling)가 제한적이거나 불가능한 재화이다.

02 주택시장분석

01 ⑤ 도시 전체적으로 발생할 뿐만 아니라 인접한 근린지역에서도 발생한다.

02 ③ 공가(空家)가 있어야 주거의 이동이 가능해진다(공가는 여과의 전제조건).

03 ④ 주거분리는 소득에 따라 고소득층과 저소득층의 주거지역이 나누어지는 현상이며, 직장과 주거지가 분리되는 현상은 주거분리가 아닌 직주분리 현상에 대한 설명이다.

03 부동산 시장과 정보의 효율성

01 ① 약성 효율적 시장에서 기술적 분석을 통해 초과이윤을 획득할 수 없다.
　② 약성 효율적 시장에서 현재가치에 대한 과거의 정보를 분석하면 초과이윤을 획득할 수 없다.
　③ 준강성 효율적 시장은 기본적 분석을 통해 초과이윤을 획득할 수 없다.
　④ 강성 효율적 시장은 공표된 것이건 그렇지 않은 것이건 어떠한 정보도 이미 가치에 반영되어 있기 때문에 정보 분석을 통해 초과이윤을 획득할 수 없다.

02 ⑤ 부동산 시장은 여러 가지 불완전한 요소가 많지만(불완전경쟁) 할당 효율적 시장이 될 수 있다.

03 ① 불완전경쟁시장 및 독점시장도 할당 효율적 시장이 될 수 있으므로, 할당 효율적 시장이라고 해서 그 시장이 곧 완전경쟁시장만을 의미하는 것은 아니다.

04 ① 효율적 시장이론에서 효율적이라는 의미는 배분의 효율성이 아닌 정보의 효율성을 의미한다.
　③ 어떠한 형태의 효율적 시장이 부동산 시장에 존재하는가는 나라마다 다르며, 효율성의 정도도 다르게 나타난다.
　④ 현실의 부동산 시장이 준강성 효율적 시장이라면 미래 정보를 통하여 초과이윤을 획득할 수 있다.
　⑤ 독점 등 불완전경쟁시장은 여러 가지 불완전한 요소가 많지만 할당 효율적 시장이 될 수도 있다.

05 ① 현재가치는 8천만원이다.
개발정보의 현재가치 쉽게 구하기
1. **차액**: (토지가격의 차액산정): 8.8억 − 6.6억 = 2.2억
2. **할인**: 2.2억 ÷ 1.1 = 2억 (1년일 때는 한 번만 나누기)
3. **안 될 확률 곱하기**: 2억 × 40% = 8,000만원

06 ⑤ 현재가치는 1억 5천만원이다.
1. **차액**: 6.55억 − 2.23억 = 4.32억
2. **할인**: 4.32억 ÷ 1.2 ÷ 1.2 = 3억 (2년일 때는 두 번 나누기)
3. **안 될 확률 곱하기**: 3억 × 50% = 1.5억

제2장 │ 입지 및 공간구조론

01 지대이론

01 ②   02 ②   03 ⑤   04 ③   05 ②   06 ④

02 도시공간구조이론

01 ⑤   02 ①   03 ④   04 ②

03 입지이론

01 ④   02 ③   03 ②   04 ②   05 ⑤   06 ①   07 ⑤   08 ③   09 ⑤   10 ②

11 ②   12 ①   13 ④   14 ③

---

01 지대이론

01 ② 옳은 것은 ㉠, ㉣이다.

㉡ 마르크스의 절대지대설에 대한 설명이다.

㉢ 마르크스의 절대지대설에 대한 설명이다.

㉤ 마르크스의 절대지대설에 대한 설명이다. 리카도의 지대이론에 따르면 최열등지의 지주는 지대를 정당하게 요구할 수 없다.

02 ② 튀넨에 의하면 지대는 생산물의 가격에서 생산비와 수송비를 차감한 값이다.

03 ⑤ 입찰지대는 정상이윤과 투입생산비를 지불하고 남은 잉여로, 토지이용자에게는 최대지불용의액이라고 할 수 있다.

04 ③ 준지대는 단기에 공급이 고정된 생산요소에 대한 사용대가를 의미한다. 따라서 준지대는 영구적으로 나타나는 현상이 아니라 공급이 제한된 단기에 나타나는 현상이다.

05 ② 틀린 것은 ㉢, ㉣이다.

㉢ 리카도는 한계지의 생산비와 우등지의 생산비 차이를 차액지대로 보았다.

㉣ 튀넨은 도시로부터 거리에 따라 농작물의 재배형태가 달라진다는 점에 착안하여, 수송비의 차이가 지대의 차이를 가져온다고 보았다.

06 ① 차액지대는 비옥도를 중시하며, 위치를 경시하는 이론이다.

② 준지대는 단기적 성격의 지대이다.

③ 마르크스의 절대지대설에 대한 설명이다.

⑤ 입찰지대는 토지이용자들 간의 경쟁에 의하여 발생하는 지대이다.

02 도시공간구조이론

01 ⑤ 동심원이론에 의하면 점이지대는 고소득층 주거지역보다 도심에서 가깝게 위치한다.

02 ① 버제스(E. Burgess)의 동심원이론에 따르면 중심업무지대와 근로자 주택 사이에 점이지대가 위치한다.

03 ④ 다핵심이론은 버제스의 동심원이론과 호이트의 선형이론의 한계를 극복하기 위해 등장한 이론이다. 또한 버제스의 동심원이론에 따르면 점이지대는 중심업무지구(CBD)와 저소득층 주거지대(저소득지대) 사이에 위치하고 있다.

04 ② 서로 다른 도시활동 중에서는 집적 불이익이 발생하는 경우가 있는데, 이러한 활동은 상호 분리되는 경향이 있다.

03 입지이론

01 ④ 제품 중량이 국지원료 중량보다 큰 경우 시장지향형 입지를 선호한다.

02 ③ 중심지가 형성되기 위해서는 최소요구치가 재화의 도달범위 내에 있어야 한다.

03 ② 재화의 도달범위는 중심지로부터 어느 기능에 대한 수요가 0이 되는 곳까지의 거리를 의미한다.

04 ② 틀린 것은 ㉠, ㉡이다.
㉠ 컨버스가 아닌 허프이론에 대한 설명이다. 허프는 시간거리 및 비공간요인도 고려하였다.
㉡ 호이트는 저소득층이 아닌 고소득층의 주거지의 형성요인을 다루며, 단핵이론으로서 부도심이 존재하지 않는 이론이다.

05 ⑤ 모두 옳은 설명이다.
㉠ **해리스와 울만**: 몇 개의 분리된 핵
㉡ **뢰시**: 수요측면에서 경제활동의 공간조직, 상권조직 파악
㉢ **넬슨**: 특정 점포의 최대 매출 입지선정
㉣ **베버**: 운송비, 노동지, 집적이익

06 ① 틀린 것은 ㉠이다.
㉠ 버제스가 아닌 호이트 이론에 대한 설명이다.

07 ⑤ 레일리 이론이 아닌 넬슨의 소매입지이론에 대한 설명이다.

08 ③ 일용품점의 경우는 전문품점에 비해 공간(거리)마찰계수가 큰 편이다.

09 레일리의 소매인력법칙

1. A도시의 유인력 $= \dfrac{50,000}{5^2} = 2,000$, B도시의 유인력 $= \dfrac{100,000}{10^2} = 1,000$

2. C도시에서 A도시로의 유인력 $= \dfrac{2,000}{2,000 + 1,000} \times 9억원 = 6억원$

3. C도시에서 B도시로의 유인력 $= \dfrac{1,000}{2,000 + 1,000} \times 9억원 = 3억원$

10 레일리의 소매인력법칙

1. A도시의 유인력 $= \dfrac{64,000}{8^2} = 1,000$, B도시의 유인력 $= \dfrac{75,000}{5^2} = 3,000$

2. C도시에서 A도시로의 유인력 $= \dfrac{1,000}{1,000 + 3,000} \times 8만명 = 20,000명$

3. C도시에서 B도시로의 유인력 $= \dfrac{3,000}{1,000 + 3,000} \times 8만명 = 60,000명$

11 A로부터 경계점까지의 거리 $= \dfrac{15km}{1 + \sqrt{\dfrac{16만}{64만}}} = 10km$

12 1. 신규할인매장의 이용객 $= \dfrac{신규매장비율}{기존매장비율 + 신규매장비율}$

2. 기존매장 구매지향비율 $= \dfrac{32,000}{4^2} = 2,000$

3. 신규매장 구매지향비율 $= \dfrac{36,000}{6^2} = 1,000$

4. 신규매장을 이용할 확률 $= \dfrac{1,000}{2,000 + 1,000} = \dfrac{1}{3}$

5. A지역의 인구의 50%만 할인매장을 이용한다고 하였으므로, 총 할인매장 이용객 수는 A지역 인구 30,000명 × 50% = 15,000명이 된다.

6. 따라서 최종 신규매장 이용객은 15,000명 $\times \dfrac{1}{3} = 5,000명$이 된다.

13 1. 할인점 A를 방문할 확률 $= \dfrac{\text{A유인력}}{\text{A유인력 + B유인력 + C유인력}}$

2. A매장 구매지향비율 $= \dfrac{320}{4^2} = 20$

3. B매장 구매지향비율 $= \dfrac{250}{5^2} = 10$

4. C매장 구매지향비율 $= \dfrac{360}{6^2} = 10$

5. A매장을 방문할 확률 $= \dfrac{20}{20 + 10 + 10} = 50\%$

6. A매장의 이용객 수 $= 5{,}000$명 $\times 50\% = 2{,}500$명
7. A매장의 추정매출액 $= 2{,}500$명 $\times 50$만원 $= 12$억 $5{,}000$만원

14 ③ 올바르게 추정: 12억, 잘못 적용: 9억

구 분	잘못 적용(마찰계수 = 1)	제대로 적용(마찰계수 = 2)
점포 A	$\dfrac{750}{5} = 150$	$\dfrac{750}{5^2} = 30$
점포 B	$\dfrac{2{,}500}{10} = 250$	$\dfrac{2{,}500}{10^2} = 25$
점포 C	$\dfrac{500}{5} = 100$	$\dfrac{500}{5^2} = 20$
A 이용 확률	$\dfrac{150}{150 + 250 + 100} = 30\%$	$\dfrac{30}{30 + 25 + 20} = 40\%$
A점포 이용객	10,000명 × 30% = 3,000명	10,000명 × 40% = 4,000명
A점포 매출액	3,000명 × 30만원 = 9억원	4,000명 × 30만원 = 12억원

PART 04 부동산 정책론

제1장 | 부동산 문제 및 시장실패

01 ③ **간접적 개입**: ⓒ 총부채상환비율(DTI), ㉣ 종합부동산세, ㉤ 개발부담금

02 ③ PIR(Price to Income Ratio)은 개인의 주택지불능력을 나타내며, 그 값이 클수록 주택구매가 더 어렵다는 의미이다.

03 • **직접적 개입**: 공공토지비축, 토지수용, 공영개발, 공공임대주택
    • **간접적 개입**: 취득세, 종합부동산세, 개발부담금, 대부비율

04 ② 공공재는 소비의 비경합성과 비배제성의 특성을 갖는다.

05 ④ 시장에서 어떤 원인으로 인해 자원의 효율적 배분에 실패하는 현상을 시장실패라 하는데, 이는 정부가 시장에 개입하는 근거가 된다.

06 ① 공공재는 소비의 비경합성과 비배제성이 있는 재화이다.

07 ⑤ 부의 외부효과는 지나치게 많이 생산되는 과잉공급의 문제를 초래한다.

08 ③ 정보의 비대칭성은 시장실패의 원인에 해당된다.

09 ① 새로 조성된 공원이 쾌적성이라는 정(+)의 외부효과를 발생시키면, 공원 주변 주택에 대한 수요 곡선이 우측으로 이동하게 된다.
③ 외부효과는 한 사람의 행위가 제3자의 경제적 후생에 영향을 미치고, 그에 대해 보상이 지급되지 않은 상태를 의미한다(지급된 보상을 인지하지 못하는 현상이 아니다).
④ 부(−)의 외부효과에 대한 규제는 부동산의 가치를 상승시키는 효과를 가져올 수 있다.
⑤ 부동성과 연속성(인접성)은 외부효과와 관련이 있다.

10 ① 틀리게 설명된 문장은 ⓒ 1개이다.
　　ⓒ 지역지구제나 토지이용계획은 외부효과 문제의 해결수단이 될 수 있다.

11 ① 틀린 것은 ㉠, ㉡이다.
　　㉠ 시장실패요인으로는 재화의 이질성, 불완전경쟁시장 등이 있다.
　　㉡ 부의 외부효과는 사회가 부담하는 비용을 증가시킨다.
　　ⓒ 조세는 소득재분배 효과를 기대할 수 있다.
　　ⓔ 용도지역은 공공복리의 증진을 도모하기 위하여 지정한다.

제2장 토지정책

Answer

01 ②	02 ②	03 ①	04 ②	05 ③	06 ⑤	07 ⑤	08 ④	09 ②	10 ⑤
11 ④	12 ③								

01 ② 자연환경보전지역과 도시지역은 중복지정될 수 없다.

02 ② 용도지구는 하나의 대지에 중복지정될 수 있다.

03 ① 보기 중 도시지역에 속하는 것은 ⓔ 1개이다.
　　도시지역은 주거지역, 상업지역, 공업지역, 녹지지역으로 구성된다.

04 ② 개발권양도제는 현재 시행되고 있지 않다.

05 ③ 공공토지비축제도에 의해 비축된 토지는 한국토지주택공사(LH)가 관리하는 것이 원칙이다.

06 ⑤ 토지선매에 있어 시장, 군수, 구청장은 토지거래계약허가를 받아 취득한 토지를 그 이용목적대로 이용하고 있지 아니한 토지에 대해서 선매자에게 (협의)매수하게 할 수 있다.

07 ⑤ 택지소유상한에 대한 법률은 현재 시행하고 있지 않다.

08 ① 개발부담금제도가 아닌 개발권양도제에 관한 설명이다.
　　② 개발권양도제가 아닌 개발이익환수제도에 대한 설명이다.
　　③ 토지거래허가구역이 아닌 토지적성평가제도에 관한 설명이다.
　　⑤ 토지적성평가제도가 아닌 구획정리(환지방식)사업에 대한 설명이다.

09 ① 재건축부담금은 재건축사업에서 발생되는 초과이익을 환수하기 위한 제도로 재건축초과이익환수에 관한 법률에 의해 시행되고 있다.

③ 잔금지급일이 아닌 계약체결일로부터 30일 이내에 시장·군수·구청장에게 공동으로 신고해야 한다.

④ 개발손실보상제는 토지이용계획의 결정 등으로 종래의 용도규제가 강화됨으로 인해 발생한 손실을 보상하는 제도로 대표적인 것 중에 개발권양도제가 있다.

⑤ 개발이익환수제에서 개발이익은 개발사업의 시행에 의해 정상지가 상승분을 초과하는 개발사업을 시행하는 자에게 귀속되는 토지가액의 증가분이다.

10 ⑤ 현재 시행되고 있는 부동산 정책은 ㉡, ㉣, ㉤, ㉥, ㉦이다.
  • **현재 미시행 제도**: ㉠ 택지소유상한제, ㉢ 토지초과이득세, ◎ 공한지세

11 ④ 현재 시행되고 있는 부동산 정책은 ㉠, ㉡, ㉢, ㉥ 이다.
  • **현재 미시행 제도**: ㉣ 개발권양도제도(TDR), ㉤ 재개발초과이익환수제도

12 ③ 택지소유상한제는 현재 시행되고 있지 않으므로 현행 법 제도라는 문제의 전제조건에 부합하지 않는다.

| 제3장 | **주택정책** |

Answer

| 01 ② | 02 ③ | 03 ⑤ | 04 ③ | 05 ⑤ | 06 ④ | 07 ⑤ | 08 ⑤ | 09 ① | 10 ② |

01 ② 균형임대료보다 임대료 상한이 낮을 경우, 단기에 초과수요현상이 나타날 수 있다. 균형임대료보다 임대료 상한이 높다면 시장에 아무런 변화가 나타나지 않는다.

02 ③ 임대료 상한을 균형가격 이하로 규제하면 임대주택의 공급부족현상을 초래하며, 과잉수요를 유발한다.

03 ⑤ 주거복지정책상 주거급여제도는 소비자(수요자) 보조방식의 일종이다.

04 ③ 민간임대주택특별법상 공공지원민간임대주택에 대한 설명이다.

05 ㉠ 전세계약의 방식으로 공급하는 임대주택: 장기전세주택
  ㉡ 기존주택을 임차하여 전대하는 주택: 기존주택전세임대주택
  ㉢ 매매 등으로 소유권을 취득하여 임대: 민간매입임대주택

06 ④ 공공임대주택에 해당하는 것은 ㉠, ㉡, ㉢, ㉤ 4개이다.
　　㉣ 공공지원민간임대주택은 민간임대주택법상 주택이며 공공주택 특별법과는 무관한 임대주택이다.

07 ⑤ 도시형 생활주택에는 분양가상한제를 적용하지 않는다.

08 ⑤ 틀린 것은 ㉡, ㉣이다.
　　㉡ 상한가격이 시장가격보다 낮을 경우 일반적으로 초과수요가 발생한다.
　　㉣ 시장가격 이하로 상한가격을 설정하여 무주택자의 주택가격 부담을 완화시키고자 하는 제도이다.

09 ② 선분양제도는 준공 전 분양대금의 유입으로 사업자의 초기자금부담을 완화할 수 있다.
　　③ 후분양제도는 주택을 일정 절차에 따라 건설한 후에 분양하는 방식이다.
　　④ 선분양제도는 분양권 전매를 통하여 가수요를 창출하여 부동산시장의 불안을 야기할 수 있다.
　　⑤ 선분양제도는 초기 주택건설자금의 대부분을 주택구매자로부터 조달하므로 건설자금에 대한 이자의 일부를 주택구매자가 부담하게 된다.

10 ② 안정화 대책이란 주택의 수요를 감소시켜서 부동산 가격상승을 억제하는 정책이다.
　　안정화 대책은 ㉠ 세금의 인상, ㉢ 제한의 확대, ㉤ 대출금액의 축소이다.

제4장 조세정책

Answer

01 ③	02 ③	03 ⑤	04 ①	05 ⑤	06 ①	07 ②

01 ③ 보기 중 보유과세는 ㉢, ㉣이다.
　　㉠ **취득세**: 취득단계에 부과
　　㉡ **상속세**: 취득단계에 부과
　　㉢ **재산세**: 보유단계에 부과
　　㉣ **종합부동산세**: 보유단계에 부과
　　㉤ **양도소득세**: 처분단계에 부과

02 ① 취득세 감면은 부동산 거래를 활성화시키는 특징이 있다.
　　② 증여세는 국세로서 취득단계에 부과하는 조세이다.
　　④ 종합부동산세는 국세로서 보유단계에 보유하는 조세이다.
　　⑤ 재산세는 지방세로서 보유단계에 부과하는 조세이다.

03 ⑤ 양도소득세를 중과하면 부동산의 보유기간이 길어지는 현상이 발생할 수 있다.

04 ① 토지공급의 가격탄력성이 0이라는 의미는 토지가 완전비탄력적이라는 의미이다. 만약 이러한 상황에서 조세가 부과되면 토지공급자가 조세를 100% 부담하게 되는데, 이때 토지의 공급자를 토지소유자(지주)라고 표현한다.
② 임대주택에 재산세를 부과하면 임대주택의 공급이 감소하고 임대료는 상승할 것이다.
③ 주택의 취득세율을 낮추면, 주택의 수요가 증가한다.
④ 주택공급의 동결효과(lock-in effect)란 가격이 오른 주택의 소유자가 양도소득세 납부를 기피하기 위해 주택의 처분을 미룸으로써 주택의 공급이 감소하는 효과를 말한다.
⑤ 소유자가 거주하는 주택에 재산세를 부과하면, 주택수요가 감소하고 주택가격은 하락하게 된다.

05 주택 거래세 인상시
① 수요곡선이 더 탄력적이면 (상대적으로 비탄력적인) 공급자의 부담이 더 커진다.
② 공급곡선이 더 탄력적이면 (상대적으로 비탄력적인) 수요자의 부담이 더 커진다.
③ 수요자가 실질적으로 지불하는 금액이 상승하므로 소비자 잉여는 감소한다.
④ 공급자가 받는 가격이 하락하므로 생산자 잉여는 감소한다.

06 ① 임대주택의 공급곡선이 완전탄력적이라면, 재산세의 부담은 모두 수요자인 임차인이 부담하게 된다.

07 ① 양도소득세가 중과되면 시장에서 부동산의 처분이 뒤로 미뤄지게 된다.
③ 토지의 공급은 비탄력적이기 때문에 토지에 대한 보유세는 자원배분 왜곡이 작은 효율적인 세금이다.
④ 주택 수요곡선이 변하지 않는다면, 조세부과에 따른 경제적 순손실은 공급이 탄력적일수록 크게 나타난다.
⑤ 부동산 조세는 부동산 자원을 민간과 공공에서 조화롭게 활용할 수 있도록 효율적인 자원배분을 촉진하는 기능이 있다.

제1장 **부동산 투자이론**

Answer

01 부동산 투자의 의의

01 ②   02 ⑤   03 ④   04 ①   05 ④   06 ③

02 부동산 투자의 위험과 수익

01 ①   02 ②   03 ⑤   04 ①   05 ④   06 ⑤   07 ③   08 ⑤   09 ③   10 ①

11 ②   12 ⑤   13 ③   14 ②

03 투자안의 선택 : 평균분산지배원리와 효율적 투자전선

01 ③   02 ③

04 포트폴리오 이론

01 ④   02 ②   03 ⑤   04 ①   05 ⑤   06 ②   07 ③

01 부동산 투자의 의의

01 ② 부동산 소유권을 취득하는 지분투자자가 지렛대효과를 이용하면 투자의 위험은 무조건 높아진다.

02 ⑤ 정(＋)의 레버리지효과를 예상하고 투자하더라도 부채비율이 커질수록 경기변동이나 금리변동에 따른 투자위험은 증대된다.

03 ④ 저당수익률(대출금리)이 클 때는 오히려 부채비율을 줄이는 방식의 자본구조 조정이 필요하다.

04 자기자본수익률의 산정

1. 지분투자액 ＝ 자기자본 ＝ 1억원
2. 총수입 ＝ 영업소득(2,000만원) ＋ 자본이득(0원) ＝ 2,000만원
3. 1년간 이자비용 ＝ 2억원 × 6% ＝ 1,200만원

$$자기자본수익률 = \frac{총수입 - 이자비용}{지분투자액} = \frac{2,000만원 - 1,200만원}{1억원} = 8\%$$

05 자기자본수익률의 산정

1. 타인자본을 활용하지 않을 때

   (1) 지분투자액 ＝ 자기자본 ＝ 5억원

(2) 총수입 = 영업소득(3,000만원) + 자본이득(5억원 × 2%) = 4,000만원

(3) 1년간 이자비용 = 0원

$$자기자본수익률 = \frac{총수입 - 이자비용}{지분투자액} = \frac{4,000만원}{5억원} = 8\%$$

2. 타인자본을 50% 활용하지 않을 때

(1) 지분투자액 = 자기자본 = 2억 5,000만원

(2) 총수입 = 영업소득(3,000만원) + 자본이득(5억원 × 2%) = 4,000만원

(3) 1년간 이자비용 = 2억 5,000만원 × 4% = 1,000만원

$$자기자본수익률 = \frac{총수입 - 이자비용}{지분투자액} = \frac{4,000만원 - 1,000만원}{2억 5,000만원} = 12\%$$

06 ③ 甲의 자기자본수익률은 12% 상승한다.

자기자본수익률 계산

1. 문제의 해석

- **총투자수익**: 10
- **금리**: 6%
- 대부비율이 50%일 때는 융자를 50으로 계산하고, 지분을 50으로 계산한다.
- 대부비율이 80%일 때는 융자를 80으로 계산하고, 지분을 20으로 계산한다.

2. 대부비율이 50%일 때 ⇨ 지분은 50%임

$$\frac{10(투자수익) - 50(융자) \times 6\%(금리)}{50(지분)} = 14\%$$

3. 대부비율이 80%일 때 ⇨ 지분은 20%임

$$\frac{10(투자수익) - 80(융자) \times 6\%(금리)}{20(지분)} = 26\%$$

4. 따라서 지분수익률은 12% 상승한다.

02 부동산 투자의 위험과 수익

01 ① 틀린 것은 ㉠, ㉡이다.

표준편차와 변이계수는 모두 위험을 측정하는 수단으로서, 그 값이 작을수록 안전하다는 의미이다.

㉠ 표준편차가 클수록 투자 위험도 커진다.

㉡ 위험회피형 투자자는 변이계수가 작은 투자안을 선호한다.

02 ㉠ 채무불이행 위험을 금융적 위험이라고 한다.

㉡ 사업상 위험은 수익성 악화 위험으로서 시장위험, 운영위험, 위치적 위험을 포함한다.

03 ⑤ 투자금액을 모두 자기자본으로 조달한다면 금융적 위험을 제거할 수 있다.

04 ① 요구수익률이 기대수익률보다 클 때는 투자안이 기각된다.

05 ① 기대수익률이 요구수익률보다 높을 경우 투자자는 투자가치가 있는 것으로 판단한다.
② 요구수익률은 다른 투자의 기회를 포기한다는 점에서 기회비용이라고도 한다.
③ 실현수익률은 투자가 이루어진 후 현실적으로 달성된 수익률을 말한다.
⑤ 요구수익률은 투자에 대한 위험이 주어졌을 때, 투자자가 투자부동산에 대하여 자금을 투자하기 위해 충족되어야 할 최소한의 수익률을 말한다.

06 ① 시중금리 상승은 부동산 투자자의 요구수익률을 상승시키는 요인이다.
② 기대수익률은 투자로 인해 기대되는 예상수입과 예상지출로부터 계산되는 수익률이다.
③ 정(+)의 레버리지효과는 자기자본수익률이 총자본수익률(종합수익률)보다 높을 때 발생한다.
④ 요구수익률은 투자에 대한 위험이 주어졌을 때, 투자자가 대상 부동산에 자금을 투자하기 위해 충족되어야 할 최소한의 수익률이다.

07 ③ 장래 기대되는 수익의 흐름이 주어졌을 때, 요구수익률이 클수록 부동산의 가치는 하락한다.

08 ⑤ 개별투자자가 위험을 기피(회피)할수록 요구수익률은 높아진다.

09 ③ 기대수익률 : $(20\% \times 0.4) + (30\% \times 0.4) + (40\% \times 0.2) = 28\%$

10 ① 예상수익률은 4%이다.
1. $x\% \times 0.2 + 8\% \times 0.4 + 10\% \times 0.4 = 8\%$가 되므로
2. $0.2x + 3.2 + 4 = 8$이 되고, $0.2x = 0.8$이므로, $x = 4\%$가 된다.

11 ② 위험조정할인율법은 위험한 투자일수록 높은 할인율을 적용하는 방법이다.

12 ⑤ 위험의 정도에 따라 위험할증률을 차감하는 것이 아니라 더해 가는 방식(요구수익률을 높이는 방식)으로 위험을 관리한다.

13 ③ 위험을 낮추기 위해서는 변이계수가 낮은 투자안을 선택하는 것이 좋다.

14 1. 요구수익률 = 무위험률 + 위험할증률 + 예상인플레이션율 = 10%
2. 투자가치는 예상순이익을 요구수익률로 환원하여 산정한다.
3. 투자가치 $= \dfrac{\text{예상순이익} : 4{,}500\text{만원}}{\text{요구수익률} : 10\%} = 4억\ 5{,}000만원$

03 투자안의 선택 : 평균분산지배원리와 효율적 투자전선

01　③ 지배원리에 의해 선택되는 A와 D가 효율적 투자전선상에 존재하며, B와 C는 지배를 당하므로 효율적 전선 위에 존재하지 않는다.

　　① A와 B는 수익이 같지만 A의 표준편차가 더 작으므로 A가 B를 지배하며, C와 D는 표준편차가 같지만 D의 평균이 더 커서 D가 C를 지배한다.

　　② 기대수익률이 실제수익률에 가깝다는 의미는 표준편차가 작다는 의미로, 투자안 A의 표준편차가 가장 작다.

　　⑤ A의 변이계수 $= \dfrac{2}{10} = 0.2$, D의 변이계수 $= \dfrac{4}{18} = 0.222$이므로 변이계수를 기준으로 투자안을 선택하면 상대적으로 작은 A가 더 안전한 투자안이 된다.

02　③ 체계적 위험은 어떠한 포트폴리오 조합으로도 제거할 수 없다.

　　A + C의 포트폴리오보다 A + C + E의 포트폴리오 조합이 비체계적 위험을 제거하는 데 유리하다.

04 포트폴리오 이론

01　④ 수익률의 움직임이 반대방향이 될 때 위험감소의 효과가 극대화 된다.

02　① 인플레이션, 경기변동 등의 체계적 위험은 분산투자를 통해 제거가 불가능하다.

　　③ 2개의 투자자산의 수익률이 서로 같은 방향으로 움직일 경우, 상관계수는 양(+)의 값을 가지므로 위험분산효과가 작아진다.

　　④ 투자자산 간의 상관계수가 1보다 작을 때, 포트폴리오 구성을 통한 위험절감효과가 나타난다. 만약 상관계수가 1이라면 위험절감효과가 나타나지 않는다.

　　⑤ 포트폴리오에 편입되는 투자자산 수를 늘림으로써 비체계적 위험을 줄여나갈 수 있으며, 그 결과로 총위험은 줄어들게 된다.

03　① 포트폴리오 분산투자를 통해 비체계적 위험만 감소시킬 수 있다.

　　② 두 자산으로 포트폴리오를 구성할 경우, 포트폴리오에 포함된 개별자산의 수익률 간 상관계수에 따라 분산투자효과는 달라진다. 가령, 상관계수가 1이라면 포트폴리오를 통한 위험제거효과는 없다.

　　③ 포트폴리오를 통해 제거 가능한 비체계적인 위험은 부동산의 개별성에 기인한다.

　　④ 위험과 수익은 (정)비례관계에 있으므로 효율적 투자선은 우상향하는 곡선이다.

04　① 포트폴리오 구성자산들의 수익률 분포가 완전한 음의 상관관계(－1)에 있을 경우, 자산구성비율을 조정하면 비체계적 위험을 0까지 줄일 수 있다. 체계적 위험은 그 어떤 상황에도 제거할 수 없다.

05 포트폴리오의 기대수익률 산정

총투자액이 3,000억원이므로 먼저 각각 투자비중을 산정한 후 가중평균한다.

구 분	빌딩 A	빌딩 B	빌딩 C
매입가격	1,200억원	600억원	1,200억원
투자비중	$\frac{1,200}{3,000} = 0.4$	$\frac{600}{3,000} = 0.2$	$\frac{1,200}{3,000} = 0.4$
기대수익률	연 6%	연 10%	연 12%

포트폴리오의 기대수익률 $= 0.4 \times 6\% + 0.2 \times 10\% + 0.4 \times 12\% = 9.2\%$

06 포트폴리오의 기대수익률 산정

1. **호황일 때**: $20\% \times 20\% + 30\% \times 8\% + 50\% \times 15\% = 4\% + 2.4\% + 7.5\% = 13.9\%$
2. **불황일 때**: $20\% \times 15\% + 30\% \times 12\% + 50\% \times 8\% = 3\% + 3.6\% + 4\% = 10.6\%$
3. **40 : 60의 가중평균**: $13.9\% \times 40\% + 10.6\% \times 60\% = 5.56\% + 6.36\% = 11.92\%$

07 포트폴리오의 기대수익률 산정

1. A부동산의 수익률 $= 40\% \times 8\% + 60\% \times 10\% = 3.2\% + 6\% = 9.2\%$
2. B부동산의 수익률 $= 40\% \times 5\% + 60\% \times 20\% = 2\% + 12\% = 14\%$
3. 50 : 50의 가중평균 $= 50\% \times 9.2\% + 50\% \times 14\% = 11.6\%$

제2장 **부동산 투자분석 및 기법**

Answer

01 화폐의 시간가치

01 ④	02 ③	03 ③	04 ③	05 ②	06 ⑤	07 ②	08 ⑤	09 ①	10 ③
11 ④	12 ⑤								

02 현금흐름의 측정방법

01 ②	02 ③	03 ⑤	04 ④	05 ⑤	06 ③	07 ②

03 부동산 투자분석기법

01 ③	02 ⑤	03 ②	04 ⑤	05 ②	06 ④	07 ⑤	08 ③	09 ⑤	10 ③
11 ②	12 ⑤	13 ③	14 ⑤	15 ③	16 ②	17 ⑤	18 ②	19 ③	20 ③
21 ①	22 ③	23 ⑤	24 ⑤	25 ③	26 ①	27 ⑤	28 ①		

01 화폐의 시간가치

01 ① 원리금균등분할상환방식으로 대출한 가구가 매월 상환할 금액을 산정하는 경우 저당상수를 사용한다.

② 현재 10억원인 주택이 매년 5%씩 가격이 상승한다고 가정할 때, 일시불의 미래가치계수를 사용하여 10년 후의 주택가격을 산정할 수 있다.

③ 정년퇴직자가 매월 연금형태로 받는 퇴직금을 일정기간 적립한 후에 달성되는 금액을 산정할 경우 연금의 미래가치계수를 사용한다.

⑤ 연금의 미래가치계수는 감채기금계수의 역수이다.

02 ① 이자율을 5%로 볼 경우 현재의 10억원의 5년 후의 가치를 구할 때 − 일시불의 내가계수를 활용

② 10년 후에 10억원이 소요될 것으로 예정되는 건물의 건축비용을 마련하기 위해 이자율 5%로 매기의 적금액을 산정할 때 − 감채기금계수를 활용

④ 10년간 매년 말 1,000만원씩 발생할 것으로 예상되는 부동산 임대료를 이자율 3%를 적용해 적립할 경우 10년 후 목돈을 구할 때 − 연금의 내가계수를 활용

⑤ 10년간 매년 말 1원씩 발생할 것으로 예상되는 부동산의 수입을 할인율 4%를 적용해 현재의 가치로 환산할 때 − 연금의 현가계수를 활용

03 ③ 원리금균등상환방식으로 주택저당대출을 받은 경우 저당대출의 매기간 원리금상환액은 저당상수를 이용하여 계산한다.

04 ③ 연금의 현재가치계수($\frac{(1+r)^{n-1}}{r \cdot (1+r)^n}$)에 감채기금계수($\frac{r}{(1+r)^{n}-1}$)를 곱하면 일시불의 현재가치계수가 된다.

① 일시불의 미래가치계수를 사용한다.

② 연금의 현재가치계수의 역수를 활용한다.

④ 연금의 현재가치계수를 활용한다.

⑤ 일시불의 현재가치계수를 사용한다.

05 ① 연금의 미래가치계수를 계산하는 공식에서는 이자 계산방법으로 복리방식을 채택한다.

③ 5년 후 주택구입에 필요한 자금 3억원을 모으기 위해 매월 말 불입해야 하는 적금액을 계산하려면, 3억원에 감채기금계수를 곱하여 구한다.

④ 매월 말 50만원씩 5년간 들어올 것으로 예상되는 임대료 수입의 현재가치를 계산하려면, 연금의 현재가치계수를 활용할 수 있다.

⑤ 상환비율은 잔금비율에서 1을 빼면 된다.

06 ① 일정기간 후에 1원을 만들기 위해서 매 기간마다 적립해야 할 액수를 나타내는 자본환원계수는 감채기금계수이다.

② 일시불의 현재가치계수는 할인율이 r%일 때 n년 후의 1원이 현재시점에서는 얼마만한 가치가 있는가를 나타낸 것이다.

③ 현재가치계수로는 일시불의 현가계수, 연금의 현가계수, 저당상수가 있다.

④ 감채기금계수는 미래에 사용할 금액을 적립하기 위한 매월의 적립금을 계산하는 데 사용한다.

07 ② 연금의 내가계수 $= \dfrac{(1+r)^n - 1}{r}$ 이며, 월 복리조건이므로 분모에 $\dfrac{r}{12}$ 이 들어가고 기간에는 5년 × 12개월 = 60개월이 들어간다.

08 1. 4년 후 1억원을 할인 $= \dfrac{1억원}{1.05^4} = $ 약 8,227만원이 된다.

2. 십만원 자리에서 반올림하면 정답은 8,200만원이 된다.

09 1. 매년 말 5,000만원의 3년 후를 물어보고 있으므로 연금의 내가계수를 활용한다.

2. 연금의 내가계수 $= \dfrac{(1+r)^n - 1}{r}$

3. 5,000만원 $\times \dfrac{(1+0.03)^3 - 1}{0.03} = 154,545,000$원

4. 십만 단위 이하를 절사(버림)하면 154,000,000원이 된다.

10 1. 매년 말 5,000원씩 발생하는 연금액을 합쳐 현재가치로 환산

2. $\dfrac{5,000원}{1.1^1} + \dfrac{5,000원}{1.1^2} + \dfrac{5,000원}{1.1^3} = 4,545.45 + 4,132.23 + 3,756.57 = 12,434.25$원

3. 십원 단위 이하를 절사하면 12,400원이 된다.

11 중도시점의 잔액 계산

1. 잔금 = 원리금 × 연금의 현가계수 [남은 기간]

2. 540,000원 × 171.06 = 92,372,400원

3. 만원 이하를 절사하면 9,237만원

12 ⑤ 저당대출에 대한 미상환된 원금의 비율을 잔금비율이라고 한다.

02 현금흐름의 측정방법

01 ② 유효총소득은 잠재(가능)총소득에서 공실 및 불량부채에 대한 손실을 차감하고 기타 수입을 더하여 산정한다.

02 ③ 감가상각비와 소득세는 영업경비에 포함되지 않는다.

03 ⑤ 순영업소득에서 부채서비스액을 차감하면 세전현금흐름이 된다.

04 1. 세전현금흐름 = 가능총소득 − 공실 + ㉠ 기타소득 − 영업경비(㉺ 재산세) − ㉢ 부채서비스액
      2. 세전지분복귀액 = 매도가격 − ㉡ 매도경비 − ㉣ 미상환저당잔금

05 • 순영업소득 = 가능총소득 − 공실 및 불량부채 + 기타 소득 − 영업경비
      1. 임대가능면적 = $1,800m^2 \times 80\% = 1,440m^2$
      2. 가능총소득 = $1,440m^2 \times 5,000원 = 720만원$
      3. 유효총소득 = 720만원 × 90% = 648만원
      4. 순영업소득 = 648만원 × 60% = 388만 8,000원이 된다.

06 ③ 세후현금흐름은 7,296,000원이다.
      1. **가능총소득** : $20,000원/m^2 \times 100m^2 \times 12월 = 24,000,000원$
      2. **유효총소득** : 24,000,000원 × 0.9 = 21,600,000원
      3. **순영업소득** : 21,600,000원 × 0.7 = 15,120,000원
      4. **세전현금흐름** : 15,120,000원 − 6,000,000원(부채서비스액) = 9,120,000원
      5. **세후현금흐름** : 9,120,000원 × 0.8 = 7,296,000원

07 ② 세후현금흐름은 2,656만원이다.
      1. **가능총소득** : 4,800만원
      2. **유효총소득** : 4,800만원 × 0.95 = 4,560만원
      3. **순영업소득** : 4,560만원 − 240만원 = 4,320만원
      4. **세전현금흐름** : 4,320만원 − 1,000만원 [300만원(원금) + 700만원(이자)] = 3,320만원
      5. **세후현금흐름** : 3,320만원 − 664만원 = 2,656만원
      영업소득세 : [4,320만원(순) − 700만원(이자) − 300만원(감가상각비)] × 20% = 664만원

03 부동산 투자분석기법

01 ③ ㉠ 순현가법, ㉡ 내부수익률, ㉢ 수익성지수법이 화폐의 시간가치를 고려하는 방법이다.

02 ① 내부수익률이란 투자로부터 기대되는 현금유입의 현재가치와 현금유출의 현재가치를 같게 하는 할인율이다.
      ② 회계이익률법은 연평균순이익을 연평균투자액으로 나눈 비율이며, 화폐의 시간가치를 고려하지 않는다.
      ③ 이론적으로 순현가가 0보다 크면 투자 타당성이 있다고 할 수 있다.
      ④ 투자금액이 동일하고 순현재가치가 모두 0보다 큰 2개의 투자안을 비교·선택할 경우, 부의 극대화 원칙에 따르면 순현재가치가 큰 투자안을 채택한다.

▷ 순현가법, 수익성지수법, 내부수익률법 비교정리

순현가(NPV)	수익성지수(PI)	내부수익률(IRR)
순현가 = 유입(현) − 유출(현) 유입(현)에서 유출(현) 차감	수익성지수 = 유입(현) ÷ 유출(현) 유입(현)를 유출(현)로 나눔	유입(현)와 유출(현)를 같게 만듦 유입(현) = 유출(현)이 되는 할인율
요구수익률로 할인함	요구수익률로 할인함	내부수익률 자체로 할인함
사전에 요구수익률 필수	사전에 요구수익률 필수	사전에 요구수익률 필수 아님
부의 극대화 실현 가능	상대적 수익성을 측정	순현가 = 0, 수익성지수 = 1의 할인율
순현가 ≧ 0	수익성지수 ≧ 1	내부수익률 ≧ 요구수익률

03 ① 내부수익률은 수익성지수를 '1'로 만드는 할인율이다.
③ 순현가는 현금유입의 현재가치에서 현금유출의 현재가치를 차감한 값이다.
④ 회수기간은 투자시점에서 발생한 비용을 회수하는 데 걸리는 시간을 말하며, 회수기간법에서는 투자안 중에서 회수기간이 가장 단기인 투자안을 선택한다.
⑤ 순현가법의 할인율로는 요구수익률을 활용하며, 내부수익률법은 내부수익률 자체로 할인한다.

04 ⑤ 할인현금흐름분석법은 사업기간 전체의 현금흐름을 모두 고려하는 투자분석기법이다.

05 ② 순현재가치(NPV)는 투자자의 요구수익률로 할인한 현금유입의 현가에서 현금유출의 현가를 뺀 값이다.

06 ① 회계적 이익률법은 할인법에 해당되지 않는다.
② 내부수익률은 순현가를 0으로 만드는 할인율이다.
③ 승수는 자본회수기간과 같은 의미이므로 승수가 작을수록 자본회수기간도 짧아진다.
⑤ 내부수익률이 요구수익률보다 큰 경우 해당 투자안이 선택된다.

07 ⑤ 재투자율의 가정에 있어 순현재가치법이 내부수익률법보다 더 합리적이다.

08 ③ 순현재가치가 '0'인 단일 투자안의 경우, 수익성지수는 '1'이 된다.

09 ① 수익성지수는 투자된 현금유입의 현재가치를 이 투자로부터 발생되는 현금유출의 현재가치로 나눈 것이다.
② 회계적 이익률법에서는 상호 배타적인 투자안일 경우에 목표이익률보다 큰 투자안 중에서 회계적 이익률이 가장 큰 투자안을 선택한다.
③ 순현가법은 화폐의 시간가치를 고려한 방법으로 순현가가 '0'보다 크면 그 투자안을 채택한다.
④ 내부수익률은 투자안의 순현가를 '0'으로 만드는 할인율을 의미한다.

10 ③ 순현재가치법은 가치가산원리가 적용되나, 내부수익률법은 적용되지 않는다.

11 1. 순현가: 6,000원 ÷ 1.2 − 4,000원 = 1,000원

    2. 내부수익률: $\dfrac{2,000}{4,000} = 0.5 = 50\%$

12 ⑤ D의 순현가는 C의 순현가의 2배이다.

사 업	초기 현금지출	말기 현금유입	초기 현금유입 말기 현금유입 1.07	순현가	수익성지수
A	3,000만원	7,490만원	7,000	4,000	2.3
B	1,000만원	2,675만원	2,500	1,500	2.5
C	1,500만원	3,210만원	3,000	1,500	2.0
D	1,500만원	4,815만원	4,500	3,000	3.0

  ① B와 C의 순현재가치(NPV)는 1,500으로 서로 같다.
  ② 수익성지수(PI)가 가장 큰 사업은 D(3.0)이다.
  ③ 순현재가치(NPV)가 가장 큰 사업은 A(4,000)이다.
  ④ 수익성지수(PI)가 가장 작은 사업은 C(2.0)이다.

13 ③ 수익성지수는 1.25이다.

    1. **현금유입의 현가**: (2,000만원 × 0.95) + (2,800만원 × 0.9) = 4,420만원
    2. **현금유출의 현가**: (1,600만원 × 0.95) + (2,240만원 × 0.9) = 3,536만원
    3. **수익성지수**(= 현금유입의 현가합/현금유출의 현가합): 4,420만원 / 3,536만원 = 1.25

14 1. **현금유입의 현가**: 700 + 900 = 1,600
      ┌ 7년치 연금의 현가합: 200 × 3.5 = 700
      └ 7년 후 일시금의 현가합: (1,700 − 200) × 0.6 = 900
    2. **현금유출의 현가**: 1,100
    3. **순현가**: 1,600 − 1,100 = 500

15 ③ 순소득승수는 총투자액을 순영업소득으로 나눈 값이다.

16 ② 순소득승수법의 경우 승수값이 작을수록 자본회수기간이 짧아진다.

17 ① 부채감당률이란 부채서비스액에 대한 순영업소득의 비율을 의미한다.
  ② 부채서비스액은 매월 또는 매년 지불하는 이자지급액을 포함한 원리금상환액을 말한다.

③ 부채감당률이 1.5, 대부비율이 60%, 연간 저당상수가 0.1이라면 자본환원율은 $1.5 \times 0.6 \times 0.1 = 0.09 = 9\%$이다.

④ 부채감당률이 1보다 크다는 것은 순영업소득이 부채서비스액을 감당하기에 충분하다는 것이다.

18 ① 채무불이행률은 유효총소득이 영업경비와 부채서비스액을 감당할 수 있는지를 측정하는 비율이며, 채무불이행률을 손익분기율이라고도 한다.

③ 부채비율은 지분에 대한 부채의 비율이며, 대부비율이 50%일 경우에는 부채비율이 100%가 된다.

④ 종합자본환원율은 투자된 총투자액에 대한 순영업소득의 비율을 의미한다.

⑤ 회계적 이익률은 연평균순이익을 연평균투자액으로 나눈 비율이다.

19 ③ 대부비율이 80%라면 부채비율은 $\dfrac{80}{20} = 400\%$이다.

- **대부비율과 부채비율의 관계**: 대부비율이 주어진다면 부채비율을 산정할 수 있다.

대부비율	20%	50%	60%	80%
지분비율	80%	50%	40%	20%
부채비율	$\dfrac{20}{80} = 25\%$	$\dfrac{50}{50} = 100\%$	$\dfrac{60}{40} = 150\%$	$\dfrac{80}{20} = 400\%$

20 1. 유효총소득 = 1억원 × 90% = 9,000만원

2. 순영업소득 = 9,000만원 × 60% = 5,400만원

3. 융자액 = 6억원(부동산 가치) × 50% = 3억원

4. 부채서비스액 = 3억원 × 0.12 = 0.36억 = 3,600만원

5. 부채감당률 = $\dfrac{5,400만원}{3,600만원} = 1.5$

21 1. A회사: 지분(16만원) + 부채(4만원) = 자산(200,000원), 부채비율 = $\dfrac{4만원}{16만원} = 25\%$

2. B회사: 지분(20만원) + 부채(20만원) = 자산(400,000원), 부채비율 = $\dfrac{20만원}{20만원} = 100\%$

22 ③ 초기투자액인 8,000만원을 회수하기 위해서는 3기 + 0.5기인 = 3.5년이 소요된다.

23 **비율분석법 및 어림셈법의 계산**(단위: 천원)

1. 부동산 가치 = 총투자액 = 1,000,000원

2. 대출비율 60% = 융자액 600,000원, 지분투자액 400,000원

3. 잠재(가능)총소득 200,000원 − 유효총소득 180,000원 = 공실액 20,000원

4. 유효총소득 180,000원 − 순영업소득 100,000원 = 영업경비 80,000원

5. 순영업소득 100,000원 − 세전현금 50,000원 = 부채서비스액 50,000원

① 저당상수 $= \dfrac{\text{상환액}}{\text{융자액}} = \dfrac{50,000원}{600,000원} = 8.33\%$

② 지분환원율(배당률) $= \dfrac{\text{세전현금흐름}}{\text{지분투자액}} = \dfrac{50,000원}{400,000원} = 12.5\%$

③ 공실률 $= \dfrac{\text{공실액}}{\text{가능총소득}} = \dfrac{20,000원}{200,000원} = 10\%$

④ 영업경비비율 $= \dfrac{\text{영업경비}}{\text{유효총소득}} = \dfrac{80,000원}{180,000원} = 44.4\%$

⑤ 자본환원율(종합환원율) $= \dfrac{\text{순영업소득}}{\text{총투자액}} = \dfrac{100,000원}{1,000,000원} = 10\%$

24 1. 순영업소득 = 500만원 − 250만원 = 250만원

2. 총투자액 = 5,000만원

3. 순소득승수 $= \dfrac{5,000만원}{250만원} = 20$

25 1. 유효총소득 = 5,000만원 × 90% = 4,500만원

2. 영업경비 = 500만원

3. 순영업소득 = 4,500만원 − 500만원 = 4,000만원

4. 세전현금흐름 = 4,000만원 − 600만원 = 3,400만원

5. 세후현금흐름 = 3,400만원 − 400만원 = 3,000만원

6. 세후현금흐름승수 $= \dfrac{\text{지분투자액}}{\text{세후현금흐름}} = \dfrac{36,000만원}{3,000만원} = 12$

26 1. 유효총소득 $= \dfrac{\text{총투자액}}{\text{유효총소득승수}} = \dfrac{10억원}{5} = 2억원$

2. 영업경비 = 2억원 × 40% = 8,000만원

3. 순영업소득 = 2억원 − 8,000만원 = 1억 2,000만원

4. 세전현금흐름 = 1억 2,000만원 − 5,000만원 = 7,000만원

5. 세후현금흐름 = 7,000만원 − 1,000만원 = 6,000만원

① 순소득승수 $= \dfrac{\text{총투자액}}{\text{순영업소득}} = \dfrac{10억원}{1억\ 2,000만원} = 8.333$

② 채무불이행률 $= \dfrac{\text{영업경비 + 부채서비스액}}{\text{유효총소득}} = \dfrac{8,000만원 + 5,000만원}{2억원} = 65\%$

③ 세후현금흐름승수 $= \dfrac{\text{지분투자액}}{\text{세후현금흐름}} = \dfrac{4억원}{6,000만원} = 6.666$

27 비율분석법 계산

1. 유효총소득 = 6,000만원 × 0.8 = 4,800만원

2. 영업경비 = 6,000만원 × 0.5 = 3,000만원

3. 순영업소득 = 4,800만원 − 3,000만원 = 1,800만원

① 담보인정비율(LTV) = $\dfrac{융자액}{총투자액}$ = $\dfrac{1억원}{2억원}$ = 50% = 0.5

② 부채감당률 = $\dfrac{순영업소득}{부채서비스액}$ = $\dfrac{1,800만원}{1,000만원}$ = 1.8

③ 총부채상환비율(DTI) = $\dfrac{원리금상환액}{(연)소득}$ = $\dfrac{1,000만원}{2,000만원}$ = 50% = 0.5

④ 채무불이행률 = $\dfrac{영업경비 + 부채서비스액}{유효총소득}$ = $\dfrac{3,000만원 + 1,000만원}{4,800만원}$ = 0.83333⋯

⑤ 영업경비비율 = $\dfrac{영업경비}{유효총소득}$ = $\dfrac{3,000만원}{4,800만원}$ = 62.5%

28 ① 유효총소득승수 × 유효총소득 = 총투자액

4 × 유효총소득 = 10억이 되므로, 유효총소득은 2억 5,000만원이 된다.

② 부채비율 = $\dfrac{부채}{지분}$ = $\dfrac{2억}{8억}$ = 25%

③ 세전현금흐름 = 순영업소득 2억원 − 원리금상환액 2,000만원 = 1억 8,000만원

지분환원율 = $\dfrac{세전현금흐름}{지분투자액}$ = $\dfrac{1억 8,000만원}{8억}$ = 22.5%

④ 순소득승수 = $\dfrac{총투자액}{순영업소득}$ = $\dfrac{10억원}{2억원}$ = 5

⑤ 종합환원율 = $\dfrac{순영업소득}{총투자액}$ = $\dfrac{2억원}{10억원}$ = 20%

제1장 부동산 금융

01 부동산 금융일반

01 ② 　　02 ③ 　　03 ② 　　04 ⑤ 　　05 ③ 　　06 ② 　　07 ④

02 주택담보대출 규제비율

01 ④ 　　02 ④ 　　03 ④ 　　04 ③

03 대출금리 및 저당의 상환

01 ⑤ 　　02 ⑤ 　　03 ① 　　04 ③ 　　05 ① 　　06 ① 　　07 ③ 　　08 ⑤ 　　09 ⑤ 　　10 ⑤

11 ③ 　　12 ① 　　13 ① 　　14 ① 　　15 ③ 　　16 ⑤

01 부동산 금융일반

01 ② ㉠, ㉢이 지분금융에 해당한다.

㉠ **부동산투자회사**(REITs) : 지분금융

㉡ **자산담보부기업어음**(ABCP) : 부채금융

㉢ **공모**(public offering)**에 의한 증자** : 지분금융

㉣ **프로젝트금융** : 부채금융

㉤ **주택상환사채** : 부채금융

02 ③ ㉠, ㉡, ㉣이 부채금융에 해당한다.

• **지분금융** : ㉢ 부동산 신디케이트(syndicate)

• **부채금융** : ㉠ 저당금융, ㉡ 신탁증서금융, ㉣ 자산유동화증권(ABS)

• **메자닌금융** : ㉤ 신주인수권부사채

▪▪ 부채금융과 지분금융

---

1. 부채금융 : 자금을 빌리는 방식
   ㉠ 채권
   ㉡ 저당금융(대출), 신탁증서금융(대출)
   ㉢ 주택저당증권, 자산유동화증권, 자산담보부기업어음(ABCP)
2. 지분금융 : 자금을 투자받는 방식
   ㉠ 주식(공모)
   ㉡ 신디케이션, 조인트벤처, 부동산투자회사

> 3. 메자닌금융: 부채금융과 지분금융의 중간적 성격
>   ㉠ 신주인수권부사채, (주식)전환사채
>   ㉡ 후순위대출

03 ② 메자닌금융은 지분금융과 부채금융의 혼합적 성격으로서, 그 종류에는 후순위대출, 전환사채, 신주인수권부사채 등이 있다.
   ㉢의 주택상환사채는 부채금융이며, ㉤의 부동산 신디케이트(syndicate)는 지분금융에 해당한다.

04 ⑤ 1차 저당시장에 대한 설명으로, 자금을 필요로 하는 주택수요자와 금융기관 사이의 시장을 의미한다.

05 ③ 융자기간이 길고 융자비율이 높을수록(대출이 많을수록) 금융기관의 대출 위험도는 높다.

06 ② 시장이자율이 대출약정이자율보다 낮아지면 차입자는 기존대출금을 조기상환하는 것이 유리하다.

07 ④ 틀린 것은 ㉡, ㉢이다.
   ㉡ 주택소비금융은 소비자들이 주택구입을 위해 금융기관으로부터 제공받는 융자·저당대출 그리고 주택보조금 등을 의미한다.
   ㉢ 주택개발금융은 주택의 생산·공급을 용이하게 할 수 있도록 토지개발과 취득·건축자재 구입 그리고 노임 등에 소요되는 자금이 금융기관을 통해 이용되는 금융으로, 주택공급자 측면의 금융을 말한다.

▮ 02 주택담보대출 규제비율

01 1. LTV 기준: 5억원 × 60% = 3억원
    2. DTI 기준: 7,000만원 × 40% ÷ 0.1 = 2억 8,000만원
    3. 최대 융자액: 두 금액 중 낮은 금액인 2억 8,000만원 기준
    4. 기존 융자 고려: 2억 8,000만원 − 5,000만원 = 2억 3,000만원

02 주거용 대출의 최대 융자액
    1. LTV 기준: 3억원 × 60% = 1억 8,000만원
    2. DTI 기준: 3,000만원 × 50% ÷ 0.1 = 1억 5,000만원
    3. 최대 융자액: 낮은 금액인 1억 5,000만원 기준
    4. 기존 융자액 고려: 1억 5,000만원 − 1억원 = 5,000만원

03 상업용 대출의 최대 융자액
    1. LTV 기준: 7억원 × 50% = 3억 5,000만원
    2. 부채감당률 기준의 최대 융자액: 순영업소득 ÷ 저당상수 ÷ 부채감당률 = 2억원 ÷ 0.2 ÷ 2 = 5억원

3. **최대 융자액**: 낮은 금액인 3억 5,000만원 기준
4. **기존 융자액 고려**: 3억 5,000만원 - 1억원 = 2억 5,000만원

04 1. **자산가치 기준**(LTV): 10억원 × 60% = 6억원
2. **현금흐름 기준**: 순영업소득 1.4억 ÷ 저당상수 0.1 ÷ 부채감당률 1.4 = 10억원

03 대출금리 및 저당의 상환

01 ⑤ 기준금리에 대한 설명이 아닌 가산금리에 대한 설명이다.

:: 변동금리

> 1. 의미: 대출기간 동안 대출금리가 변동되는 방식
> 2. 구조: 대출금리 = 기준금리 또는 기준지표(CD금리, COFIX) + 가산금리
> 3. 특 징
>   ㉠ 대출의 위험이 은행에서 차입자로 전가된다.
>   ㉡ 이자율 조정주기가 짧을수록 위험은 보다 빠르게 전가된다.

02 ① 변동금리대출 이자율의 조정주기가 짧을수록 이자율 변동의 위험은 대출자에서 차입자로 더욱 많이 전가된다.
② COFIX가 상승하면 COFIX를 기준금리로 하는 변동금리 주택담보대출의 금리도 상승한다.
③ 고정금리대출을 실행한 대출기관은 금리하락시 차입자의 조기상환으로 인한 위험이 커진다.
④ 변동금리 주택담보대출의 이자율은 기준금리에 가산금리를 합하여 결정된다.

03 ① 고정금리 대출에서 시장이자율이 약정이자율보다 낮아지면 차입자에게 조기상환할 유인이 생긴다.

04 ③ 대출기간 초기의 원금상환분은 원리금균등분할상환방식이 상대적으로 적다.

:: 상환방식의 비교

> 1. 기초 저당지불액(원금 + 이자) 크기: 원금균등 > 원리금균등 > 체증식
> 2. 기초 원금상환액 크기: 원금균등 > 원리금균등 > 체증식
> 3. 기초 저당잔금액 크기: 체증식 > 원리금균등 > 원금균등
> 4. 전체 누적이자액 크기: 체증식> 원리금균등 > 원금균등

05 • ㉠: 매기의 원리금지급액이 일정하므로 원리금균등분할상환에 해당한다.
• ㉡: 대출잔액이 일정하게(직선으로) 감소한다는 것은 원금이 일정하게 납부되고 있다는 의미이며, 이는 원금균등상환에 해당한다.

06 ① 틀린 것은 ㉠, ㉡이다.
㉠ 상환 첫 회의 원리금상환액은 원리금균등상환방식이 원금균등상환방식보다 작다.
㉡ 체증(점증)상환방식의 경우 미래소득이 증가될 것으로 예상되는 젊은 소득자에게 적합하다.

07 ③ 원리금균등분할상환방식에 따르면 원금이 상환됨에 따라 매기 이자액의 비중은 점차적으로 줄어들고 매기 원금상환액 비중은 점차적으로 증가한다.

08 ⑤ 틀린 것은 ⓒ, ⓔ이다.
ⓒ duration = 가중평균상환기간 = 채권(원금)회수기간이라고 해석한다. 원금균등분할상환방식은 원리금균등분할상환방식보다 원금회수속도가 더 빠른 편이고, 회수기간이 짧은 편이다.
ⓔ 대출기간 만기까지 대출기관의 총이자수입 크기는 '원금균등상환방식 < 원리금균등상환방식 < 점증(체증)상환방식' 순이다.

09 ⑤ 체증식 상환은 대출잔액이 매우 천천히 감소하므로, 다른 상환방식에 비해 이자부담이 큰 편이다.
② 누적 원리금상환액 = 총이자의 크기를 의미하며 원금균등상환분할방식의 누적이자가 가장 낮은 편이다.
③ 대출실행시점의 DTI는 대출 초기의 원리금상환액을 뜻한다.
④ 여기서 조기상환시 상환액은 중도시점의 잔금을 의미한다.

10 ⑤ 가중평균상환기간(duration)이란 원금뿐만 아니라 이자까지 포함해서 빌린 금액을 상환하는 데 걸리는 기간을 말한다. 따라서 초기에 이자상환액이 큰 방식일수록 듀레이션이 짧다. 문제를 풀 때에는 듀레이션을 잔금으로 보고 푸는 것이 가장 좋다. (잔금의 크기: 원금균등 < 원리금균등 < 점증식 < 만기일시)

11 **원금균등상환방식의 2회차 상환액 구하기**
1. 2회차에 상환해야 할 원리금 = 2회차 원금 + 2회차 이자
2. 매기의 원금상환액 = $\dfrac{5억원}{20년}$ = 2,500만원
3. 2회차 이자지급분 = 2회차 잔금액 × 금리
   (1) 2회차 잔금 = 5억원 − 2,500만원(1회차 원금분) = 4억 7,500만원
   (2) 2회차 이자 = 4억 7,500만원 × 5% = 2,375만원
4. 2회차 원리금상환액 = 2,500만원 + 2,375만원 = 4,875만원

12 • **금리의 산정**
  1. 1회차 원금액 = $\dfrac{6억원}{30년}$ = 2,000만원
  2. 1회차 이자액 = 6억원 × 금리
  3. 1회차 상환액 = 2,000만원 + (6억 × 금리) = 4,400만원
  4. 6억원 × 금리 = 2,400만원이므로, 금리는 4%이다.
• **3회차 원리금액의 산정**
  1. 3회차 원금액 = $\dfrac{6억원}{30년}$ = 2,000만원
  2. 3회차 이자액 = [6억원 − (2,000만원 × 2)] × 4% = 2,240만원
  3. 3회차 상환액 = 2,000만원 + 2,240만원 = 4,240만원

13 원금균등상환 조건에서 n회차 상환액의 산정

1. 매기 원금액의 산정 $= \dfrac{2억원}{20년} = 1,000만원$

2. n회차 이자산정공식 $= [2억원 - (1,000만원 \times (n-1))] \times 금리$
   (1) 6회차 이자 $= [2억원 - (1,000만원 \times 5회)] \times 0.05 = 750만원$
   (2) 11회차 이자 $= [2억원 - (1,000만원 \times 10회)] \times 0.05 = 500만원$

3. 6회차 상환액 $=$ 원금 1,000만원 + 이자 750만원 = 1,750만원

4. 11회차 이자 $=$ 500만원

14 원리금균등상환 조건에서 n회차의 원금과 이자 구하기

회차	원금	이자	원리금
1회차	1,740만원 − 1,200만원 = 540만원	2억원 × 0.06 = 1,200만원	2억 × 0.087 = 1,740만원
2회차	540만원 × 1.06^1 = 572.4만원	1,740만 − 572.4만 = 1,167.6만원	2억 × 0.087 = 1,740만원
3회차	540만원 × 1.06^2 = 606.744만원	1740만 − 606.744만 = 1,133.256만원	2억 × 0.087 = 1,740만원

1. 매기 원리금 산정 $=$ 2억원 × 0.087(저당상수) = 1,740만원

2. 1회차 이자 $=$ 2억원 × 6% = 1,200만원

3. 1회차 원금 $=$ 1,740만원 − 1,200만원 = 540만원

4. 2회차 원금 $=$ 540만원 × (1 + 0.06)1 = 572만 4,000원

5. 3회차 원금 $=$ 540만원 × (1 + 0.06)2 = 606만 744원

6. 3회차 이자 $=$ 1,740만원 − 606만 744원 = 11,332,560원

15 ③ 담보주택의 대상으로 업무시설인 오피스텔은 포함되지 않으며 주거용 오피스텔만 해당한다.

16 ⑤ 주택연금의 보증기관은 한국주택금융공사(HF)이다.

제2장 **자산의 유동화 및 저당유동화 증권**

Answer

01 ②   02 ⑤   03 ②   04 ⑤   05 ⑤   06 ④   07 ⑤   08 ③   09 ③

01 ① 프로젝트 파이낸싱의 유동화는 자산유동화에 관한 법령뿐 아니라 상법에 의해서도 가능하다.
③ 유동화전문회사는 유한회사로 한다.
④ 자산담보부증권(PF ABS)은 금융위원회에 등록한 유동화계획의 기재내용대로 유사자산을 반복적으로 유동화한다.
⑤ 양도인은 유동화자산에 대한 반환청구권을 가지지 아니하고, 양수인은 유동화자산에 대한 대가의 반환청구권을 가지지 아니한다.

02 ⑤ 해당 지문은 PF ABCP에 대한 내용이 아닌 PF ABS에 대한 내용이다.

PF ABCP(기업어음)의 경우는 자산유동화에 관한 법률이 아닌 상법의 영향을 받으며, PF ABCP는 금융감독원에 등록하지 않고 임의대로 유사자산을 반복적으로 유동화할 수 있다.

자산 유동화에 관한 법률 제13조 【양도의 방식】 유동화자산의 양도는 자산유동화계획에 따라 다음 각 호의 방식으로 하여야 한다. 이 경우 해당 유동화자산의 양도는 담보권의 설정으로 보지 아니한다.
1. 매매 또는 교환으로 할 것
2. 유동화자산에 대한 수익권 및 처분권은 양수인이 가질 것. 이 경우 양수인이 해당 자산을 처분할 때에 양도인이 이를 우선적으로 매수할 수 있는 권리를 가지는 경우에도 수익권 및 처분권은 양수인이 가진 것으로 본다.
3. 양도인은 유동화자산에 대한 반환청구권을 가지지 아니하고, 양수인은 유동화자산에 대한 대가의 반환청구권을 가지지 아니할 것
4. 양수인이 양도된 자산에 관한 위험을 인수할 것. 다만, 해당 유동화자산에 대하여 양도인이 일정 기간 그 위험을 부담하거나 하자담보책임(채권의 양도인이 채무자의 지급능력을 담보하는 경우를 포함한다)을 지는 경우는 제외한다.

---

03 ② MBB의 주택저당채권 집합물에 대한 소유권은 발행자에게 있다. 투자자는 저당채권 집합물의 소유권 및 원리금수취권을 가지지 못한다.

04 ① CMO(collateralized mortgage obligations)는 트랜치별로 적용되는 이자율과 만기가 다른 것이 일반적이다.
② MBB(mortgage backed bond)는 채권형 증권으로 발행자는 초과담보를 제공하는 것이 일반적이다.
③ MPTS(mortgage pass-through securities)의 조기상환 위험은 투자자가 부담한다.
④ 고정금리대출을 실행한 대출기관은 금리하락시 차입자의 조기상환으로 인한 위험이 커진다.

05 ⑤ 대출기관의 유동성이 증대되어 소비자의 담보대출 접근성이 개선될 수 있다.

06 ④ MPTS는 지분형 MBS로서, 증권의 수익은 기초자산인 주택저당채권 집합물의 현금흐름(저당지불액)에 의존한다.

07 ⑤ 채권시장의 수익률(할인율)이 상승하면 MBS의 가격은 낮아지게 된다.
① 가까운 시일에 채권시장 수익률의 하락이 예상되면 채권의 가격은 낮아지는데 이때, 가중평균상환기간(duration)이 짧은 저당담보부증권일수록 가격이 더 크게 하락한다.
② 채무불이행위험이 없는 저당담보부증권의 가격도 채권시장 수익률의 변동에 영향을 받는다.
③ 동일 위험수준의 다른 투자수단들의 수익률이 오르면 저당담보부증권의 가격은 하락한다.
④ 채권시장 수익률이 상승할 때 가중평균상환기간이 긴 저당담보부증권일수록 그 가격의 변동 정도가 크다.

08 ③ 틀린 것은 ㉠, ㉢, ㉤ 3개이다.

㉠ 1차 저당대출시장에 해당한다.

㉢ 일반적으로 CMO의 조기상환위험은 증권투자자가 부담한다.

㉤ 한국주택금융공사(HF)는 2차 저당시장에서 활동할 목적으로 설립한 기관이다.

㉡ ○ : MBB의 조기상환위험은 발행자가 부담하며, 투자자에게 조기상환위험을 전가할 수 없다.

㉣ ○

09 ③ 주택도시기금의 관리 및 운용은 주택도시보증공사(HUG)가 담당한다.

제3장 부동산 간접투자제도

Answer

01 ④   02 ⑤   03 ③   04 ①   05 ③   06 ②   07 ③

01 ① 자기관리 부동산투자회사의 설립 자본금은 5억원 이상으로 한다.

② 위탁관리 부동산투자회사는 본점 외의 지점을 설치할 수 없으며, 직원을 고용하거나 상근 임원을 둘 수 없다.

③ 위탁관리 부동산투자회사 및 기업구조조정 부동산투자회사의 설립 자본금은 3억원 이상으로 한다.

⑤ 자기관리 부동산투자회사는 상법상의 실체회사인 주식회사로 자산운용 전문인력을 두고 자산의 투자·운용을 직접 수행하여 그 수익금을 투자자에게 배분하는 주식회사이다.

02 ⑤ 부동산투자회사는 현물출자에 의한 설립을 할 수 없다.

03 ① 영업인가를 받거나 등록을 한 날부터 6개월이 지난 자기관리 부동산투자회사의 자본금은 70억원 이상이 되어야 한다.

② 자기관리 부동산투자회사는 그 자산을 투자·운용할 때에는 전문성을 높이고 주주를 보호하기 위하여 자산운용 전문인력을 상근으로 두어야 한다.

④ 자산관리회사의 설립 자본금은 70억원 이상이다.

⑤ 부동산투자회사는 부동산 등 자산의 운용에 관하여 회계처리를 할 때에는 금융위원회가 정하는 회계처리기준에 따라야 한다.

04 ① 옳게 설명된 것은 ㉠, ㉡이다.

㉢ 자기관리 부동산투자회사는 실체가 있는 회사이고, 기업구조조정 부동산투자회사는 명목형 회사이다.

㉣ 기업구조조정 부동산투자회사는 회사의 실체가 없는 명목회사로 법인세 면제 혜택이 있다.

㉤ 부동산투자회사는 금융기관으로부터 자금을 차입할 수 있다.

05 ③ 자기관리리츠에 대한 설명이며, 위탁관리리츠는 자산관리를 자산관리회사에 위탁한다.

06 ② 자기관리리츠에 대한 설명이 아니라, 위탁관리리츠에 대한 설명이다.

07 ③ 부동산투자회사법령상 (㉠ 자기관리) 부동산투자회사에 대한 설명이며, (㉡ 자산관리회사)에 위탁한다.

제4장 부동산 개발금융

Answer

01 ④   02 ②   03 ③   04 ②   05 ⑤   06 ③

01 ① 프로젝트 파이낸싱은 사업자의 신용 및 개발부동산을 담보로 자금을 조달하는 방식이 아닌 프로젝트 자체 및 사업성을 담보로 하는 것이다.
② 일반 기업대출의 차입자가 일반기업이라면, 부동산 프로젝트 금융의 차입자는 특수목적회사(SPC)이다.
③ 부동산 프로젝트 금융에서는 대상 부동산이 담보로 제공되지 않으며, 비소구금융 또는 제한적 소구금융이 일반적이다.
⑤ 원사업시행자는 프로젝트 파이낸싱을 통해 부외금융효과(off − balance effect)를 누릴 수 있어 채무수용능력이 제고된다.

02 ② 개발사업주와 개발사업의 현금흐름을 분리시킬 수 있어, 개발사업주의 파산이 개발사업에 영향을 미치지 못하게 할 수 있다.

03 ③ 프로젝트 금융의 상환재원은 프로젝트 자체자산을 기반으로 하며, 사업주의 모든 자산을 기반으로 하지 않는다.

04 ② 시행사의 개발이익을 후지급하는 방식으로 금융기관이 위험을 줄이기 위해서 노력한다.

05 ⑤ 자본환원율이 상승하면 부동산 자산의 가격이 하락 압력을 받으므로 신규개발사업 추진이 어려워진다.

06 ③ 금융기관은 선분양 아파트의 사업부지에 대한 담보를 확보하기 위하여 담보신탁을 활용한다.

제1장 **부동산 개발**

Answer

01 부동산 개발

| 01 ① | 02 ③ | 03 ② | 04 ⑤ | 05 ③ | 06 ③ | 07 ② | | | |

02 부동산 개발의 분류

| 01 ④ | 02 ③ | 03 ④ | 04 ② | 05 ③ | 06 ② | 07 ② | 08 ② | 09 ① | 10 ② |
| 11 ④ | 12 ① | 13 ③ | 14 ② | 15 ⑤ | | | | | |

01 부동산 개발

01 ① ⓒ 사업구상(아이디어) ⇨ ⓛ 예비적 타당성분석 ⇨ ㉠ 사업부지 확보 ⇨ ㉣ 사업 타당성분석 ⇨ ⓜ 건설

02 • 건설자재 가격의 하락: 긍정적
- 일반분양분의 분양가 하락: 부정적
- 조합원 부담금 인상: 부정적
- 용적률의 할증: 긍정적
- 이주비 대출금리의 하락: 긍정적
- 공사기간의 연장: 부정적
- 기부채납의 증가: 부정적

03 • 공사기간의 연장: 부정적
- 대출이자율의 하락: 긍정적
- 초기 분양률의 저조: 부정적
- 인 · 허가시 용적률의 축소: 부정적
- 매수예정 사업부지가격의 하락: 긍정적

04 ⑤ 부동산 개발사업의 진행과정에서 행정의 변화에 의한 사업 인 · 허가의 지연위험은 시행사 또는 시공사가 스스로 관리할 수 없는 위험에 해당한다.

05 ③ 시장성분석은 부동산이 현재나 미래의 시장상황에서 매매 또는 임대될 수 있는 가능성을 조사하는 것이다.

06 • **시장성분석** : 특정 부동산이 가진 경쟁력을 중심으로 해당 부동산이 분양될 수 있는 가능성을 분석하는 것
 • **흡수율분석** : 특정 부동산이 일정기간 동안 일정지역에서 얼마나 소비되었는가를 분석하는 것
 • **민감도분석** : 타당성분석에 활용된 투입요소의 변화가 그 결과치에 어떠한 영향을 주는가를 분석하는 기법

07 ② 재무적 사업 타당성분석에서 사용했던 주요변수들의 투입값을 낙관적, 비관적 상황으로 적용하여 수익성을 예측하는 것을 민감도분석이라고 한다.

02 부동산 개발의 분류

01 ④ 단독주택, 다세대주택 등이 밀집한 지역 : 주거환경개선사업

02 • **기반시설이 열악** : 재개발
 • **상업, 공업지역, 도시기능의 회복, 상권 활성화** : 재개발

03 ④ 환지방식이란 택지가 개발되기 전의 사항을 고려하여, 택지가 개발된 후 개발된 토지를 토지소유자에게 재분배하는 방식이다.

04 ② 조합을 설립하여 택지를 개발한 후 개발토지 중 보류지를 제외하고 토지소유자에게 분배하는 방식은 환지방식이며, 이는 신개발방식에 해당한다.

05 ③ 사업위탁방식에서 개발업자는 사업시행에 대해 사전에 약정된 수수료를 받는 개발방식이다.

06 ② 토지신탁(개발)방식은 토지의 소유권이 신탁회사로 이전된 상태에서 신탁회사가 사업주체가 되어 개발사업이 진행된다.

07 ⊙ **유지, 수수료** : 사업위탁방식
 ⓒ **이전, 신탁회사** : 신탁개발방식

08 ② 모든 신탁은 소유권 이전을 동반한다. 관리신탁은 부동산의 소유권이 이전된 상태로, 신탁회사가 부동산의 관리업무를 수행해주는 것이다.

09 ① 민간이 자본과 기술을 제공하고 공공기관이 인·허가 등 행정적인 부분을 담당하는 상호 보완적인 개발을 제3섹터 개발 - 공공민간합동개발방식이라고 한다.

10 1. 준공 - 정부귀속 - 운영수익 : BTO 방식
 2. 도로, 터널 등 이용료 징수가 가능할 때 BTO 계약을 적극적으로 활용한다.

11 올바르게 연결된 것은 ④이다.

㉠ 준공 − 지자체 귀속 − 임차하여 사용 : BTL 방식 − (라)

㉡ 준공 − 지자체 귀속 − 시설관리운영권 : BTO 방식 − (마)

12 ㉠ 민간사업자 건설(B) ⇨ 일정기간 소유 및 운영(O) ⇨ 국가 또는 지방자치단체에게 소유권 이전(T)

㉡ 민간사업자 건설(B) ⇨ 일정기간 동안 타인에게 임대(L) ⇨ 임대기간 종료 후 소유권 이전(T)

㉢ 민간사업자 건설(B) ⇨ 시설의 소유권(O)과 운영권(O)을 가짐

13 ③ 사회기반시설의 (b. 준공 후) (c. 사업시행자)가 (e. 시설소유권)과 시설 관리 · 운영권을 (c. 사업시행자)가 갖는 방식을 의미한다.

14 ② 입지계수가 1을 초과하는 도시는 A도시, D도시이다.

1. 전국 기준으로 Y산업의 종사자 수의 비율은 $\dfrac{2,900}{6,250} = 0.464$이다.

2. 각 도시별로 Y산업의 종사자 수의 비율을 구했을 때 0.464를 초과하면 입지계수가 1을 초과하게 된다.

3. A도시 : $\dfrac{600}{1,000} = 0.6 > 0.464$: 1을 초과함

4. B도시 : $\dfrac{800}{2,000} = 0.4 < 0.464$: 1보다 작음

5. C도시 : $\dfrac{500}{1,150} = 0.434 < 0.464$: 1보다 작음

6. D도시 : $\dfrac{1,000}{2,100} = 0.476 > 0.464$: 1을 초과함

7. **정답** : A도시와 D도시의 Y산업의 입지계수가 1을 초과한다.

15 ⑤ A지역 : 2개, B지역 : 1개

입지계수의 산정 : 해당 지역에서 특정산업이 기반산업이 되려면 입지계수가 1을 초과해야 한다.

1. A지역 X산업 $= \dfrac{\dfrac{30}{90}}{\dfrac{80}{190}} = \dfrac{\dfrac{1}{3}}{\dfrac{8}{19}} = \dfrac{19}{24} = 1$ 미만

2. A지역 Y산업 $= \dfrac{\dfrac{30}{90}}{\dfrac{60}{190}} = \dfrac{\dfrac{1}{3}}{\dfrac{6}{19}} = \dfrac{19}{18} = 1$ 초과

3. A지역 Z산업 $= \dfrac{\dfrac{30}{90}}{\dfrac{50}{190}} = \dfrac{\dfrac{1}{3}}{\dfrac{5}{19}} = \dfrac{19}{15} = 1$ 초과

4. B지역 X산업 $= \dfrac{\dfrac{50}{100}}{\dfrac{80}{190}} = \dfrac{\dfrac{1}{2}}{\dfrac{8}{19}} = \dfrac{19}{16} = 1$ 초과

5. B지역 Y산업 $= \dfrac{\dfrac{30}{100}}{\dfrac{60}{190}} = \dfrac{\dfrac{3}{10}}{\dfrac{6}{19}} = \dfrac{57}{60} = 1$ 미만

6. B지역 Z산업 $= \dfrac{\dfrac{20}{100}}{\dfrac{50}{190}} = \dfrac{\dfrac{2}{10}}{\dfrac{5}{19}} = \dfrac{38}{50} = 1$ 미만

제2장 부동산 관리론

Answer

| 01 ① | 02 ④ | 03 ④ | 04 ⑤ | 05 ② | 06 ② | 07 ① | 08 ⑤ | 09 ⑤ | 10 ① |
| 11 ② |

01 ① 포트폴리오, 투자리스크, 매입·매각 등의 관리는 자산관리(AM) − 경제적 관리의 영역에 포함된다.

02 ① 시설관리는 건물의 설비, 기계운영 및 보수, 유지관리업무에 한한다.
② '유지'란 외부적인 관리행위로 부동산의 외형·형태를 변화시키지 않고 양호한 상태를 지속시키는 행위다.
③ 자산(경제적)관리는 시장 및 지역경제분석, 경쟁요인 및 수요분석 등이 주요업무다.
⑤ 부동산의 자산관리는 부동산 자산의 포트폴리오 관점에서 자산 − 부채의 재무적 효율성을 최적화하는 것이다.

03 ① 위탁관리방식은 건물관리의 전문성을 통하여 노후화의 최소화 및 효율적 관리가 가능하여 대형건물의 관리에 유용하다.
② 토지의 경계를 확인하기 위한 경계측량을 실시하는 등의 관리는 기술적 측면의 관리에 속한다.

③ 부동산 관리는 법·제도·경영·경제·기술적인 측면이 있어 법률적, 경제적, 기술적 관리를 총망라하는 복합개념의 접근이 필요하다.

⑤ 혼합관리방식은 필요한 부분만 선별하여 위탁하기 때문에 관리의 책임소재가 불분명해지는 장점이 있다.

04 ⑤ 자가관리는 지휘통제력이 높고, 기밀유지에 유리하지만 업무행위의 안일화를 초래할 수 있다.

05 ② 간접(위탁)관리는 전문성이 높은 편이며, 전문업자의 관리서비스를 받을 수 있어서 대형건물의 관리에 유용하다. 다만, 기밀유지에 있어서는 자가관리보다 불리한 측면이 있다.

06 ㉠ **소유자의 직접적인 통제권이 강화된다** : 자기관리
㉡ **관리의 전문성과 효율성이 높아질 수 있다** : 위탁관리
㉢ **기밀 및 보안 유지가 유리하다** : 자기관리
㉣ **건물설비의 고도화에 대응할 수 있다** : 위탁관리
㉤ **대형건물의 관리에는 부적합하다** : 자기관리
㉥ **소유와 경영의 분리가 불가능하다** : 자기관리

07 ① 임차인의 대출알선은 주택임대관리업자의 업무에 해당하지 않는다.

> **민간임대주택에 관한 특별법 제11조【주택임대관리업자의 업무 범위】** ① 주택임대관리업자는 임대를 목적으로 하는 주택에 대하여 다음 각 호의 업무를 수행한다.
> 1. 임대차계약의 체결·해제·해지·갱신 및 갱신거절 등
> 2. 임대료의 부과·징수 등
> 3. 임차인의 입주 및 명도·퇴거 등(「공인중개사법」 제2조 제3호에 따른 중개업은 제외한다)
> ② 주택임대관리업자는 임대를 목적으로 하는 주택에 대하여 부수적으로 다음 각 호의 업무를 수행할 수 있다.
> 1. 시설물 유지·보수·개량 및 그 밖의 주택관리 업무
> 2. 그 밖에 임차인의 주거 편익을 위하여 필요하다고 대통령령으로 정하는 업무

08 ⑤ 건물의 물리적 유용성이 가장 높은 단계는 신축단계이고, 건물의 경제적 유용성이 최대가 되는 것은 안정단계이다.

09 **비율임대차 계산**
1. **기본임대료** : 8만원 × 500m² = 4,000만원
2. **예상매출액** : 20만원 × 500m² = 1억원
3. **손익분기점** : 6,000만원
4. **추가임대료** : (1억원 − 6,000만원) × 10% = 400만원
5. **총임대료** : 4,000만원 + 400만원 = 4,400만원

10 비율임대차 계산

1. **기본임대료**: 5만원 × 1,000m² = 5,000만원

2. **예상매출액**: 20만원 × 1,000m² = 2억원

3. **손익분기점**: x

4. **추가임대료**: (2억원 − x) × 10%

5. **총임대료**: 5,000만원 + (2억원 − x) × 10% = 6,000만원

6. (2억원 − x) × 10% = 1,000만원이므로, x = 1억원이 된다.

11 비율임대차 계산

1. **기본임대료**: 10만원 × 500m² = 5,000만원

2. **예상매출액**: 100만원 × 500m² = 5억원

3. **손익분기점**: 50만원 × 500m² = 2억 5,000만원

4. **추가임대료**: 2억 5,000만원 × x%

5. **총임대료** = 5,000만원 + 2.5억 × x% = 6,000만원

6. 2.5억 × x% = 1,000만원이 되고, x = 4%가 된다.

제3장 | **부동산 마케팅**

Answer

01 ②	02 ④	03 ①	04 ④	05 ③	06 ③	07 ⑤	08 ③	09 ③	10 ⑤

01 ② 혁신적인 내부구조로 설계된 아파트는 제품전략(product)에 해당한다. 제품전략에는 설계, 설비, 구조, 디자인적 요소가 포함된다.

02 ① 마케팅 믹스의 가격관리에서 신축가격 전략은 위치, 방위, 층, 지역 등에 따라 다른 가격으로 판매하는 정책이다.

② 시장세분화(segmentation)전략은 상품계획이나 광고 등 여러 판매촉진활동을 전개하기 위해 소비자를 몇 개의 다른 군집으로 나누는 전략이다.

③ 부동산 마케팅 믹스 전략은 4P(Price, Product, Place, Promotion)를 구성요소로 한다.

⑤ 마케팅 믹스에서 촉진전략은 판매유인과 직접적인 인적 판매 등이 있으며, 이러한 요소를 혼합하여 전략을 구사하는 것이 바람직하다.

03 ① 상품으로서 부동산이 지니는 여러 특징 중 구매자(고객)의 욕망을 만족시켜 주는 특징을 셀링포인트(selling point)라고 한다.

04 ④ 옳은 것은 ㉠ product, ㉡ place, ㉢ price, ㉣ promotion이다.

05 ③ SPT 전략과 4P mix 전략을 합쳐 시장점유마케팅 전략이라고 한다.

06 ③ 마케팅의 4P mix에는 ㉠ Product(제품), ㉡ Place(유통경로), ㉣ Price(가격), ㉥ Promotion(판매촉진)이 포함된다.

07 ⑤ 수요자(고객)를 동질적인 소집단으로 구분하는 전략을 시장세분화 전략이라고 한다.

08 ③ 고객관계관리(Customer Relationship Management) 전략은 대표적인 관계마케팅 전략에 해당한다.

09 ① SNS, 블로그 등 다양한 매체를 통해 해당 브랜드나 제품에 대해 입소문을 내게 하여 마케팅효과를 극대화시키는 것을 바이럴 마케팅(viral marketing) 전략이라고 한다.
② 분양 성공을 위해 아파트 브랜드를 고급스러운 이미지로 고객의 인식에 각인시키도록 하는 노력은 STP 전략 중 표지셔닝(positioning) 전략에 해당한다.
④ 아파트의 차별화를 위해 커뮤니티 시설에 헬스장, 골프연습장을 설치하는 방안은 4P Mix 전략 중 제품(product) 전략에 해당한다.
⑤ 고객점유마케팅 전략에서 AIDA의 원리 중 D의 의미는 결정(Decision)이 아니라 욕망(Desire)이다.

10 ⑤ 소비자의 구매의사결정 과정의 각 단계에서 소비자와의 심리적인 접점을 마련하고 전달하려는 정보의 취지와 강약을 조절하는 전략을 고객점유 전략이라고 한다.

제1장 **부동산 가치와 가격의 기본이론**

01 가치와 가격

01 ④   02 ⑤   03 ③   04 ②

02 부동산 가격제원칙

01 ④   02 ①   03 ⑤

---

01 가치와 가격

01 ① 동일수급권(同一需給圈)에는 인근지역과 유사지역이 포함된다.

② 지역분석이란 대상 부동산이 속해 있는 지역의 지역요인을 분석하여 대상 부동산이 속한 지역의 표준적이용을 판정하는 것을 말한다.

③ 인근지역이란 대상 부동산이 속한 지역으로서 부동산의 이용이 동질적이고 가치형성요인 중 지역요인을 공유하는 지역을 말한다.

⑤ 지역분석보다 개별분석을 나중에 실시하는 것이 원칙이다.

02 ⑤ 지역분석은 대상 지역에 대한 거시적인 분석인 반면, 개별분석은 대상 부동산에 대한 미시적인 분석이다.

03 ③ 유사지역이 아닌 인근지역에 대한 설명이다.

04 ㉠ **지역분석**: 표준적이용, 가격수준의 판단

㉡ **개별분석**: 최유효이용의 판정

㉢ **인근지역**: 대상 부동산이 속해 있으며 지역요인을 공유

02 부동산 가격제원칙

01 ④ 적합의 원칙을 판단하기 위해서 지역분석이 필요하고, 균형의 원칙을 판단하기 위해서는 개별분석이 필요하다.

02 ① 기회비용의 원칙, 균형의 원칙, 적합의 원칙

1. 도심지역의 공업용지가 동일한 효용을 가지고 있는 외곽지역의 공업용지보다 시장가격이 더 높은 건 도심지역의 경우 공업용지로 활용할 때 기회비용(포기 대가)이 높기 때문이다. : 기회비용의 원칙

2. 냉난방비, 복도의 천정높이 등은 균형의 원칙과 관련이 있다.

3. 지역분석을 통한 표준적 사용의 확인은 적합의 원칙과 관련이 있다.

03 ⑤ 틀리게 설명한 것은 ㉠, ㉣이다.

㉠ **시장수요 및 주변의 토지 이용과 어울릴 수 있을 때 : 적합의 원칙**

㉣ 적합의 원칙에 위배된 부동산에는 경제적 감가가 발생하고, 균형의 원칙에 위배된 부동산에는 기능적 감가가 발생한다.

제2장 감정평가 3방식의 구성

Answer

01 감정평가 3방식
01 ②   02 ④

02 원가방식
01 ⑤   02 ③   03 ③   04 ④   05 ①   06 ②   07 ①   08 ⑤   09 ②

03 비교방식
01 ②   02 ④   03 ①   04 ⑤   05 ⑤   06 ③   07 ③   08 ③   09 ③

04 수익방식
01 ④   02 ⑤   03 ⑤   04 ①   05 ⑤   06 ①   07 ②   08 ⑤

---

01 감정평가 3방식

01 ② 감정평가 3방식에 의하여 도출된 각각의 적산가액, 비준가액, 수익가액을 시산가액이라고 한다.

02 가중평균을 통한 시산가액의 조정

1. **원가방식 :** 조성비용기준 : 1.2억 × 40% = 0.48억

2. **비교방식 :** 거래사례기준 : 1.5억 × 30% = 0.45억

3. **수익방식 :** 임대료기준 : 1.4억 × 30% = 0.42억

4. **시산가액**(가중평균 값) : 1.35억원

02 원가방식

01 ⑤ 재조달원가 = (6억원 × 1.45) / 1,500 = 58만원

02 ③ 정액법을 직선법 또는 균등상각법이라고 한다.

03 ③ 틀린 것은 ㉠, ㉢이다.

㉠ 감가수정과 관련된 내용연수는 물리적 내용연수가 아닌 경제적 내용연수라고 한다.

㉢ 정률법은 매년 일정한 감가율을 곱하여 감가액을 구하는 방법으로 매년 감가액이 감소한다.

04 ④ 감가수정액은 4,500만원이다.

1. 매년 감가액 $= \dfrac{5억원 \times (1 - 0.1)}{50} = 900만원$

2. 경과연수 = 2024년 − 2019년 = 5년

3. 감가수정액 = 900만원 × 5년 = 4,500만원

05 ① 적산가액은 3,456만원이다.

정률법의 적산가액

1. 재조달원가 = 5,000만원 × 1.35 = 6,750만원

2. 적산가액 = 재조달원가 × 잔가율^{n}으로 산정

3. 경과연수 = 2024년 − 2021년 = 3년

 6,750만원 × 0.8^3 = 3,456만원

06 **정액법(변동률 적용법)**

1. 재조달원가 = 2억원 × $(1.05)^2$ = 2.205억원

2. 매년 감가액 $= \dfrac{2.205억원 \times 0.9(잔가율 \ 고려)}{50} = 0.03969억원$

3. 감가수정액 = 0.03969억원 × 2 = 0.07938억원

4. 적산가액 = 2.205억원 − 0.07938억원 = 2.12562억원

07 ① 적산가액은 5,784만원이다.

정액법(지수법)

1. 재조달원가 $= 5,000만원 \times \dfrac{120}{100} = 6,000만원$

2. 매년 감가액 $= \dfrac{6,000만원 \times 0.9(잔가율 \ 고려)}{50} = 108만원$

3. 감가수정액 = 108만원 × 2년 = 216만원

4. 적산가액 = 6,000만원 − 216만원 = 5,784만원

08 ⑤ 적산가액은 5억 760만원이다.

1. 사용승인일 기준 공사비 = 300m² × 150만원 = 4억 5,000만원

2. 기준시점 재조달원가 $= 4억 \ 5,000만원 \times \dfrac{120}{100} = 5억 \ 4,000만원$

3. 매년 감가액 $= \dfrac{5억 \ 4,000만원}{50년} = 1,080만원$

4. 감가수정액 = 1,080만원 × 3년 = 3,240만원

5. 적산가액 = 5억 4,000만원 − 3,240만원 = 5억 760만원

09 1. 매년 감가액의 비율 = $\dfrac{(1 - 0.2)}{20년}$ = 4%

2. 사정보정치 = $\dfrac{100}{(100 - 20)}$ = 1.25

03 비교방식

01 ② 비준가액은 5억원 × 1.1 × 1.05 × 0.9 = 5억 1,975만원

02 ④ 비준가액 = 3.6억 × $\dfrac{110}{120}$ × 1.04 × 1.02 = 3.50064억원

03 ① 비준가액 = 6억원 × $\dfrac{130}{100}$ × 0.8 × 1.06 × 0.96 = 6.349824억원

04 ⑤ ㉠ 비교표준지 − ㉢ 시점수정 − ㉤ 지역요인비교 − ㉣ 개별요인비교 − ㉦ 그 밖의 요인보정

05 ⑤ 적정한 실거래가란 거래시점이 도시지역은 3년 이내, 그 밖의 지역은 5년 이내인 거래가격 중에서 감정평가법인등이 적정하다고 판단하는 거래가격을 의미한다.

06 ③ 옳은 것은 ㉠, ㉢이다.
㉠ 동일수급권 내 토지를 비교표준지로 선정할 수 있다.
㉡ 한국은행이 조사·발표하는 생산자 물가지수에 따라 산정된 생산자 물가상승률을 적용하였다.
㉢ 저가로 거래된 사례의 내역을 알 수 없다면 거래사례로 선정할 수 없다.

07 ③ 비준가액 = 300만원 × 1.04 × 0.96 × 1.1 = 329만 4,720원

08 ③ 비준가액 = 100만원 × 1.04(공업지역) × 1.1 × 1.5 = 171만 6,000원

09 ③ 비준가액 = 600만원 × 1.03 × 1.1 × 1.5 = 1,019만 7,000원
1. 준주거지역이므로 표준지 기호 1번을 선택한다.
2. **개별요인**: 표준지 기호 1에 비해 개별요인 10% 우세를 적용한다.
3. **그 밖의 요인보정**: 50% 증액 보정한다.

04 수익방식

01 ④ 전통적 소득접근법은 순영업소득을 적정한 환원율로 환원하여 대상 부동산의 가치를 평가한다.

02 1. 순영업소득 = 유효총소득(4,500만원) − 영업경비(500만원) = 4,000만원
  2. 환원이율 = 40% × 5% + 60% × 10% = 8%
  3. 수익가액 = 4,000만원 ÷ 8% = 5억원

03 **수익가액의 계산**
  1. 유효총소득 = 8,000만원 × 0.95 = 7,600만원
  2. 영업경비 = 유지관리비(400만원) + 화재보험료(200만원) = 600만원
  3. 순영업소득 = 7,600만원 − 600만원 = 7,000만원
  4. 환원이율 = 5%
  5. 수익가액 = 7,000만원 ÷ 5% = 14억원

04 1. **가능총소득** : 6,000만원
  2. **유효총소득** : 6,000만원 × 90% = 5,400만원
  3. **영업경비** : 수선유지비(400만원) + 보험료(300만원) + 재산세(200만원) = 900만원
  4. **순영업소득** : 5,400만원 − 900만원 = 4,500만원
  5. **환원이율** : 10%
  6. **수익가액** : 4,500만원 ÷ 10% = 4억 5,000만원

05 1. **가능총소득** : 8,000만원
  2. **유효총소득** : 8,000만원 × 90% = 7,200만원
  3. **영업경비** : 8,000만원 × 5% = 400만원
  4. **순영업소득** : 7,200만원 − 400만원 = 6,800만원
  5. **환원이율** : 40% × 5% + 60% × 10% = 8%
  6. **수익가액** : 6,800만원 ÷ 0.08 = 8억 5,000만원

06 ① 틀린 것은 ⓒ, ⓔ이다.
  ⓒ 환원이율은 총투자액(부동산 가치)에 대한 순영업소득의 비율을 의미한다.
  ⓔ 자본환원율이 상승하면 자산가격이 하락한다.

07 ② 자본환원율 $= \dfrac{\text{순영업소득}}{\text{부동산가치}}$ 이므로, 부동산 가치가 상승할수록 자본환원율은 낮아진다.

08 1. 순영업소득 − 세전현금흐름 = 2,000만원 − 1,200만원 = 800만원(부채서비스액)

    2. 부채감당률 = $\dfrac{순영업소득}{부채서비스액}$ = $\dfrac{2,000만원(순영업소득)}{800만원(부채서비스액)}$ = 2.5

    3. 환원이율 = 저당상수(0.177) × 부채감당률(2.5) × 대부비율(0.6) = 26.55%

제3장 | 감정평가에 관한 규칙

Answer

01 ②	02 ②	03 ③	04 ①	05 ③	06 ②	07 ①	08 ①	09 ①	10 ②
11 ②	12 ①	13 ⑤	14 ①						

01 ② 감가수정은 재조달원가에서 감가요인을 공제(차감)하여 기준시점에 있어서의 대상 물건의 가액을 적정화하는 작업을 말한다.

02 ② 시장가치는 통상적 시장에서 충분한 기간 동안 정통한 당사자 사이에서 신중하고 자발적인 거래로 인해서 형성되는 가치를 의미한다.

03 ③ 기준시점은 대상 물건의 가격조사를 완료한 날짜로 한다. 다만, 기준시점을 미리 정하였을 때에는 그 날짜에 가격조사가 가능한 경우에만 기준시점으로 할 수 있다.

04 ① 감정평가액은 원칙적으로 시장가치를 기준으로 결정한다.

05 ③ 공시지가기준법은 비교방식으로 토지의 가액을 평가하는 방법이다.

06 올바르게 연결된 것은 ②이다.
  1. 원가법은 대상 물건의 재조달원가에 감가수정을 하여 대상 물건의 가액을 산정하는 감정평가방법이다.
  2. 거래사례비교법을 적용할 때는 사정보정, 시점수정, 가치형성요인 비교 등의 과정을 거친다.
  3. 수익환원법에서는 장래 산출할 것으로 기대되는 순수익이나 미래의 현금흐름을 환원하거나 할인하여 가액을 산정한다.

07 올바르게 연결된 것은 ①이다.
  1. **적산법** : 적산임료 = 기초가액 × (기대이율) + 필요제경비
  2. **임대사례비교법** : (비준임료) = 임대사례의 임대료 × 사정보정치 × 시점수정치 × 지역요인비교치 × 개별요인비교치
  3. (**수익분석법**) : 수익임료 = 순수익 + 필요제경비

08 ①의 내용이 옳은 설명이다.

㉠: 공시지가기준법은 비교표준지 공시지가를 기준으로 시점수정, 지역요인, 개별요인 비교 및 그 밖의 요인의 보정 과정을 거친다. 공시지가기준법은 표준지공시지가를 기준으로 하므로 사정보정할 요인이 존재하지 않는다.

㉡: 수익환원법에서는 대상 물건이 장래 산출할 것으로 기대되는 순수익이나 미래의 현금흐름을 환원하거나 할인하여 가액을 산정한다.

09 ① 원가법이 아닌 적산법에 대한 설명이다.

10 ② 과수원은 거래사례비교법에 의함이 원칙이다.

11 ② 광업재단은 수익환원법에 의함이 원칙이다.

12 ① 거래사례비교법은 자동차, 광업재단으로 2개이다.
- **거래사례비교법**: 자동차, 광업재단
- **임대사례비교법**: 임대료
- **수익환원법**: 저작권, 특허권, 기업가치, 광업재단, 실용실안권

13 ⑤ 최유효이용은 물리적으로 채택 가능한 범위 내에서 최고·최선의 이용으로 활용하는 것이 바람직하다는 원칙일 뿐, 감정평가에 관한 규칙상 법령으로 규정된 내용은 아니다.

14 ① 감정평가의 절차에 해당하지 않는 것은 '감정평가 의뢰'이다.

∷ 감정평가의 절차

> 기본적 사항의 확정 ⇨ 처리계획 수립 ⇨ 대상 물건의 확인 ⇨ 자료수집 및 정리 ⇨ 자료검토 및 가치형성요인의 분석 ⇨ 감정평가방법의 선정 및 적용 ⇨ 감정평가액의 결정 및 표시

제4장 부동산 가격공시제도

Answer

01 ④	02 ②	03 ②	04 ③	05 ①	06 ③	07 ④	08 ④	09 ①	10 ④

01 ④ 개별주택가격 및 공동주택가격은 주택시장의 가격정보를 제공하고, 국가·지방자치단체 등이 과세 등의 업무와 관련하여 주택의 가격을 산정하는 경우에 그 기준으로 활용될 수 있다.

02 ① 표준단독주택가격은 개별단독주택가격을 산정하는 경우에 그 기준이 된다(공동주택은 표준주택과 개별주택을 구분하지 않는다).

③ 국토교통부장관은 표준주택가격을 조사·산정하고자 할 때에는 한국부동산원에 의뢰한다.

④ 국토교통부장관은 표준주택에 대하여 매년 공시기준일 현재 적정가격을 조사·산정하고, 중앙부동산가격공시위원회의 심의를 거쳐 이를 공시하여야 한다.

⑤ 국토교통부장관이 표준지공시지가를 조사·평가할 때에는 둘 이상의 감정평가법인등에게 의뢰하여야 하나 지가 변동이 작은 경우 등 대통령령으로 정하는 기준에 해당하는 표준지에 대해서는 하나의 감정평가법인등에 의뢰할 수 있다.

03 ② 표준주택은 단독주택 중에서만 선정하며 공동주택은 표준주택과 개별주택을 구분하지 않는다.

04 ③ 표준주택가격은 국가·지방자치단체 등의 기관이 그 업무와 관련하여 개별주택가격을 산정하는 경우에 그 기준이 된다.

05 ① 표준주택가격은 개별주택가격을 산정하는 기준이며, 표준지공시지가와는 무관하다.

06 ① 국토교통부장관은 단독주택 중에서 선정한 표준주택에 대하여 중앙부동산가격공시위원회의 심의를 거쳐 이를 공시하여야 한다.

② 개별주택가격이 아닌 표준지공시지가의 공시사항에 포함된 내용이다.

④ 시장·군수·구청장은 공시기준일 이후에 토지의 분할·합병이나 건물의 신축 등이 발생한 경우에는 대통령령이 정하는 날을 기준으로 하여 개별주택가격을 결정·공시하여야 한다.

⑤ 표준주택은 용도지역, 건물구조 등이 일반적으로 유사하다고 인정되는 일단의 단독주택 중에서 선정한 주택을 의미한다.

07 ① 개별공시지가에 대하여 이의가 있는 자는 개별공시지가의 결정·공시일부터 30일 이내에 이의를 신청할 수 있다.

② 국토교통부장관은 표준지공시지가를 공시하기 위하여 표준지의 가격을 조사·평가할 때에는 대통령령으로 정하는 바에 따라 해당 토지 소유자의 의견을 들어야 한다.

③ 국토교통부장관은 일단의 단독주택 중에서 선정한 표준주택에 대하여 매년 공시기준일 현재의 적정가격을 조사·평가한다.

⑤ 개별주택가격 및 공동주택가격은 주택시장의 가격정보를 제공하고, 국가·지방자치단체 등의 기관이 과세 등의 업무와 관련하여 주택의 가격을 산정하는 경우에 그 기준으로 활용될 수 있다.

08 ④ 국토교통부장관은 개별공시지가의 산정을 위하여 필요하다고 인정하는 경우에는 표준지와 산정대상 개별 토지의 가격형성요인에 관한 표준적인 비교표를 작성하여 시장·군수 또는 구청장에게 제공하여야 한다.

09 ① 옳은 것은 ㉠, ㉡이다.

㉢ 개별주택 및 공동주택 가격은 국가·지방자치단체 등이 과세 등의 업무와 관련하여 주택의 가격을 산정하는 경우에 기준이 된다.

㉣ 표준지가 아닌 표본지에 대한 설명이다.

10 ④ 다음의 경우, 개별공시지가를 결정·공시하지 아니할 수 있다.

ㄱ 표준지로 선정된 토지

ㄴ 농지보전부담금의 부과대상이 아닌 토지

ㄷ 개발부담금의 부과대상이 아닌 토지

ㄹ 국세 부과대상이 아닌 토지(국공유지의 경우에는 공공용 토지에만 해당한다)

> **부동산 가격공시에 관한 법률 시행령 제15조** ① 시장·군수 또는 구청장은 다음 어느 하나에 해당하는 토지에 대해서는 개별공시지가(이하 "개별공시지가"라 한다)를 결정·공시하지 아니할 수 있다.
> 1. 표준지로 선정된 토지
> 2. 농지보전부담금 또는 개발부담금 등의 부과대상이 아닌 토지
> 3. 국세 또는 지방세 부과대상이 아닌 토지(국공유지의 경우에는 공공용 토지만 해당한다)

2024 박문각 공인중개사
전국 네트워크 시스템

업계 최대 규모 박문각공인중개사 학원!
박문각의 합격시스템을 전국에서 만나보실 수 있습니다.

서울 경기		
강남 박문각	02)3476-3670	
종로 박문각	02)733-2288	
노량진 박문각	02)812-6666	
평택 박문각	031)691-1972	
구리 박문각	031)555-3000	
병점 박문각	031)224-3003	
검단 박문각	032)565-0707	

부천 박문각	032)348-7676
분당 박문각	031)711-0019
안산 박문각	031)482-7090
의정부 박문각	031)845-7494
이천 박문각	031)633-2980
시흥 배곧공인중개사	031)432-3040

충북 충남

대전 박문각	042)483-5252	천안 박문각	041)592-1335
세종 박문각	1522-3435	청주 박문각	043)265-4001
제천 제천박문각고시	043)646-9993	충주 충주고시	043)852-3660

전북 전남

광주 박문각	062)361-8111	전주 행정고시	063)276-2000
순천 박문각	061)725-0555	익산 행정고시	063)837-9998

경북 경남

김천 제일공인중개사	054)436-7008	대구 서대구박문각	053)624-0070
김해 김해고시	055)324-9191	대구 박문각	053)794-5411

강원

강릉 영동고시	033)646-5611

제주

제주 탐라고시	064)743-4393	제주 한솔고시	064)722-5528

박문각 공인중개사

합격예상문제 1차

부동산학개론

2023 고객선호브랜드지수 1위
교육(교육서비스)부문

2022 한국 브랜드 만족지수 1위
교육(교육서비스)부문 1위

2021 조선일보 국가브랜드 대상
에듀테크 부문 수상

2021 대한민국 소비자 선호도 1위
교육부문 1위

2020 한국 산업의 1등
브랜드 대상 수상

2019 한국 우수브랜드
평가대상 수상

2018 대한민국 교육산업 대상
교육서비스 부문 수상

박문각 공인중개사
온라인강의 www.pmg.co.kr
유튜브　　박문각 클라쓰

박문각 북스파
수험교재 및 교양서 전문
온라인 서점

방송대학TV

동영상강의 무료제공 | 방송시간표 수록

기본이론 방송　2024. 1. 15(월) ~ 7. 3(수)
문제풀이 방송　2024. 7. 8(월) ~ 8. 21(수)
모의고사 방송　2024. 8. 26(월) ~ 10. 2(수)

비매품

14320

9 791169 879200

ISBN 979-11-6987-920-0
ISBN 979-11-6987-919-4 (1차 세트)

박문각　www.pmg.co.kr　교재문의 02-6466-7202　동영상강의 문의 02-6466-7201

04 필수이론 과정

합격을 향해
저자직강 필수 이론 과정!

—
저자필수서

05 예상문제풀이 과정

시험에 나오는
모든 문제유형 체크!

—
합격예상문제 총 6권

06 핵심요약 과정

단기간 합격을 위한
핵심만을 정리!

—
핵심요약집 총 2권
최종요약서

| 핵심요약집 |

| 최종요약서 |

07 실전모의고사 과정

합격을 위한
마지막 실전 완벽 대비!

—
실전모의고사 총 2권
THE LAST 모의고사

| 실전모의고사 |

| THE LAST 모의고사 |

박문각 공인중개사

합격예상문제 시리즈

1차 부동산학개론 | 민법·민사특별법

2차 공인중개사법·중개실무 | 부동산공법 | 부동산공시법령 | 부동산세법